U0535566

老字号新故事

传承人篇

（第二辑）

北京市商务局　主编

商务印书馆
2020年·北京

图书在版编目（CIP）数据

老字号新故事. 传承人篇. 第2辑 / 北京市商务局主编. — 北京：商务印书馆，2020
ISBN 978-7-100-17860-0

Ⅰ. ①老… Ⅱ. ①北… Ⅲ. ①老字号－介绍－中国 ②民间艺人－生平事迹－中国－现代 Ⅳ. ①F279.24 ②K825.7

中国版本图书馆CIP数据核字（2019）第209114号

权利保留，侵权必究。

老字号新故事
传承人篇
（第二辑）
北京市商务局　主编

商务印书馆出版
（北京王府井大街36号　邮政编码 100710）
商务印书馆发行
北京富诚彩色印刷有限公司印刷
ISBN 978-7-100-17860-0

2020年2月第1版　　　开本 710×1000　1/16
2020年2月第1次印刷　印张 26 1/4

定价：90.00元

老字号新故事系列丛书
编委会名单

主　编　闫立刚

副主编　孙　尧　刘梅英

编　委　刘小虹　于　文　王瑞芊　耿英贞　王翰阳
　　　　　马宇泰　仵文贞　朱英男　陈　鹏　焦德婧

老字号新故事·传承人篇(第二辑)编委会名单

(按姓氏笔画排序)

马静荣　王丽华　王　强　王新梅　邓海燕
史　琴　白文冲　刘　忠　李兴旺　李自典
李效华　张东臣　张　倩　吴景馨　杨福喜
陈秀芳　屈德森　郑　江　赵书新　赵承楠
姜　璇　郭燕青　韩玉兰　魏连伟

序 言

经过一年的筹备，在北京老字号协会和企业的密切协作、共同努力下，《老字号新故事·传承人篇》（第二辑）终于同广大读者见面了。这是一项具有重大意义的工作，对于弘扬中华民族优秀传统文化，挖掘和整理非物质文化遗产技艺，传承创新、与时俱进有着承前启后的重大作用。在此，我们衷心地祝贺它的问世。

中国是举世闻名的文明古国。北京是有着3000多年的文明史和800多年建都史的历史城市。老字号几百年来一代一代地延续发展，书写众多可歌可泣、弥足珍贵的历史篇章。北京老字号企业有着悠久的优秀文化和独特的绝技绝活，目前，北京有老字号197家。被列入国家级"非遗"项目的老字号企业有35家，市级"非遗"项目老字号企业20家。其中市级以上"非遗"项目有40多家传承人工作室。

为更好地总结和宣传老字号独特的传统技艺和经营管理经验，记述传承人的工匠精神和技艺特点并作为珍贵的资料加以鉴赏和保存，不断地扩大老字号新故事的内容和影响力，推动老字号传承、传播及老字号进校园、进社区、进媒体活动的深入开展，我们编纂出版这套老字号新故事系列丛书。这套丛书内容丰富、资料翔实，融知识性、科学性、趣味性和实用性于一体，不仅是老字号企业的珍藏，更是广大读者特别是广大青少年学习中华优秀传统文化，学习大国"工匠精神"的生动教材。我们殷切希望得到广大热心读者的支持、不吝赐教和批评指正。

2019 年 11 月

目 录

京城烧麦独一处
　　——都一处烧麦 / 1

传承正宗宫廷风味　保存传统饮食遗产
　　——仿膳（清廷御膳）制作技艺的传承与发展 / 17

徽州古韵有嘉木　京城茉莉裕泰香
　　——记吴裕泰茉莉花茶制作技艺及其传承 / 35

墨为血脉　薪尽火传
　　——记一得阁墨汁制作技艺传承 / 52

百年宏音斋　盛世传佳音
　　——记宏音斋的过去、现在与未来 / 64

名驰冀北三千里　谓誉江南第一家
　　——北京老字号聚元号弓箭铺 / 88

国粹因它更绚丽
　　——剧装戏具制作技艺的前世今生 / 100

百年传承修脚术　开拓创新清华池
　　——记清华池传统修脚术及其传承人 / 120

南北皆喜的百年美食

　　——北京饭店谭家菜 / 133

坚守老北京铜锅涮肉

　　——壹条龙饭庄 / 148

北京最有特色的自制饮品

　　——锦馨豆汁儿食俗 / 158

寿膳技艺的百年传承

　　——颐和园听鹂馆饭庄的前世今生 / 165

小吃大艺

　　——护国寺小吃店的流金岁月 / 176

博采众长　锐意进取

　　——京菜老字号柳泉居展新时代风采 / 187

初心不忘　薪火相传

　　——爆肚冯爆肚制作技艺传承中的那些人和事 / 195

百年经典　传承坚守

　　——记小肠陈卤煮火烧制作技艺的历史沿革 / 210

用真心酿造甜蜜　用甜蜜温暖人心

　　——红螺食品故事 / 226

百姓最爱　京味小吃

　　——北京小吃的古往今来 / 238

百年技艺　匠心传承

　　——记正兴德清真茉莉花茶制作工艺非物质文化遗产代表性传承人
　　　王会明 / 261

目 录

动静结合　雅俗共赏
　　——北京宫廷补绣的传承与发展 / 272

学如弓弩　才如箭镞
　　——记红都中山装制作技艺·中山装技艺传承人蔡金昌 / 291

人间巧艺夺天工
　　——记京式旗袍制作技艺·京式旗袍技艺传承人李侃 / 304

延续中华服装血脉　保存中式服装珍宝
　　——瑞蚨祥品牌故事 / 316

中国手工制帽第一家
　　——马聚源制帽技艺的传承与发展 / 329

以质为本　以信为根
　　——记"京作"硬木家具制作技艺传承人杜新士 / 339

传承百年湖笔技艺　孕育千载民族文化
　　——记戴月轩湖笔制作技艺及其传承人 / 356

曾为宫廷增光辉　今向民间播文化
　　——国家级"非遗"项目北京宫灯及其传承人翟玉良 / 374

昔日皇家案上瓷　飞入寻常百姓家
　　——记北京仿古瓷百年沉浮 / 390

Contents

The Only Siu Mai Restaurant in Peking: Duyichu Siu Mai Restaurant /1

Pass on the Authentic Flavor of Court Cuisine and Reserve the Traditional Food Culture: Inheritance and Development of Cooking Skills of "Fangshan" (Court Cuisine of Qing Dynasty) /17

Fragrance of Jasmine Tea in Wu Yutai Tea House Spreads all over Peking: Wuyutai Jasmine Tea Production Technology Inheritance /35

Ink, the Lineage of Culture: Inheritance of Yidege Ink Making Skills /52

Century of Melodies Still Echo in the Flourishing Age: Past, Now and Future of Hongyinzhai Folk Wind Instrument Studio /64

The Fame of Best Bow & Arrow Shop in South Expands for Thousands of Miles in Peking: Peking Juyuanhao Bow & Arrow Shop /88

Peking Opera Shines with Them: The Pass and Present of Opera Costumes and Stage Properties /100

Contents

Pass on and Innovate a Hundred Year's Pedicure Skills: Inheritor of Qinghuachi Pedicure Salon /120

Century-old Nationwide Gourmet: Peking Tanjiacai Restaurant /133

Stick to Old Peking Style Instant-Boiled Mutton: Yitiaolong Instant-boiled Mutton Restaurant /148

The Most Characteristic Homemade Beverage of Peking: Customs of Jinxin Fermented Soybean Milk Restaurant /158

Centurial Inheritance of Birthday Cuisine Artistry: The Development of Tingli Restaurant in Summer Palace /165

Great Artistry of Snacks: The Golden Age of Huguo Temple Snack Bar /176

Learn from Others and Forge Ahead: The Old and Famous Peking Cuisine Liuquanju in New Era /187

Pass on the Artistry with Originality: People and Things in the Inheritance of Feng's Boiled Tripe Cooking Skills /195

Inheritance of a Century's Classic: The Development of Xiaochang Chen's Luzhu Cooking Skills /210

Make Sweetness with Sincerity and Warm People's Hearts with Sweetness: Story of Hongluo Peking Snack Store /226

Peking Snacks, People's First Choice: The History of Peking Snacks /238

Inheritance of a Century's Artistry and Originality: Wang Huiming, Inheritor of the Making Skills of Zhengxingde Muslim Jasmine Tea /261

The Combination of Statics and Dynamics Appeals to both Refined and Popular Taste: Inheritance and Development of Chinese Silk Barbola /272

Learning is the Bow, Competence is the Arrow: Cai Jinchang, Inheritor of Hongdu Zhongshan Suits Making Skills /291

Great Skills Excels Work of Nature: Li Kan, Inheritor of Beijing Style Cheongsam Making Skills /304

Continue and Preserve the Cultural Vein and Artistry of Chinese Traditional Clothes: Brand Story of Ruifuxiang Chinese Traditional Clothing Store /316

First and Best Hand-Made Hat Shop in China: Development and Inheritance of Majuyuan Hat-making Skills /329

Root in Quality and Credibility: Du Xinshi, Inheritor of Craftmanship of Jingzuo Chinese Traditional Hardwood Furniture /339

Pass on a Hundred Year's Hu Zhou Chinese Calligraphy Brush and Breed a Thousand Year's National Culture: Making Skills of Daiyuexuan Huzhou Chinese Calligraphy Brush and its Inheritor /356

Palace Lantern Now Lights among People: Zhai Yuliang, Inheritor of Peking Palace Lantern Making Skills /374

Royal Porcelains are Now Common in Families: A Hundred Year's Ups and Downs of Peking Imitative Ancient Porcelains /390

京城烧麦*独一处
——都一处烧麦

历史渊源

烧麦的起源

烧麦是中国土生土长的地方美食，历史也相当悠久，可追溯到明末清初。它起源于北京，后在京津两地广为流传，称为"烧麦"，成为引人喜爱、备受欢迎的特色小吃。后又流传至江苏、浙江、广东等南方地区，被称为"烧卖"。经过了历史的发展与时间的洗礼，南北方在烧麦的制作材料及做法上也产生了很大的差异。时至今日，各地烧麦的品种更为丰富，制作更为精美。如河南有切馅烧麦，安徽有鸭油烧麦，杭州有牛肉烧麦，江西有蛋肉烧麦，山东临清有羊肉烧麦，苏州有三鲜烧麦，湖南有菊花烧麦，广州有干蒸烧麦、鲜虾烧麦、蟹肉烧麦、猪肝烧麦、牛肉烧麦和排骨烧麦等，都各具地方特色。

据史料记载：在元代高丽（今朝鲜）的汉语教科书《朴事通》上，就有元大都（今北京）出售"素酸馅稍麦"的记载。该书关于"稍麦"注说是以

---

* 烧麦，即烧卖。食品，用很薄的烫面皮包馅儿，顶上捏成褶儿，然后蒸熟。俗误作烧麦。

麦面做成薄片包肉蒸熟,与汤食之,方言谓之"稍麦"。类似于现在的馄饨。清朝乾隆年间的竹枝词有"烧麦馄饨列满盘"的说法。又云:"皮薄肉实切碎肉,当顶撮细似线梢系,故曰稍麦。""以面作皮,以肉为馅当顶做花蕊,方言谓之烧卖。"如果把这里"稍麦"的制法和今天的烧麦做一番比较,可知两者是同一样东西。

到了明清时期,"稍麦"一词虽仍沿用,但"烧卖"、"烧麦"的名称也出现了,并且以"烧卖"出现得更为频繁些。如《儒林外史》第十回:"席上上了两盘点心,一盘猪肉心的烧卖,一盘鹅油白糖蒸的饺儿。"

烧麦据说最早起源于包子,在外观及形制上,它与包子的主要区别在于不封口,而主要材料上则使用未发酵的面粉制皮,也与包子有所不同。

都一处烧麦馆前身:浮山烧麦馆

都一处烧麦馆始建于清乾隆三年(1738),创始人是山西省浮山县北开村人王瑞福。

传说清乾隆元年(1736),王瑞福从山西老家来到北京,投宿在前门外鹞儿胡同"浮山会馆"。一天,王瑞福在会馆后院的土炕上,正在寻思着自己在北京的出路,突然门帘一掀,一位算命的同乡进来,王瑞福心血来潮,想试一试手气,猛然抽了根签。那位算命先生验后,大喜道:"哈!老弟福在眼前,快到前门大街鲜鱼口南摆酒缸(开酒铺)去!"王瑞福一听欣喜若狂,马上招呼同来的两位同乡,在会馆"首事"(召集人)的帮助下,于乾隆三年在前门大街鲜鱼口南开了家"王记酒铺",门前挂个酒葫芦招徕生意,并制作炸三角和各种名菜。

王瑞福经营勤俭,生意精明,经过了几年的光景,酒铺有了发展,王瑞福也有了些积蓄。于是，在鲜鱼口南路东买了一块地皮，盖起两层小楼，酒铺成为正式的饭馆，更名为"浮山烧麦馆"，主营炒菜和烧麦、马莲肉等。

现存于都一处前门店内的虎头匾

"都一处"匾额："蝠头匾"还是"虎头匾"

乾隆十七年（1752）除夕，天寒夜深，乾隆皇帝到通州微服私访、体察民情。清朝前门一带聚集着众多的饭馆和酒馆，在回宫途中，经过前门大街时，乾隆皇帝腹中饥渴难耐，但此时所有商铺都因新年除夕而打烊，寻觅许久才发现唯独浮山烧麦馆仍掌灯营业，乾隆便带随从进店用餐。

王瑞福眼见三位客人进店，装束雍容大方，一主二仆，主人是文人模样，随即请三位宾客到楼上饮酒叙谈，并殷勤招待。这位主人吃了几杯酒后，便觉酒香浓厚，小菜可口，且这里的烧麦馅儿软而喷香、油而不腻，洁白晶莹，如玉石榴一般。乾隆食后赞不绝口，龙心大悦，对这个大年三十还没有打烊的小店产生了兴趣，便问掌柜的小店是何字号，王瑞福答道："小店并无字号。"乾隆帝感慨道："这个时候，京都只有你一家营业，就叫'都一处'吧！"

王瑞福当时并未把这个客人所说之言放在心上。但没有想到的是，这位客人竟是当今皇帝。乾隆回宫后便御笔亲书"都一处"三字，几天后派人精制成蝠头匾，由太监送到店里。当得知匾额是乾隆皇帝御笔恩赐，王瑞福对天叩拜，将匾额悬于进门处，从此"都一处"名噪京城。

日子久了，由于读音相近，"蝠头匾"也被百姓们传为"虎头匾"。天子临驾，又赐牌匾，全国各地名人雅士、官府要员都纷纷前来聚宴，生意更加兴隆。

"都一处"匾额——锅炉工和虎头匾

时光荏苒，新中国成立了，到了1966年，"文化大革命"爆发，北京多家老字号企业均受到不同程度的影响，造成了诸多变故，就连月饼都更名成了"丰收饼"。由于"破四旧"，都一处的"乾隆御笔"自然也成为针对的对象，一群"造反派"把安安稳稳悬于门头两百多年的虎头匾突然挑落在地上。按照"造反派"的计划，原本是要把这块御赐匾额敲成碎片，但是在这个过程中遇到了一些麻烦，那就是存了两百多年的这块虎头匾，被"造反派"用消防斧砍砸三下，匾额上却只留下了三个米粒大小的白点。情急之下，既然砸毁无效，便想到了用火烧的办法，于是"造反派"便找来了烧锅炉的工人杨海泉，将匾额交给他，并要求当作柴火烧掉。老杨表面上应承了这个差事，心里实在过意不去，不愿将这块具有历史意义与文化意义的"都一处"金字招牌化为灰烬。谁也不知道老杨哪里来的勇气，他赶快将这块匾额藏在了柴垛的下面，又往火中添了几块大劈柴，就此蒙混骗过了这些

"革命小将"。

转眼间,改革开放的春风吹满大地。到了1981年,看见街面上又悬挂起了"同仁堂""月盛斋"的老匾额,杨海泉这才找到了领导说出了虎头匾的秘密。

令人大为惊讶的是,当这块长1.8米、宽0.9米、厚0.1米,并且在柴堆里尘封了15年之久的御匾,被小心翼翼地请出锅炉房时,除了下托处的两个小挂钩已经腐朽,其余没有任何损伤。匾额在经过了故宫博物院老工匠

郭沫若题写"都一处"

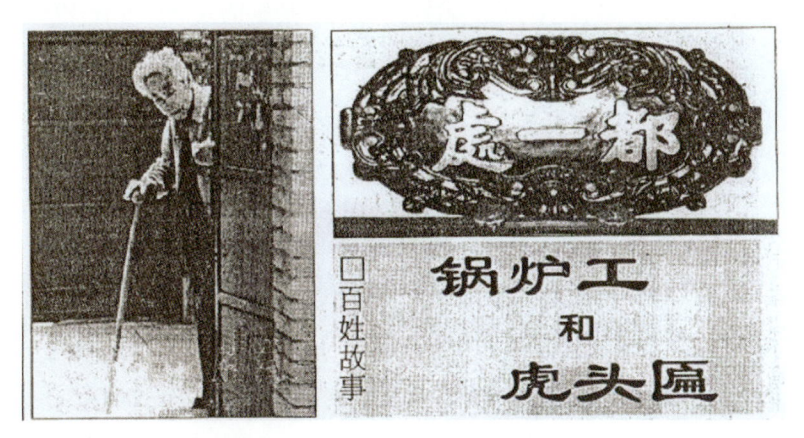

"都一处"匾额的故事刊登于1997年7月10日的《北京晚报》的《百姓故事》栏目

的精心修补后，又重新悬挂在了"都一处"的大厅中。而杨海泉也成为充满传奇色彩的文物保护英雄。

在近300年的经营中，都一处不仅因乾隆皇帝赐匾而驰名，更有技艺绝活"都一处烧麦"吸引着五洲四海的宾朋佳客，得到了社会各界及广大消费者的认可，还曾经东渡日本传授技艺。

发展历程

都一处自乾隆御赐匾额后，生意也有了很大的进展，酒类、面食、菜肴的种类都有改进和增进。如酒类从白酒"佛手露"发展到黄酒、蒸酒等，菜肴也从凉菜扩充为十几种炒菜。而面食则以烧麦、炸三角、饺子等为主。

都一处最为兴旺的时期是从同治年间开始的，1930年又开了都一处南号，后因管理不善与经济萧条于1935年关闭，但是都一处北号仍然兴旺，一直延续到新中国成立后。

1956年，都一处公私合营，合营后得到了持续的发展，并在1958年由鲜鱼口南迁到了鲜鱼口北今址。到1964年进行了扩建返修，营业面积也达到了170平方米，可容纳100人左右用餐。这年秋天，郭沫若到都一处观赏乾隆御赐"都一处"虎头匾，夫人于立群为该店手书毛主席诗词壁书，郭沫若也题写了"都一处"匾额。

1990年都一处再一次进行了扩建，建成了三层楼的餐厅。一层以普通烧麦为主，二三层主要经营的是高档烧麦以及山东风味的炒菜。扩建后的都一处可同时容纳300人就餐，并承办各种喜庆宴会。

都一处门脸（1991 年）

都一处门脸（2005 年）

经营特色

烧麦最初是都一处的一般品种,后来都一处的烧麦之所以名扬四海,其中还有一段有趣的故事。据说在民国时期,都一处的生意很红火,可是掌柜的却终日挥霍,到处吃喝享乐,不顾及店中经营,付给工人们的工资少得可怜,而且平时里工人们的吃喝也是窝头咸菜白米粥,大家逐渐怨声四起,产生了很大的意见。工人们想,反正自己也赚不到什么钱,干脆把食材的制作原料增加,提高成本,这样老板自然也赚不到钱。于是做菜时增加原材料,做烧麦用水打馅儿,工人们改成一半水、一半油,虾仁、蟹肉多往馅儿里加。这样一来,无意中提高了烧麦的质量和口感,反而大受欢迎,由此都一处的烧麦出名了,来此的顾客多是专为烧麦而来,越来越多,供不应求。后来都一处索性将饺子、馅儿饼的售卖叫停,专营烧麦。

至此,都一处的烧麦制作工艺也日臻完善,越发讲究起来,花样繁多,应时当令,一年四季都能吃到,而"四季烧麦"也成为都一处的一大特色。

2008年重新开张的都一处前门店门脸

荣誉与成就

都一处是中华人民共和国商务部首批认定的"中华老字号",隶属于北京便宜坊烤鸭集团有限公司。1989年"都一处烧麦"荣获商务部餐饮最高奖项"金鼎奖";2000年获得"中华名小吃"认定;2008年"都一处烧麦制作技艺"被列入国家级非物质文化遗产名录,同年,都一处被认定为北京市著名商标;2011年,获得2011年度北京餐饮(正餐类)十大品牌入围奖,2011年度北京百强餐饮门店入围奖,都一处烧麦被专家认定为"京城特色佳肴";2012年荣获年度北京餐饮十大品牌;2013年荣获年度北京餐饮门店500强;2017年荣获"中国京菜门店"称号;2018年前门都一处面点部荣获"北京市三八红旗集体"称号。

都一处烧麦技艺及传承

都一处烧麦技艺的文化价值

在北京,一说到吃烧麦,人们首先想到的便是都一处的烧麦。数百年来,都一处烧麦形成了精湛的制作工艺和自己独到的风味。首先是外观,都一处烧麦的制作不但是个力气活,更需要的是心灵手巧,外形美观,整体给人以凹凸有致的视觉感官体验。这些外观特征是都一处烧麦必须具备的条件。

那么都一处烧麦呈现出的美丽容貌是如何制作出来的呢?这的确需要一些技巧。制作一个不到一两的烧麦,从和面到上屉蒸熟,前后需要各种工序共16道。烧麦美丽外观的核心表现形式是呈现出花朵的样貌,同时核心的工艺便是用面皮压制花边,而且面皮的制作规格也极其讲究,面皮的中央薄厚要掌握在1毫米左右,而周围花边的厚度要在0.5毫米。花边采用独到的走槌压皮技艺,在擀制面皮的过程中有个很关键的动作,就是用大拇指按住面皮,边擀边按,这种方法才能擀出来完美的花边褶。烧麦共有花边褶24个,分别代表中国二十四个节气。这是都一处早年间传下来的规矩,也是都一处烧麦传承重要的文化价值之一。

都一处烧麦制作过程

都一处烧麦制作技艺第八代传承人:吴华侠

吴华侠——少有的80后"非遗"技艺传承人,来自于河南省固始县。1999年只有17岁的吴华侠便只身来到北京闯荡,从参加工作至今,一直都在便宜坊集团旗下的都一处店从事面点工作。在工作中她吃苦耐劳的精神和较强的责任心,受到师傅和领导们的共同认可。逐渐地从一个初来乍到的小学徒,通过不断学习和创新菜品,成为肩负重任、独当一面的大师傅,并成为都一处烧麦制作技艺的第八代传承人。

成就和履历

经过了十多年的磨炼和坚持,她取得了多项成就,分别为:2006年9月,荣获"全聚德杯"烹饪大赛中餐面点乙组银奖;2007年5月,制作的五彩烧麦获第八届中国美食节金鼎奖;2008年八赴台湾省进行文化交流;2008年11月,被授予"全国优秀农民工"称号;2010年6月,被评定为区级"都一处烧麦制作技艺第八代传承人";2011年5月,被授予"首都劳动奖章"称号;2012年在领导的细心栽培和耐心指导下,取得了烹饪高级技师职称,以一个专业的面点师为大众服务。为发扬老北京小吃文化,2014年9月30日晚,被邀请参加国庆晚宴;为向海外宣传中华民族饮食文化,2015年2月18日远赴泰国宣传都一处老字号品牌;2018年获得"北京市有突出贡献的高技能人才"称号、"东城工匠"称号;同年,吴华侠成立"北京市东城区吴华侠烧麦技艺首席技师工作室"。

2008年11月16日,全国优秀农民工表彰大会在人民大会堂举行。这是我国改革开放以来首次召开的表彰农民工大会,1000名全国优秀农民工和100个农民工工作先进集体受到了表彰。时任国务院副总理、国务院农民工工作联席会议总召集人张德江在会上评价说:改革开放以来,数以亿计的农民怀着对美好生活的渴望、对光明未来的憧憬,勇敢地走出农村,以特别能吃苦、特别能奉献的精神,在促进我国经济社

国家级非物质文化遗产传承人吴华侠工作照

会发展、改变城乡二元结构、解决"三农"问题中发挥了不可替代的作用。他们的贡献将永载史册。

都一处具有近300年的历史，从里到外有着丰富的故事，如乾隆小酌、皇帝赐匾、土龙接台等。山西人王瑞福在乾隆年间创办的这家饭馆，经过岁月沉浮，成为北京这座城市的符号和骄傲。如今，这家百年老字号品牌却和一个普普通通的河南农村女孩紧紧地联系在一起。

学艺——从农村走向大城市

2001年1月，吴华侠带着好奇进入都一处前门店，师从李金秋师傅学习烧麦制作技艺。在师傅指点下，经过勤学苦练，很快全面掌握了制作烧麦的16道工序，并成为店里的业务骨干。2005年12月，崇文区政府启动前门大街修缮工程，都一处前门店停业，吴华侠调到都一处方庄店，担任面点厨房主管。2008年8月，前门大街修缮工程竣工，都一处前门店重张，吴华侠回都一处前门店担任面点厨房主管。2010年3月，吴华侠被聘任为便宜坊集团烧麦总厨师长。2010年6月，吴华侠被认定为崇文区级非物质文化遗产项目都一处烧麦制作技艺代表性传承人。

刚进店时，吴华侠从刷碗、刷笼屉做起，虽然脏和累，还容易划伤手，但她牢牢记住师傅们的教诲：只有把基本功练扎实了，才能把包烧麦的手艺学好。

店里每天上午10点开门营业，吴华侠为了早些学习包烧麦技艺，每天不到8点就来到店里，练习擀皮、包烧麦，还经常放弃休息时间，从早到晚待在师傅身边学技术。一开始大家有些不理解，觉得既然会做了就可以，没必要来那么早。还有的同龄人问她：你来那么早有什么意义，多到街上转转不是更好玩吗？吴华侠说：能进入都一处我已经感到很荣幸，我更希望抓紧时间把技术学扎实，学好本领是自己的本事，时间越久本事就越久。

吴华侠在师傅指点下，很快全面掌握了制作烧麦的 16 道工序。但是，她并不满足，经常默默地对自己说：我不仅要会做，还一定要做好。她坚信只要努力，在平凡的岗位上也可以做出不平凡的成绩来。

梅花香自苦寒来

功夫不负有心人，经过勤学苦练，吴华侠的技术在店里名列前茅，一般人擀皮可以一次摞起 10 张面皮，她可以一次摞起 20 多张同时擀制。她还可以在一张面皮上擀出 103 个褶，包出的烧麦花瓣层叠，犹如一朵妩媚婀娜的康乃馨，看到的人都称赞不已。看到客人品尝烧麦时满意的表情，吴华侠更感受到自己工作的价值。

经过吴华侠的不断努力，2008 年她被集团任命为烧麦制作技艺第八代代表性传承人。吴华侠积极参加"非遗"保护宣传活动，先后参加了文化部在全国农业展览馆举办的"中国非物质文化遗产传统技艺大展"、中国烹饪协会在水立方举办的"全国及北京地区餐饮非物质文化传统技艺及文化展"、市商务委组织的北京老字号非物质文化遗产保护成果"京郊巡展""校园巡展""奥运举办城市巡展"等活动，每次技艺表演都受到参观领导的高度评价和观众们的称赞。

原中共中央政治局常委、国务院副总理李岚清，十一届全国人大常委会副委员长、全国妇联主席陈至立，文化部副部长周和平观看吴华侠现场技艺展示后，当得知她是从一名农民工成长起来的都一处烧麦制作技艺第八代传承人时，李岚清不禁竖起大拇指连连称赞。陈至立亲切地询问了她的工作和生活情况，并鼓励吴华侠踏实工作，要将传统的烹饪技艺保护好、传承好。

2008年6月，吴华侠远赴台湾省参加台湾省香格里拉远东国际饭店举办的"北京都一处经典美馔"活动，在台期间共表演都一处烧麦制作技艺十几场，台湾省媒体争相报道，表演获得成功。

因工作表现突出，2008年吴华侠荣获"全国优秀农民工"称号。2009年国庆节作为全国优秀农民工代表登上观礼台观看60年国庆盛典。从一名普通农民工成长为技艺传承人，不仅激励吴华侠更加努力工作，也鼓舞更多的员工努力学习，实现岗位成才的行动。

学以致用——在传承的基础上创新

吴华侠在传承了烧麦技艺全部工序后，开始研究怎样在传统的基础上创新。通过看书阅读、报班自学，终于功夫不负有心人，在2005年2月，推出"情人节玫瑰烧麦"。每逢情人节，年轻人都会将玫瑰花送给心爱的人。吴华侠想，如果能把烧麦做成玫瑰花那样该是多美啊，既能食用又能观赏，一举两得。于是她和大家一起探讨，用菜汁、胡萝卜汁研制出了外皮翠绿，里边红色，像玫瑰花一样的烧麦。在情人节，玫瑰烧麦一经推出，立即受到客人的欢迎，给到店共度情人节的客人增添了许多惊喜与快乐。

2007年5月，为表达老字号员工期盼奥运、支持奥运、服务奥运的心愿，创新推出"奥运五彩烧麦"。吴华侠采用五种颜色的蔬菜汁和面，以羊肉、鲜虾、蟹肉、素菜、海参为原料做馅儿料，创制出"五彩烧麦"，并荣获第八届中国美食节金鼎奖。

2008年吴华侠又创新推出"彩炫烧麦"，面皮上的各种颜色都是纯天然制品提炼出来的，无任何添加剂，这样既美观又具有很高的营养价值。

2013年吴华侠推出营养健康的"五谷烧麦"。根据现代人的需求及营养学搭配,用稻谷、麦子、高粱、大豆、玉米进行合适的配比制作而成。既突破传统,又迎合现代需求。

担当——责任重于泰山

自从吴华侠成为传承人以后,虽然她是传承人里最年轻的,但她比以前变得更加沉稳,用她的行动告诉大家,可以让都一处的技艺一步一个脚印地传承下去。传承人是一种荣誉,更是一种重大责任,既要通过师承、学校教育或其他形式培养新的传承人,使技艺薪火相传、生生不息;也要保持非物质文化遗产核心精神。所以对此重任,吴华侠在技术上不只严格要求自己,也严格要求他人。她现在收徒30多人,收徒的标准一是必须要品德好,二是必须有责任心。尤其是对直接入口的食品,由于关系着人民群众饮食安全,作为一线的质量把关者必须一丝不苟,谨小慎微。同时要以身作则起好带头作用,做好榜样,这样才能带出一支严谨、有责任、有担当的队伍。

她深深懂得"一花独放不是春,百花齐放春满园"的道理,一个人技能再高,毕竟力量有限,只有把学到的技术和经验总结出来,传授出去,带动大家一起提高,才能推动整个行业的进步发展。不论是徒弟还是同事,她都将自己摸索和总结的经验毫无保留地传授给她们,同事们不但向她学到了技术,更学到了做人的道德品质及对工作、对社会高度负责和无私奉献的主人翁精神。由于她对待工作的高标准、严要求,大家也养成了一种好的工作作风,保证食品质量必须要经得起考验。

一提到都一处的烧麦,大家都很自然地伸出了大拇指。对此吴华侠很自豪,尽管在别人眼里她就是个包烧麦的,但她却认为自己是在干一件大事。

如果每个人都把自己所干的事当大事去干，那么就一定会发光的。她总说，其实这些原本都是她分内的工作，都是应该做好的，但领导和组织却给予了崇高的鼓励和足够的信任。

在2009年中华人民共和国成立六十年之际，她有幸被邀请为观礼嘉宾，当她得知消息时，她怎么也不敢相信这是真的，因为这是一份多么难得的荣誉和机会，是那样神圣与光荣。中国十三亿人民能够亲临现场观礼的只有一万五千人，国家之大，比她优秀的人太多太多，吴华侠为党和国家对自己如此信任和厚爱，感到无与伦比的激动和感激。

吴华侠说，一个人能力再强，没有大家的帮助，没有领导的培养，没有党和国家的好政策，想干什么也干不成。她将以更大的努力投身到工作当中去，在平凡的工作岗位上奋发努力，不愧对党和领导的培养，在今后的工作中争取以更加优异的成绩回报党和国家以及企业对她的厚爱。

（北京便宜坊烤鸭集团有限公司）

传承正宗宫廷风味　保存传统饮食遗产

传承正宗宫廷风味　保存传统饮食遗产
——仿膳（清廷御膳）制作技艺的传承与发展

仿膳饭庄，始建于1925年，是一家以经营宫廷风味菜肴为主的中华老字号饭庄。仿膳（清廷御膳）制作技艺已被列入国家级非物质文化遗产保护名录，其代表宴席"满汉全席"以礼仪隆重、用料华贵、菜点繁多、技艺精湛等风格与特点而享誉海内外。

仿膳饭庄门头（2016年4月仿膳饭庄迁回北海公园北岸御膳堂，即仿膳起源地）

仿膳（清廷御膳）制作技艺被列入国家级非物质文化遗产保护名录

历史渊源

1911年，孙中山领导的辛亥革命推翻了清王朝的封建统治，结束了主宰中国数千年的君主专制制度。1924年10月，冯玉祥将军率领国民革命军攻占北京故宫，将清朝末代皇帝溥仪及皇室人员逐出皇宫。溥仪被逐出宫后，清宫御膳房的御厨也随之流落民间。曾是御膳房管事的赵仁斋找来御厨赵承寿、孙绍然、陈增贵、王玉山等人商量，准备开个专做宫廷小吃的茶社，以维持生计。

1925年8月，作为皇家御园的北京北海公园正式对公众开放。这时御厨赵仁斋及其子赵炳南、赵承寿与孙绍然、陈增贵、王玉山等人合伙在北海公园北岸五龙亭附近租了几间平房，开办了个茶社（是为仿膳饭庄的前身），定字号为"仿膳"，意思是专门仿照清宫御膳房的烹制方法制作菜点。

仿膳饭庄宫廷特色糕点——豌豆黄

仿膳饭庄宫廷特色糕点——小窝头

创业之初，仿膳茶社规模很小，除了卖茶水以外，主要是宫廷小吃以及热菜小炒，品种有豌豆黄、芸豆卷、小窝头、肉末烧饼、抓炒里脊、抓炒鱼片等。不论小吃还是炒菜，都保持了选料考究、制作精细的特色，很受食客欢迎。如豌豆黄，一定要选京东"四眼井"生产的豌豆，制作时需要先将豌豆煮烂、晒干、磨成粉，再经"马尾罗"筛过，然后要经过炒泥、冷却、切块儿等多道工序。制成的豌豆黄，颜色金黄、块儿形小巧、香甜细腻、入口即化，被称为食中上品。又如小窝头，《北京风俗杂咏续编》中收有一篇夏仁虎写的《旧京秋词》，专门对此进行过介绍。他生动地写道："北海的仿膳，往日是皇家御厨，制作的点心非常精美。蒸菱粉做成花式菱角糕；以新磨的蜀黍粉仿照贫民日常所食，制成窝窝头，只有手指头大小，吃起来甜美无比。"特色菜肴中最著名的有"四抓""四酱""四酥"："四抓"，即抓炒里脊、抓炒鱼片、抓炒腰花、抓炒大虾；"四酱"，即炒榛子酱、炒豌豆酱、炒黄瓜酱、炒胡萝卜酱；"四酥"，即酥鸡、酥鱼、酥肉、酥海带。这些菜选料精、做工细、色泽美、味清鲜，讲究造型，注重营养，调配料多种多样，保持原汁原味，菜名吉祥如意。那时来仿膳茶社的食客除游人以外，大都是清末皇族的达官贵人、遗老遗少。他们来茶社一方面是品尝当年曾在宫中吃过的饮食，一方面也是找寻昔日那种皇宫贵族生活的感觉。仿膳茶社因其经营特色的独一无二，很快在京城小有名气。1925年12月8日的北京《晶报》曾专门对仿膳茶社做了介绍。该报称，"北海公园松坡图书馆旁有茶点处，其商标曰'仿膳'，盖取仿御膳之意。所用庖丁，闻即清御膳房之旧人……"。

1937年之前，仿膳的生意十分兴旺。但是，日寇侵占北平以后，仿膳的经营逐渐陷入困境。抗战胜利之后，仿膳经营依然十分艰难，几经转让，濒临破产。

1956年，仿膳茶社实行公私合营改造，并更名为仿膳饭庄，归属北京市西城区饮食公司。在上级有关部门关怀下，饭庄请回原在清宫御膳房当差的老厨师王玉山、牛文

仿膳饭庄老照片

仿膳饭庄门头（1959年仿膳饭庄由北海公园北岸迁至琼岛漪澜堂、道宁斋等乾隆年间兴建的一组古建筑群中）

质、温宝田、杨青山、潘文赏等人，仿膳的经营出现转机。

周恩来总理对仿膳的经营和发展十分关心，经他提议，1959年仿膳饭庄由北海公园北岸迁至琼岛漪澜堂、道宁斋等乾隆年间兴建的一组古建筑群中。这组建筑面积2224平方米，营业面积1000平方米，共有大小餐厅12间，餐位300个。周总理说这组建筑历史上便是皇帝休息、用膳的地方，搞宫廷菜很合适。

史载，乾隆皇帝曾六次下江南。每次回来，不仅带回了擅做江南菜的厨师，还将江南的建筑风格也带到了北京。北海漪澜堂、道宁斋等一组建筑就是仿照镇江金山法天寺的建筑风格而建造的。"漪澜堂"的匾额是清乾隆皇帝亲笔手书。"漪澜"是指水波，因建筑临水，故曰"漪澜堂"。传说，乾隆皇帝来北海巡游时，经常在漪澜堂前湖垂钓，将垂钓之物赏赐文武大臣。乾隆皇帝曾在漪澜堂赐宴群臣和来华使节，参与修建圆明园的外国画家郎世宁、蒋友仁也常被皇帝召到漪澜堂接受赐宴。一时间能在漪澜堂接受皇帝赐宴也成为清宫大臣们所热衷的时尚，史书记载，"前湖垂钓，后堂烹食"是皇帝给予文武百官的一种极高的待遇。

仿膳迁入新址后，得有一个字号牌匾。由谁来题写呢？一次政协开会期间，几位政协委员在仿膳用餐，饭庄负责人请郭沫若先生给仿膳写个牌匾。郭沫若说："我的字太狂草了，仿膳是清宫风味，老舍是旗人，他字写得规

传承正宗宫廷风味　保存传统饮食遗产

矩，给仿膳写匾额最合适。"老舍说："我是旗人不假，可我是穷旗人。"郭沫若笑着说："你再穷也成分高，就别推辞了。"于是，老舍先生应邀题写了"仿膳"二字。这是老舍先生一生当中写下的唯一一块商号匾额。

　　1966年至1977年，北海公园停止对外开放，仿膳饭庄也随之停止对外营业。这一时期，仿膳成为党和国家领导人会见外宾、处理政务的场所。周总理常在仿膳会见并宴请外宾。周总理十分关心仿膳饭庄的发展，他不止一次地叮嘱"要保持中国宫廷传统的烹饪技艺，要把宫廷传统名菜继承下去"。周总理还对宫廷菜的制作提出过许多改进的意见。1975年5月23日下午，周恩来总理到仿膳就餐，用完餐后，总理对厨师们说："建议你们，在肉末烧饼的肉末中加一些南荠和笋末，这样吃起来不腻、爽口。"仿膳饭庄的肉末烧饼一直保持着周总理建议的做法。1976年10月，"四人帮"被粉碎后，邓小平同志重新主持中央工作。复出的第二天，邓小平在仿膳宴请叶剑英、王震、万里等老同志，共商拨乱反正的部署。饭后，邓小平看到仿膳饭庄保存的一批名人创作的所谓的"文革黑画"。他一边观赏一边问："这些中国的文化人都在哪儿？还画画吗？"他指着书画说："这些都是很好的艺术

老舍先生题写的"仿膳"招牌

仿膳饭庄宫廷特色主食——肉末烧饼

21

作品，应该让画家们出来多为人民创作一些作品。"在邓小平的过问下，画家们拿起画笔，泼墨作画，表达喜悦之情。因为仿膳保存了许多名家字画，北京画院特聘请仿膳饭庄负责人为画院的名誉顾问。

1978年3月1日，北海公园重新对外开放，仿膳饭庄也恢复对外营业。改革开放后，仿膳饭庄的经营有了很大的发展，经济效益和社会效益逐年提高，仿膳的品牌影响力不断扩大，同时更加对清廷御膳进行大力弘扬与传承。仿膳饭庄在继承传统的基础上，为了不断挖掘开发宫廷名菜，仿膳派人多次前往故宫博物院，在浩繁的御膳档案中整理出乾隆、光绪年间的数百种菜肴。清乾隆年间的文学家李斗，在《扬州画舫录》中记载了"满汉席"的菜单。这份膳单是目前研究者所见到的满汉全席菜单中年代最早而且内容最为完整的一份。仿膳饭庄根据这份膳单，于1979年在国内首家推出了以具有浓郁江南风味、兼容鲜明宫廷特色的满汉全席为代表的清廷御膳。为配合满汉全席的推出，仿膳饭庄的餐厅内外环境是仿照昔日皇宫的格调进行装饰布置的，那象征皇权的明黄色窗帘、坐垫、台布、口布，庄严的龙饰、华贵的宫灯，古朴的漆木家具，刻有"万寿无疆"字样的细瓷餐具、银器和溥杰先生特意为饭庄所题的牌匾、楹联，处处给人一种身临皇宫的感觉。

满汉全席一经推出就引起世界各国饮食界的普遍关注。尤其是日本"中国美食"研究专家十分感兴趣。日本西尾忠

仿膳饭庄清廷御膳宴席之前菜

—— 传承正宗宫廷风味　保存传统饮食遗产 ——

久先生在其所著《世界的名店》一书中介绍了世界八十家名店，其中就有仿膳饭庄，他写道："在北京，北海公园的仿膳饭庄，可以说是清朝宫廷风味的再现。"1990年，中、日两国专家、学者在仿膳饭庄举办"扬州画舫录·满汉全席"研讨活动。两国专家、学者就清廷御膳中的"满汉全席"这种筵席形式的形成和发展以及在当今存在的意义展开了深入讨论，并发表学术论文数十篇。这次研讨活动，促进了"满汉全席"研究工作。末代皇帝溥仪的胞弟溥杰先生曾称仿膳饭庄承办的满汉全席是保留了原清宫御膳房制作工艺的正宗宫廷筵席，规模宏大，丰富多彩，堪称清宫御膳之经典。溥杰先生还为仿膳饭庄亲笔题写了"正宗满汉全席"六个大字。至今世界各地的旅游者把到仿膳饭庄来品尝清廷御膳作为旅游的必选项目。我国外交部也把清廷御膳中的满汉全席作为一种国宴形式用以接待国内外首脑、政要。

多年来，饭庄先后接待了我国党和国家领导人周恩来、邓小平、叶剑英、彭真、杨尚昆、习仲勋、王震、罗瑞卿、聂荣臻、徐向前、乌兰夫、康克清及江泽民、李鹏、

仿膳饭庄满汉全席餐厅

原仿膳饭庄总经理庞长红（右）与末代皇帝溥仪的胞弟溥杰先生（左）在漪澜堂前合影

来自几十个国家的 96 位国际奥委会的官员亲属在仿膳饭庄用餐（宫廷舞迎宾）

万里等；接待的国外元首及政要有美国前总统尼克松、国务卿基辛格，日本前首相田中角荣、大平正芳，英国前首相希思，菲律宾前总统马科斯，柬埔寨前国王西哈努克，意大利前总理克拉克西，马耳他前总统巴巴拉，联合国前秘书长瓦尔德海姆等。2008 年 8 月，仿膳饭庄圆满完成国际奥组委官员代表团接待服务任务。外交部领导曾赞许仿膳饭庄为国家外交事业做出了应有的贡献。

仿膳饭庄先后五十多次派厨师代表团赴美国、英国、荷兰、瑞典、意大利、新加坡、马来西亚、日本、中国香港、中国台湾等国家和地区进行技术表演，展示中国烹饪技艺之精华，传播中华饮食文化之博大，备受各国、各地区宾客的喜爱与认可。

技艺特点

清廷御膳以做工精细，形色美观，味道鲜醇，软嫩清淡，造型工巧和命名典雅著称于世，是集满汉菜点之精华而形成的历史上最著名的中华大宴，

传承正宗宫廷风味　保存传统饮食遗产

是中华饮食的巅峰之作。在中国烹饪史上占有承前启后的重要地位，是中国古代烹饪饮食文化的一项宝贵遗产。

御膳，简言之，就是帝王世族所享用的饮食。清朝是以满族贵族集团为统治核心的封建王朝。清世祖福临于顺治元年（1644）在盛京（今沈阳）宫阙即皇位，同年率清军入关，定都北京，揭开了清朝统治全国的历史的序幕，清廷御膳就此逐渐形成。

清廷御膳是满菜和汉菜相结合而形成的精华。清军入关后，保留了在关外食野味的风俗，烹调方法主要是烤和煮，同时融合汉族烹调方法中煎炒烹炸的技法。清代袁枚在其《随园食单》中指出："满洲菜多烧煮，汉人菜多羹汤。"这句话精辟地概括了清宫满席和汉席的特点。

清廷御膳不仅用料名贵，而且注重馔品的造型。在烹调方法上还特别强调"祖制"，许多菜肴在原料用量、配伍及烹制方法上都已程式化。如民间烹制八宝鸭时只用主料鸭子加八种辅料；而清宫厨御烹制的八宝鸭，限定使用的八种辅料不可随意改动。奢侈浪费，强调礼数，这虽说是历代宫廷御膳的共同点，但清宫御膳在这两方面表现得尤为突出。皇帝用膳前，必须摆好与之身份相符的菜肴，御厨为了应付皇帝的不时之需，往往半天甚或一天以前就把菜肴做好。清朝中后期，皇上用膳越来越铺张。有关资料显示，努尔哈赤和康熙用膳简约，乾隆每次用膳都要有四五十种，光绪帝用膳则以百计。因此，后期清宫御膳无论在质量上还是在数量上都是空前的。清廷御膳风味结构主要由满族菜、鲁菜和淮扬菜构成，御厨对菜肴的造型艺术十分讲究，在色彩、质地、口感、营养诸方面都相当强调彼此间的协和归同。

清廷御膳的加工制作，经历了一个不断发展的过程。经过改进制作方法，菜肴制作越来越精细、工艺也越来越复杂。有的菜肴制作从开始到结束需要经过几十道工序。菜点不仅注重色香味俱全，而且非常讲究造型。

清廷御膳兴起于清代康熙后期，而终于宣统。最早的具体制作人及传承人无文献记载，现今也无法考证。清廷御膳作为一种烹饪技艺能够传承下来得益于清朝宫中御膳房的御厨。

仿膳饭庄在几十年的经营中始终保持着正宗宫廷风味特色，在继承传统的基础上，通过不断挖掘和整理，共推出清廷御膳菜肴约800余种，其中凤尾鱼翅、金蟾玉鲍、一品官燕、油攒大虾、宫门献鱼、溜鸡脯等最有特色；名点有豌豆黄、芸豆卷、小窝头、肉末烧饼等。其中，仿膳饭庄于1979年在国内首家推出的清廷御膳的代表宴席"满汉全席"最为著名。当时的制作人王景春师从仿膳茶社的创办人之一——清御膳房御厨赵仁斋，他精通宫廷菜肴各种烹制技法，擅长烹炒菜肴，能熟练烹制清廷御膳中所有菜肴。以董

清廷御膳宴席

传承正宗宫廷风味　保存传统饮食遗产

士国为首的仿膳御厨第三代传人，继承了王景春的御膳技艺，在御厨前辈的亲手传授下，清廷御膳保持了传统的风味特色。以李士杰、肖晓枫、刘国忠等为代表的第四代御膳传人继承了董士国的御膳技艺。时至今日，当代的御膳传人们已经成为制作清廷御膳的主力军。

清廷御膳礼仪隆重，讲究排场，显示了饮食与文化的交融

满汉全席选用山八珍、海八珍、禽八珍、草八珍等名贵原材料，采用满族的烧烤与汉族的炖焖煮等技法，可谓汇南北风味之精粹，丰富多彩，蔚为大观。满汉全席具有以下特点：

特点之一是礼仪隆重。仿膳饭庄设计的满汉全席礼仪从北海的长廊开始，身着满族服饰的女服务员打着灯笼迎接客人。客人入座后，要上小毛巾净面、净手。开餐时，由"大臣宣旨"介绍餐单，由"格格们"进献奶茶，菜品以鱼贯而入的方式呈现在客人面前，并且用餐过程中会有乐曲伴宴以及仿膳历史文化、菜品典故的讲解，等等。特点之二是菜点繁多。完整的满汉全席共有134道菜点，需要吃三天六顿。特点之三是制作工艺精细。所有菜肴都是厨师精雕细刻、一丝不苟地烹制出来的，菜肴制作工艺复杂，有的菜肴的制作要经过十几道工序。为满足宾客的需要，饭庄推出了"满汉全席精选菜单"，使宾客吃一餐就可领略满汉全席的精美特色。

仿膳饭庄清廷御膳 —— 龙凤大雕刻

  由于仿膳与昔日皇家生活有缘，加之饭庄地处皇家园林，使许多名菜名点均有精美的典故。

  小窝头的典故：1900年，八国联军入侵北京时，慈禧仓皇逃往西安。途中，有一天慈禧饿极了，差下人去找吃的。当差的找来一个大窝头。慈禧饥不择食，几口便把窝头吃完了，边吃边说："真好吃！"后来，慈禧从西安回到北京，有一天她又想起逃亡路上吃的窝头，于是便让御膳房给她做窝头吃。御厨听说慈禧要吃窝头，大伤脑筋。御厨不敢给她做大窝头，于是把玉米面用细箩筛过，加上白糖、桂花等配料，做成栗子大小的小窝头。慈禧吃了小窝头，连连点头说："正是当年吃过的窝窝头。"

  豌豆黄、芸豆卷的典故：相传有一年春天，慈禧在北海御苑静心斋歇凉，忽听大街上有铜锣声。慈禧问："干什么的？"当差的回答："是卖豌豆黄、芸豆卷的。"慈禧让当差的把那个人叫进来。当差的捧着小贩做的豌豆黄、芸豆卷对慈禧说："敬请老佛爷品尝。"慈禧尝过后说："香甜爽口，入口即化，好吃。"于是就把这个人留在宫中，专门为慈禧做豌豆黄、芸豆卷。这种小点心也被后人流传下来，一直到今天。

肉末烧饼的典故：相传有一天夜里，慈禧做了个梦，梦见吃夹了肉末的烧饼。第二天早膳时，恰好上的就是肉末烧饼。慈禧一看和梦中吃的一样，感到很高兴，说是给她圆了梦。慈禧问是谁做的烧饼，当差的说是御厨赵永寿。"永寿就是万寿无疆、吉祥啊！"慈禧乐了，当即赏给赵永寿一个尾翎和二十两银子，使他升了官发了财。从此，肉末烧饼作为圆梦的烧饼流传了下来。

抓炒里脊的典故：传说有一天慈禧用晚膳，菜肴摆上席来，她却不甚满意。正当御膳房的御厨们不知所措之际，只见一个姓王的伙夫将剩下的猪里脊片和调料放在碗里，随意抓了抓，便放入油锅里炸，捞出后浇上汁在锅里翻炒几下，便呈上席来。此时，慈禧正有微饿之感，见到此菜色泽金黄，品尝之后，甚是满意。便问："这是一道什么菜呀？"太监急中生智，回禀老佛爷道："此菜名叫抓炒里脊。"慈禧对这道别出心裁的抓炒菜肴心生兴趣，便传旨要伙夫来见。不仅对伙夫的手艺大加夸奖，还赏了他白银和尾翎。因其姓王，又即兴封他为抓炒王，由伙夫提为御厨，专为太后烹调抓炒菜。从此，抓炒里脊闻名宫廷，并逐渐形成了宫廷的四大抓炒，即抓炒里脊、抓炒鱼片、抓炒腰花、抓炒大虾，后来成为北京地方风味中的独特名菜。

创新发展

自 1956 年公私合营后，仿膳饭庄隶属关系经过多次变更。1973 年 8 月 1 日，仿膳饭庄由北京市二商局划归北京市第一服务局。1982 年 3 月，仿膳饭庄由北京市第一服务局划归第二服务局（后改制为北京市饮食服务总公司）。2001 年 1 月，北京市饮食服务总公司与北京燕莎集团公司合并，仿膳饭庄归入重组后的新燕莎集团公司。2005 年 1 月，北京新燕莎集团、全聚德集团和首旅集团合并重组为首都旅游集团，仿膳饭庄划归至首都旅游集团所属的全聚德集团。

2005 年，仿膳饭庄在划归全聚德集团之后，在集团公司的大力支持和指导帮助下，对宫廷菜的传承与创新工作有了新的突破。饭庄于当年成立了满汉全席研究委员会，聘请了多位专家指导工作。仿膳饭庄"满汉全席"的最大特色，就在于它的"精、繁、丰、珍"，即膳食选料的精细、烹制工艺的复杂、品种的丰富多样和原料的珍贵稀少。

为了满足不同客人的个性化需要，饭庄对"满汉全席"菜品进行了研发创新，在继承原有风味的同时，根据现代人绿色健康饮食的特点，精选食材，加以精烹细作，面向广大顾客推出了"满汉全席精选菜单"，使宾客吃一餐就可领略清廷御膳的精美特色。其中，芙蓉鹿鞭燕窝、佛手鱼翅、麻酱鲍鱼、菊花鳜鱼、琵琶大虾等菜式都很有特色。如菊花鳜鱼是将鳜鱼剔成菊花形状，配以青瓜等辅料，看上去色彩缤纷，层次感强，再加上吉祥富贵的寓意，令人垂涎欲滴。还有鸳鸯戏水虾、一品豆腐和金蟾玉鲍，突出了宫廷菜制作手法的细腻，用虾肉或豆腐打成腻子，再经厨师的精心制作，呈现出生动美观的造型，且口感软糯，咸鲜，堪称精品。而且由于仿膳饭庄与昔日

传承正宗宫廷风味　保存传统饮食遗产

皇家生活有缘，加之地处皇家园林，许多名菜名点均有精美的典故和来历。这些在别处听不到的故事，宴席间由服务员娓娓道来，宾客在品尝美味的同时，又能获得许多历史知识，平添情趣，韵味无穷。

自 2006 年开始，在集团公司和行业协会的指导下，饭庄积极参加非物质文化遗产的申报工作。2007 年，"仿膳满汉全席烹制技艺"被列入西城区级非物质文化遗产保护名录。2009 年，"仿膳满汉全席烹制技艺"更名为"仿膳（清廷御膳）制作技艺"后被列入北京市非物质文化遗产保护名录。2011 年，"仿膳（清廷御膳）制作技艺"被列入了国家级非物质文化遗产保护名录。自此，标志着以仿膳饭庄为代表的仿膳"清廷御膳"制作技艺得到了有

仿膳饭庄清廷御膳精品菜肴 —— 鸳鸯戏水虾

仿膳饭庄清廷御膳精品菜肴 —— 一品豆腐

仿膳饭庄清廷御膳精品菜肴 —— 金蟾玉鲍

仿膳饭庄清廷御膳精品菜肴 —— 口袋豆腐

仿膳饭庄被中华人民共和国商务部认定为第二批"中华老字号"

仿膳饭庄被评选为"国家五钻级酒家"

效的保护和传承。

  2016年4月，经北京市园林管理中心和首都旅游集团协商决定，仿膳饭庄迁回至北海公园北岸御膳堂（仿膳起源地）。

  2017年5月，全聚德集团公司负责"一带一路"高峰论坛圆桌峰会工作午宴任务，仿膳饭庄行政总厨谭兵以及饭庄五名技术骨干作为此次国宴的主厨参与了此次重要政治任务，为来自世界各地、饮食习惯各不相同的37位各国元首、政要提供宴会服务。仿膳饭庄高度重视，举全饭庄之力，克服经营压力，全力支持。在菜品设计过程中，谭兵紧紧围绕"一带一路"主题，充分体现中国博大精深的饮食文化历史传承，以及展现中西合璧的时尚特色，满足外国贵宾不同地域、不同宗教信仰、不同饮食习惯与禁忌的需求……经过连续数日直至深夜的细细斟酌、反复推敲，最终确定两套国宴菜单，有多道体现"清廷御膳"制作技艺的经典菜品选入其中，最终在全聚德集团公司的带领下圆满完成了"一带一路"圆桌峰会工作午宴任务。

  仿膳饭庄在经营发展中会始终保持宫廷风味特色，同时顺应时代发展，不断推陈出新，努力将餐饮文化、旅游文化、民俗文化有机地结合起来。主

传承正宗宫廷风味　保存传统饮食遗产

要做好以下几点：

（一）继续巩固发展"满汉全席"品牌，将"中华盛世第一宴"满汉全席传承发展下去。要将这融历代饮食之精粹、汇南北菜肴之佳品的民族品牌发扬光大，使之成为展示我国宫廷餐饮文化的窗口，努力为中国宫廷饮食文化的弘扬绘上更加绚烂的一笔。一是要注重对"满汉全席"菜品的研发创新，在继承原有风味的同时，引入当代健康科学饮食的理念，精选食材，精烹细作，既可以使宾客领略清廷御膳的精美，又符合健康饮食的潮流，吸引更多的海内外消费者。二是要加强对人员的培训。认真做好师带徒工作，搞好"传帮带"，使其精湛技艺，推陈出新。

（二）做精、做大、做强主打产品。仿膳作为著名的餐饮品牌，打造出自己的拳头产品：像精工细作的凤尾鱼翅、金蟾玉鲍、一品官燕、油攒大虾、宫门献鱼、溜鸡脯等菜式，脍炙人口的肉末烧饼、豌豆黄、芸豆卷、小窝头等小吃，都已经成为仿膳的象征，要将这些主打产品进一步做精做大做强。而且我们还发掘和寻找一些新的珍贵养生食材，如鸵鸟和鲟鱼，以及珍贵海洋食材。

（三）不仅充分满足堂食的需要，还可以积极开发各种成品、半成品、礼品，以适应餐饮市场的多重选择。仿膳饭庄依托北海公园这个素有人间"仙山琼阁"美誉的皇家园林，具有其他餐饮企业不可比拟的独特优势。近水楼台先得月，饭庄可以通过进一步将餐饮文化与园林艺术有机结合起来，推动两者互为对方增色，使中外来宾不但可以用眼睛来体味祖先的雍容气度，还可以用嘴巴来品味旧时的鼎盛富足。另外，还可认真研制出配套且精致、突出的宫廷婚寿宴菜单，力争在京城皇家婚寿宴市场上占得一席之地。饭庄以历史记载的皇家寿宴庆典为基础，参考乾隆皇帝八旬万寿庆典程序，推出皇家寿宴系列服务，以宴会为载体，融合皇家卤簿礼制、用膳仪式、贺寿戏曲等内容，进一步丰富寿宴的文化底蕴。除了祝寿以外，还可以将这些活动推广到婚礼、诞辰、民俗体验等消费领域，开发出不同档次、不同内容、不同形式的一条龙服务套餐。这种具有鲜明中国特色的系列服务项目，对于那些喜爱中国传统文化的海内外人士，具有极大的吸引力。这样，既可以取得良好的经济效益，也是传播推广传统饮食文化、挖掘光大北京民俗的极佳途径。

作为宫廷风味菜肴的老字号，仿膳饭庄将本着承前人之粹、创后人之新、传中华之瑰、美世人之口的企业使命，在继承前人精湛技艺的基础上，努力在菜品制作和宫廷礼仪上开拓创新，精心制作一菜一点，精心布置一餐一具，精心设计一招一式，精心维护锻造清宫御膳品牌，进一步将这项宝贵的非物质文化遗产传承、发扬、光大。

（北京市仿膳饭庄有限责任公司）

徽州古韵有嘉木　京城茉莉裕泰香
——记吴裕泰茉莉花茶制作技艺及其传承

北京虽然不产茶，但北京人爱喝茶是出了名的。千百年来，无论冬夏，无论贫富，茉莉花茶的香气总是浸润着老北京人的喉咙，花香高洁馥郁，茶香醇厚清雅，花香与茶香相互交融，浓浓淡淡、千回百转，芬芳了这座城市的记忆，也逐渐变成了一种历史与文化的印记。

北京人喜欢茉莉花茶，在早起喝上一杯，一天舒坦；饭前或饭后喝上一杯，这顿饭才能吃好；待人接客沏上一杯，有里儿有面儿……来自古韵徽州的吴裕泰就是在这样浓厚的文化生活氛围之中在北京扎下了根，以茶为媒，经过百年历史，逐渐形成了自己的文化特色。这种文化既有京文化的率直爽朗、豪迈大度、闲适自得，也有徽文化的精湛细腻、外柔内刚和睿智灵巧，更有中华茶文化的博大精深、恬淡清和、雅俗并容。尤其是其当家产品茉莉花茶，香气鲜灵持久、

吴裕泰茶叶

吴裕泰茉莉花茶制作技艺被列入国家级非物质文化遗产名录

滋味醇厚回甘、汤色清澈明亮的独特口味赢得了京城几代人的青睐，被亲切地称为"裕泰香"，其制作技艺于2011年被列入国家级非物质文化遗产项目名录，成为中国茶文化的代表之一。

创业立足，徽茶进京

吴裕泰始建于清光绪十三年（1887），原址在现北京市东城区东四北大街44号，也就是现在的东城区北新桥。北新桥位于东直门内大街西侧，元朝时称兴桥，明代叫绒家务角头，清宣统年间改称北新桥。

北新桥重要的商业地位在近代得到了充分的体现。早在1921年北洋政府筹建有轨电车的时候，仅有的四条线路中，有两条都是开往北新桥的。北

百年老店随时代变迁

新桥附近聚集了饭庄、茶馆、绸缎铺、澡堂、书局等各类与百姓生活相关的商铺，可以说是百业杂陈，各有千秋，展现了老北京的商业环境和人文状况，吴裕泰就是在这里成长并壮大起来的。

相传1860年前后，安徽歙县一名举人进京会试，雇用了吴老先生（吴秀茹）作为自己的随从，出行时，吴老先生随身携带了一些茶叶。举人看中孔庙、国子监和雍和宫所在的"风水宝地"，便携吴老先生共同安顿在其附近的北新桥大街。举人应试期间，吴老先生与周围的居民渐渐熟络，他拿出随身携带的茶叶送给周边百姓品尝，没想到个个赞不绝口，极力劝说他在北新桥摆个地摊儿卖茶叶。徽州自古盛产茶叶，安茶、祁红、松萝、黄山毛峰、太平猴魁等都是享誉海内外的名茶。当时徽州歙县盛产花茶，歙县的花茶滋味醇厚，由屯溪当地一种绿茶"屯绿"和香花窨制而成，而老北京人讲究"早起一杯茶"，这杯茶得喝透了、喝舒服了，这一天才舒坦，做事才能有精气神儿。在茶类中，老北京人又尤好茉莉花茶。自吴老先生发现北京人爱喝花茶的商机后，便尽其所能从家乡带回大量的茶叶，1887年正式悬匾开业，在京城卖茶。直至今日，吴裕泰的北新桥始创店仍在原址迎接来往客人，屹立不倒，见证百年时代变迁。历史沉浮，那一缕茶香却始终不散，金字招牌历久弥新。

百年沉浮，薪火相传

自明清以来，徽商一直把持着京城茶庄、茶铺的大部分生意，到了20世纪初这种优势更加明显。这不得不从安徽得天独厚的茶叶种植、生产加工、

老字号 新故事

悬匾开张

贸易流通的先天条件说起。陆羽《茶经》中，详细列举了我国产茶地州县名称，其中"歙州"就是徽州一地的古称。徽州茶叶种植早，种植面积大，名优茶品种也特别多，再加上徽州商人多是读书人出身，在企业经营中不但有着山区人民的淳朴、诚信，更有儒士的睿智和操守，好利而不轻义，才让他们把生意做到了五湖四海。

自1887年吴秀茹创建吴裕泰品牌，一直由本人掌管，直到1893年，吴老先生去世前将所有产业分给了五个儿子，其中三个兄弟将各自分得的财产、商店、房屋等合并开设了"礼智信兄弟公司"，由四房吴锡卿做主管。在吴锡卿的管理和经营之下，以"吴裕泰"字号为中心，又开设了天津的裕升茶庄、北京东单的信大茶庄，等等，拥有了十几家公司和门店。与此同时吴锡卿还担任了京师茶行公会会长、歙县同乡会理事长等社会职务，将吴裕泰的生意越做越大，成为叫响京城的茶叶字号。1932年，吴锡卿病故，将家业传到吴六先生（吴澄波）的手中，在吴六先生的掌管下，公司置办几十处房产，生意涉足多个领域，一切生意都称为"吴裕泰"，因此品牌的社会影响力和知名度愈发提高。

从那时起，吴裕泰便以严谨的店规、良好的文化经营商铺。"三餐家常饭，一颗平常心"，这祖训体现了吴家经营生意的核心思想：不损人利己、不具狂妄野心、不见利忘义、不夸富张扬。吴裕泰的门店不仅店堂温馨雅致，顾客宾至如归，员工爱岗敬业，守规矩、讲诚信，最重要的是建立了严格的检查项目——"喝样子"。"喝样子"就是对该店所有档次的成品茶进行抽样，以看、闻、喝、品的方法对样品质量、价格进行全面的品评，同时还要对邻近地区其他茶叶店的成品抽样采购进行对比，以了解茶叶的市场竞争力。这一举措至今都在吴裕泰的经营环节中保持着，成为保障茶叶质量的关键。

茶叶感官审评

1949年中华人民共和国成立，吴裕泰的门店经营也在历经20多年的动荡后发生了变化。此时的吴裕泰由吴家最后一个掌门人管理，他每日只是例行到各店转转，基本已经不过问店内工作，已然没有了吴家长辈的虎虎生气。店内各项事务主要由罗宝臣、杜存玉、张文煜三人主管，三人各有分工，其中张文煜是店内货物的主管，也相当于掌握着吴裕泰茶叶质量"黑匣子"的人，是真正的大管家、传承人。

吴裕泰热闹的购茶场景　　　　热闹非凡的吴裕泰北新桥店

徽州古韵有嘉木　京城茉莉裕泰香

1955年12月10日，"吴裕泰"被定为北京茶叶系统私营企业步入社会主义阵营的试点单位，在茶叶行业里第一个完成了公私合营的历史转折，告别了私营历史。之后吴裕泰茶栈改名为"吴裕泰茶庄"，被划归到东城区副食品公司，是北新桥食品商场内下设的茶叶组。店面依旧、品牌依旧，所有的雇员均随着公私合营成为国家的职工，过去"自采、自窨、自拼"的传统花茶加工进货方式相应改为从北京茶叶加工厂统一进货，企业的经营纳入国家的统一计划之中。1958年，社会物资匮乏，茶叶也和其他商品一样纳入商品配给名单，人们对茶叶的需求量降到了历史最低，店内员工只剩下三四个人，仅能维持店铺的基本运转。1966年，北新桥大街更名"红日路"，"吴裕泰茶庄"也随之更名"红日茶店"。在那个动荡的年代里，吴裕泰茶栈所能保留下来的，只有埋藏在唯一传人张文煜心中的记忆，以及那不能公之于世的拼茶技艺。

吴裕泰茶庄北新桥店

"文革"时期的包茶叶用纸

1985年,"吴裕泰茶庄"字号得以恢复。1988年,金雅丽出任吴裕泰茶庄经理。1997年1月,在吴裕泰茶庄的基础上,北京吴裕泰茶叶公司成立,隶属北京奥士凯集团公司,由孙丹威任经理。2005年8月,茶叶公司进行改制,成立北京吴裕泰茶业股份有限公司,自此吴裕泰开始全面的市场化运作,迎来快速发展、拓展市场的新时期。

花茶窨制,裕泰风格

花茶,又叫作窨花茶,用香花拼和茶叶窨制而成,木樨、茉莉、玫瑰、兰蕙、梅花皆能入茶。自古以来,由于花茶既具有茶叶的爽口浓醇之味,又兼具鲜花的纯清馥郁之气,所以人们对花茶就有"引花香,增茶味"之说。

花茶工艺的真正起源是在唐朝,当时茶叶在制作团、饼贡茶时,茶鲜叶经蒸压,放入瓦盆后兑水研成茶膏,再在茶膏中加入微量的龙脑香料,用来增加茶的香气,这种工艺称作"入香"或"入脑和膏"。但是到了宋代,人们因担心花的香气会影响茶的真味,就不主张用香料来熏茶。到了南宋,用香花加工花茶的工艺开始小范围使用,对茉莉花熏茶的最早记载表明,广东一带是最早使用此方法的。

到了明代,我国茶类有了大发展,已经废除了团茶、饼茶,改制散茶,

徽州古韵有嘉木　京城茉莉裕泰香

大量生产绿茶，为以后花茶的生产奠定了良好的基础。知名茶叶专家陈金水教授介绍，明朝有一部很著名的茶书《茶谱》，就记载着花茶的窨制方法，三分之一花、三分之二茶，一层茶、一层花这样窨制，跟我们现在传统窨茶、窨花的工艺几乎是一致的，在这个时期，花茶的加工规模也在不断扩大。但当时，加工的花茶主要是珠兰花茶和玳玳花茶。而茉莉花茶才刚刚开始投入生产，且产量很少。茉莉花茶茶业开始初具规模是在清代，据史料记载，清咸丰年间（1851—1861），福州已有大规模茶作坊进行商品茉莉花茶生产，而吴裕泰茶庄也正是起源于清代。

老北京人爱喝茉莉花茶，滋味厚重，香气浓郁，上至达官贵人，下至平民百姓，无论是高级的"香片"还是最便宜的"高沫"，都是生活中必不可少的一部分。在这样一个茉莉花茶盛行的历史年代，在这样的生活与文化习俗的影响之下，吴裕泰最初来京虽是以售卖安徽绿茶的茶摊儿扎根立足，却靠苦心钻研茉莉花茶制作技艺，形成了自己的独特风格。

一直以来吴裕泰的花茶都讲究"自采、自窨、自拼"，在北京这个不产茶的地区，大多数茶叶都是在单一的原产地采摘加工后直接运输到市场上进行售卖，但唯独花茶却需要从安徽、浙江、福建等地"自采"，再运至广西横县花乡"自窨"，最后运回北京"自拼"，各种原料茶的加工制作、鲜花窨制、拼配之法都有一套专门的工具和独到的技术，其加工周期之长、制作方法之讲究、配方之精准，真称得上是巧夺天工。其中茶坯、香花、窨制和拼配技术是茉莉花茶加工最核心的"四要素"，一杯花茶从采摘到售卖，要经历将近半年的时间。

茉莉花茶是绿茶的再加工茶，顾名思义就是将茉莉花与绿茶鲜叶经过专业的制茶手法进行窨制，是鲜花吐香和茶叶吸香的过程。"茶引花香，花益茶味"，绿茶的清香中浸润茉莉香气却不见花朵，才是一杯至上好茶的标准。

吴裕泰茉莉花茶窨制技艺共分九个步骤，每一步都是匠心独运。

一是茶坯制作。

窨制茉莉花茶的茶坯一般都是以优质烘青绿毛茶为原料，经过精制后，按照茉莉花茶茶坯级型的标准样拼配而成。茶坯的品种和产地不同，制成的茉莉花茶品质风格各异。吴裕泰在安徽、福建、云南、广西等我国优质茶产地和茉莉花产地都建有自己的生产加工基地。品类繁多的优良茶树品种，有的滋味浓厚，有的口感鲜爽，有的吸香持久，有的外形肥壮，有的白毫显露，保证了吴裕泰自拼茉莉花茶均有其独到的口味。

为了使茶坯处于最易吸香的状态，茶坯开始窨花之前需要通过干燥和冷却两个环节才能够进行窨制。吴裕泰通常采用"低温慢烘"的方式，这样不会把"火味"带入茶坯，避免因复火导致香气鲜灵度下降。

二是花源选择。

吴裕泰窨制茉莉花均在夏至到处暑之间采摘，俗称为"伏花"或"夏花"，因为这个时间段内的气温较高，日照充足，生长出的茉莉鲜花香气浓度最高，品质最优，用它窨制的茉莉花茶，香气最为清香宜人。此外，采摘茉莉花的时

新鲜饱满的优质茉莉花　　　　　　　伏天采摘茉莉花

间也有严格要求，吴裕泰对茉莉花向来有"上午不采、阴天不采、雨后三天不采"的"三不采"讲究，这样严格的条件也保证了茉莉花头圆、粒大、饱满、洁白、光润、香气浓度高的特点。

三是鲜花养护。

香气是茉莉花茶的灵魂。鲜花养护是通过摊凉、养护和筛花等工艺流程，保持鲜花生机旺盛，促进鲜花开放，猛烈吐香。这一过程中，根据气温调高或者降低花堆的高度以保证适宜的温度条件是关键。

茉莉鲜花摊凉

四是窨制拼和。

窨制拼和是整个过程的重点工序。目的是将鲜花和茶拼和在一起，让鲜花吐放的香气直接被茶叶吸收。窨花拼和要掌握好配花量、花开放度、温度、水分、窨堆厚度、时间六个关键要素。另外，拌和的力度和手法也颇有讲究，既要保证茶花混合均匀、快速，又要保证茶叶的完整，尽量减少茶坯破碎的比例。

将茶坯均匀撒在茉莉鲜花上

拼和的力度、手法很重要，要保证茶花混合均匀快速

五是通花散热。

通花是为了散热降温，输气给氧，以及散发堆中的二氧化碳和其他气体。通花时把在窨的茶拨开摊凉。以利于鲜花恢复生机，继续吐香，调换茶花接触面，使茶坯均匀地吸香。

六是起花。

茶叶与茉莉鲜花

当花的生机已经失去，茶坯吸收水分和香气到达一定程度时必须立即起花。起花要根据堆温和窨品的水温而适时起花，时机选择十分重要。吴裕泰的茶一般在起花后要求茶中无花蒂、花叶，花渣中无茶叶。

七是烘焙。

烘焙的目的在于去除水分，以便于转窨、装箱等程序。烘后的茶叶必须充分摊凉，吴裕泰剔除了提花这道技艺，不提花的目的是为了控制含水量，保香，并使茶叶耐保存。在烘干前先将木炭燃烧起来，这叫"打火堆"，炭要烧透，无烟味时用拨火刀把炭压实并盖上烧尽的炭灰。将湿茶适量地放置在焙笼上，焙笼搭在烘灶上进行烘焙，要不时地拿下翻拌茶叶，防止茶叶老火焙焦，翻拌后再置在烘灶上烘焙至茶叶干度达到要求时，将茶叶倒入竹历上摊凉。

从窨制拼和、通花散热、起花到烘焙完成一个窨次，吴裕泰的茉莉花茶无论等级高低，均要反复窨制六次以上，高档花茶窨次更多。吴裕泰加工的高档茉莉花茶，具有香气浓郁鲜灵的特点。

八是匀堆装箱。

装箱前抽样测试的小样在质量检验全面合格后，进行匀堆装箱。匀堆要均匀，上、下品质要一致。

九是裕泰秘配。

最后各种优质的花茶原料会送到吴裕泰的拼配车间，质量技术部门根据其感官特征进行审评检验，将每一个品种、每一个批次的原料在外形、香气、滋味等方面的特征逐一记录，再根据吴裕泰自拼花茶的品质特征拟制拼配配方，使其扬长避短，综合各种原料的优秀品质，形成吴裕泰自拼花茶独特的风格。

茉莉花茶王散茶

茉莉金玉环散茶

传统手工茶叶包

吴裕泰茶叶基地

以1887命名创作的茉莉花茶产品　　　　吴裕泰老茶桶

精诚所至，裕泰香长

好的茉莉花茶可以说是融茶叶之美、鲜花之香于一体的艺术品，100斤上好的茉莉花茶窨花要用掉600斤左右的茉莉花，而普通的每100斤也要用掉200斤左右，制茶原料成本高，加工技艺复杂，周期长，再加上从业环境艰苦、技术难度大等原因，年轻人不愿意继承和学习茉莉花茶窨制技艺，这一传统技艺的传承面临着严峻的形势。

1997年，吴裕泰刚刚成立公司，百废待兴，只有一个80平方米的茶庄和60平方米的茶社，员工不过40人，百年老字号如何重现当年辉煌是摆在所有"裕泰人"面前的难题。此时的北京城大小茶号林立，如何在激烈的竞争中脱颖而出，打造自己的特色产

吴裕泰老员工张文煜

品是重中之重，公司的经营者果断做出决定，一定要将传统技艺保持和传承下去，并做出属于吴裕泰独有的特色。在公私合营之后，吴氏家族的管理者都已经退出茶庄的经营，唯一还掌握花茶技艺和配方的老师傅仅有张文煜一人。1997年孙丹威出任吴裕泰茶叶公司的经理后，虚心求教，认真钻研，最终掌握了茉莉花茶制作技艺，2012年12月被认定为国家级花茶制作技艺（吴裕泰茉莉花茶制作技艺）代表性传承人，使得此项技艺得以保留和传承。

吴裕泰翠谷幽兰

时光荏苒，吴裕泰茉莉花茶不仅保持住了原有的特色和口味，还不断创新变化，更加适合当代消费者的口味，还研发了很多新的品种，在传统茉莉花茶加工技艺的基础之上，吴裕泰研发了多款由其他花类加工制成的花茶产品，如翠谷幽兰、玳玳红茶、桂花乌龙、珠兰花茶……虽然所用的鲜花原料不同，但其工艺却与茉莉花茶一脉相承，产品也更满足了口味多样的消费者需求。

吴裕泰桂花乌龙

吴裕泰珠兰幽香

匠心传承，花开四海

百年品质，匠心传承，一百多年在历史的课本里也许就是一页纸的厚度，但对于吴裕泰，对于花茶的窨制技艺来说，却是几代人的坚持与奉献。在这个蒸蒸日上的时代，古老的茉莉花茶窨制工艺终以自己的新生收获了属于自己的黄金岁月，时光的流逝，将一份花开的美丽姿态变成了一份博大精深的厚重遗产。

上海世博会上，外国游客品尝吴裕泰茉莉花茶

吴裕泰代表中国茶参加沙特"非遗"展会

世界小姐参赛选手在吴裕泰体验茉莉花茶文化

徽州古韵有嘉木　京城茉莉裕泰香

几代人的坚守令吴裕泰花茶制作技艺不但没有消失，反而在新时代焕发出了新的生机，多次在国内国际的名优茶评比和展会中斩获大奖。"牡丹绣球""茉莉虾针""茉莉雪针""茉莉花茶王"……一款款名优产品的名字形成了广泛的市场影响力，受到消费者的热烈追捧。这些名优花茶还屡次登上世界舞台。2008年奥运会，吴裕泰经过层层筛选和激烈竞争，独家为奥组委提供150万袋花茶、红茶袋泡茶；2010年上海世博会，吴裕泰成为唯一一家官方授权的北京茶叶特许生产商和零售商，"裕泰香"系列定制特许商品在世博园大放异彩，其独特的皇家风范和地道的北京味道成为真正的"中国名片"；2013年，吴裕泰成为中国（北京）国际园林博览会特许产品生产商；2014年，吴裕泰"京味儿四季茶"被选为中国APEC峰会第三次高官会指定茶礼；2015年，吴裕泰茉莉花茶更是以卓越的特色获得意大利米兰世博会"金骆驼奖"。至此，吴裕泰凭借过硬的品质和品牌影响力，以花茶为媒，成为奥运、世博、APEC三大盛会的"全满贯"得主。

时至今日，吴裕泰已经走过了百余年漫漫征程，历经一个多世纪的历练、荣耀、风光，吴裕泰这个古老的品牌为一个国家、一个城市奉献了自己的精彩和力量。在21世纪，茉莉花茶窨制工艺这朵民族之花，已经开遍世界每一个角落，楚楚动人，熠熠生辉。作为一份文化遗产，它注定将随它身后的整个国家、整个民族而更加繁荣昌盛，今天依然在为这份遗产的薪火相传而努力的吴裕泰，以茶为媒，经过百年历史，注定将带领这份古老和传承迈向新世纪的光辉大道，去创造更加辉煌灿烂的明天！

（北京吴裕泰茶业股份有限公司）

墨为血脉　薪尽火传
——记一得阁墨汁制作技艺传承

一得阁，创建于1865年，已有155年历史，是中华老字号企业，墨汁制作技艺被列入国家级非物质文化遗产项目名录，产品曾多次荣获国家大奖，是中国文房四宝百家名店。经过一百五十多年的净化与沉淀，一得阁墨汁已酿成黑色乳液，滋养无数书画幼苗长成参天大树，在文房四宝行业中，具有非常独特的历史地位。一得阁的生生不息，需要诸多必备条件，其中稳定有序的传承是最重要的内在因素。

谢崧岱研制墨汁终获成功

一得阁创始人谢崧岱，出生于清朝道光二十九年（1849），咸丰十年（1860）随父从湖南到了北京，后选送国子监太学。同治四年（1865）研制墨汁获得成功。

一百五十多年前，没有现成的墨水，更没有现代各种各样的硬笔。文人书写用墨汁必须首先拿来墨块进行研磨，取得墨液后方能开始书写。费时费力，很不方便。

墨为血脉　薪尽火传

谢崧岱在国子监广业堂上学时，看到同学从油灯上取黑烟灰，得知烟灰可以放在墨盒里当墨用，深受启发。后来，他又发现有的同学写毛笔字时，往墨盒里放胶，他便虚心求教，如法炮制"墨汁"，但是并不好用。轻如浮尘的烟灰很难溶解于水中，加上胶水混合，颜色很不均匀，根本无法与墨块研磨的墨汁相比。

谢先生立志一定要研制出墨汁以方便使用。可是，那个年代，中国没有化学教材，没有化工材料，没有试验条件。他凭着超人毅力，克服常人难以想象的各种困难，历经"履试履误，履误履悟"曲折过程。"我愿读尽天下书，像读制墨之书那样，用自己的实践反复尝试制墨方法。"可见先生的理想抱负。

烟灰加胶没有办法研磨均匀的难题经常困扰着谢崧岱。后来他受家乡染布和用油漆涂饰时，添加酒解决染布色彩不均匀问题启发，也采用加酒的方法，逐渐解决了墨汁忽浅忽深的毛病。从光绪六年（1880）至光绪九年（1883），谢老经过苦苦的探索和实践，一个问题一个问题进行攻关，先后破解了墨汁着色忽浅忽深、粘卷、装裱易跑墨等难题，研制出墨汁，完成了从墨块到墨汁的革命性创举。

谢先生同仁写诗赞誉："谢生薰烟超今古，独能用酒辟门户，微闻妙制授闽中，遂为墨汁开山祖。"这首打油诗确立了谢崧岱"墨汁开山鼻祖"的地位。

谢先生总结自己多年研制实践撰写的《南学制墨札记》归纳出制墨八法，即取烟、研烟、和胶、去渣、收瓶、入盒、入麝、成条。《论墨绝句》是谢崧岱的又一重要著作，其有七言绝句十六首，每首附有详细的注释。其中有论制墨古法、论松香烟、论桐松合制、论胶法、论用法、论光色胶光、论入麝、论奚李等，注释讲解墨的制作流程方法达八十八条之多。

谢崧岱在北京城东琉璃厂开设墨汁专卖店，取名"一得阁"。一时文人墨客争相购买，宿儒贤达流连忘返。一得阁蜚声京城。谢崧岱亲自题联"一

一得阁创始人谢崧岱亲笔题写"一得阁"牌匾

艺足供天下用，得法多自古人书"。表达了先生谦虚好学，重一求得，服务社会的博大胸怀和志向。

"一得阁"设龛膜拜的规矩，从清末延续到民国。供奉的牌位是苏东坡、晁季一、沈继孙三位制墨先人，逢年过节，谢老都要亲自率众上香敬贡。收徒拜师也要先拜墨圣，再拜掌柜。谢崧岱说是从苏东坡那里得到取烟方法，从晁季一那里得到和胶的启发，称沈继孙编的《墨法集要》是"集墨家大成，为造墨家空前绝后之书"。而他正是集三位先人之大成才得以研制墨汁成功。

清末金梁先生所著《光宣小志》中说："笔得用贺莲青，墨得用一得阁，而宣纸得用懿文斋。"足见一得阁墨汁当时深受文人喜爱的程度。

徐洁滨接班掌门空前发展

一得阁墨汁制作技艺第一代传人为徐洁滨。徐先生是河北深州人，十六

墨为血脉　薪尽火传

岁从农村来到京城，经人介绍，一心投入一得阁门下。燕赵大地培育了他憨厚朴实、勤劳能干、虚心好学的优秀品质，很快得到了谢崧岱的认可，从得意门生成长为掌柜和传承人。

发奋图强，锐意进取

徐洁滨接管一得阁后，励精图治，改善经营、潜心钻研、创新工艺。他把眼光放在了南来北往的必由之地——广安门大街124号。设立制烟作坊专门烧烟获取原料。他严把选料质量关。取得又亮、又好、又细、带蓝光的最好桐油原料。同时，不断研究各种烟子在书画中产生的效果，推出新墨汁。

经过实验，他将桐油、花生油、豆油、柴油和松香燃烧后的轻烟末制成"云烟"，开创了名牌"惜如金"。他制作了能使墨纯黑、透亮，写字画画能达到乌黑透亮效果、颗粒细的"熏烟墨汁"。用松香烧出的松烟做原料，生产出了墨写小楷画、工笔画最佳的高级产品"五老松烟墨汁"。用松木烧的烟子制成的"小松烟墨汁"写小楷。

墨汁的黏合需要骨胶。骨胶有它的自然特性，去掉一定的黏性，用胶的亲和力和托付力，使墨汁的颜色和附着力这两大特点表现出来，其关键在熬胶。胶嫩成坨没法用，胶老水挂不住墨。夏需胶浓，春需胶稳，秋冬需胶小，根据胶的特性掌握火候、掌握时间是熬胶的秘诀。和好灰也是制墨的关键。墨汁用铜皮大缸，跟和面摔胶泥一样，拿木槌楞把它砸熟了，使胶跟炭黑黏合在一起，从上午开始，砸到下午，兑水、过箩，搁到缸里沉淀，随成墨汁。"墨汁料质第一、制作技艺第一、待人诚实第一、商铺口碑第一"为一得阁店规。使得一得阁成为"墨中翘楚"，经久不衰。清朝军机章京许宝蘅在1907年10月14日日记中有这样的记载："到琉璃厂买一得阁的墨汁，此店最有名气，墨汁也最好。"

依法维权，规范经营

民国初期，随着一得阁的发展壮大，一得阁墨汁无论从品牌影响力，还是从墨汁产品质量的良好信誉，都在文化市场上独树一帜。因而，一些投机取巧的奸商也打上了一得阁墨汁的主意。市场上也随之出现了假一得阁的产品。徐洁滨发现后，随即呈请民国农商部商标局注册了商标。以徐洁滨肖像为商标标识，并于1925年5月发布《北京琉璃厂一得阁墨汁店布告》，发表声明维护墨汁商标权，打击不法商人。由于发现及时、措施得力，假冒一得阁墨汁得到了及时清除。

一得阁在徐洁滨掌柜带领下快速发展，先后在郑州、天津投资开店直销，在上海、西安建立了联营店进行委托销售。一得阁的业务日渐兴旺。

日军破坏，遭遇劫难

徐洁滨辛勤建起的郑州分厂，被日军飞机轰炸毁掉。日军占领华北后，日本人得知享誉华夏的一得阁，就在优秀中国传统文化荟萃的琉璃厂时，欣喜若狂。因为自诩文化之国的日本，生产不出墨分五色

1925年一得阁第一代传人徐洁滨头像广告

的好墨汁。为了得到一得阁墨汁配方和生产工艺，日本人多次找到徐洁滨，提出以重金购买一得阁配方。徐洁滨不为金钱所动，以"自家研制、子孙享用、不宜外传"拒绝了日本人的无理要求。徐老先生始终以"富贵不能淫，贫贱不能移，威武不能屈"的气节，保护着我们中国的一得阁。

从民国到新中国成立，以徐洁滨为掌门人的一得阁，已经实现了技艺成熟、传承有序、墨汁品种多样。

新中国成立后成为国企集体传承

新中国成立后，一得阁的建设受到了党和政府高度重视，企业得到前所未有的蓬勃发展。

由传统作坊变为现代工厂

由于新中国成立后全国文化艺术的迅猛发展，墨汁需求量快速增长。原

20世纪90年代一得阁在南新华街25号的门楼　　20世纪八九十年代一得阁公司大楼

20世纪80年代一得阁部分产品照　　　　一得阁公司大楼新貌

来的生产空间和工艺已远远满足不了市场供应需要。1953年，一得阁墨汁店由东琉璃厂迁至南新华街25号，一得阁墨汁店随之改为一得阁墨汁厂，墨汁制作也由手工石磨，改成电动石磨加工，产量翻了一倍，达4万多瓶。1956年，一得阁由私营转为国营，名称为"北京一得阁墨汁厂"。在二代传人张英勤带领下，墨汁轧制在20世纪60年代初就实现了机械化生产工艺。企业除生产墨汁、墨块、印泥外，先后上马了广告色、水彩色、国画色、油画色等美术颜料。产值增加到68万元，墨汁产量由4万多瓶猛增到14万多瓶。20世纪60年代中期，墨汁产量已达到1000万瓶左右。

管理技术分开，技艺传承有序

新中国成立后，传承也由传统的师傅带徒弟模式，改为行政领导与技术骨干分开，技艺由技术科和车间专职技术人员进行传承。行政领导基本都不是车间成长起来的优秀"徒弟"，也不是长期从事技术工作的人才。在实践中形成了技术由专门技术人员掌握传承，工艺由轧制车间工人掌握的传承方式。老厂长张英勤，是最后一位真正懂技术的制墨专家。此后的厂领导主要职责是抓经营管理。

墨为血脉　薪尽火传

改革开放顺应市场要求发展

1985年，一得阁在书记兼厂长张英勤的带领下，对企业进行了适应市场要求的大刀阔斧改革，通过多种途径，推动核心技术的传承和发展，确保老字号的根基永远不变。墨汁制作技艺和工艺流程，在保留核心要素的同时，摒弃影响产量和质量的落后工艺，增加了电动三辊研磨机数量。其产品已达墨汁、墨块、印泥等八大类之多。

关怀鼓励为企业发展增添动力

1990年，一得阁迎来了建厂125周年的试墨庆典。参加庆典的有习仲勋、王平、荣高棠、乔明甫等中央领导，有范曾、吴祖光、王成喜、侯宝林等著名书画家和艺术家。习老称赞："一得阁墨汁好，我们经常使用一得阁墨汁。"试墨会上，他们饱蘸香墨，畅写诗词歌赋，赞颂伟大祖国，描绘秀美山川。经过几代人的实践和努力，一得阁墨汁已是具有可分五色（焦、浓、重、淡、清）、墨迹光亮、耐水性强、书写流利、永不褪色、香味浓厚、四季适用等十大特点的知名品牌。

变民企遭遇困境传承未断

2000年，一得阁由国企改为民企，这一变化给已经习惯于国企模式的一得阁，带来了诸多的不适应和新问题。2004年，一得阁再次改革，变为有限责任公司，组建了以李占木为董事长、董兴芬为总经理的董事会。此时生产的墨汁达十几个品种，产量达到2506万瓶，销售收入达到2000万元。2009年，公司组建了以耿荣和为董事长、徐小风为总经理的第二届董事会。这时企业虽然生产稳定，但是，多年积累下来的各种问题，已经让"老年"一得阁难以承受。最大的问题是人才大量流失导致的后继无人，最大的困难是市场缩小，资金短缺。由于自身无法产生一个能够带领企业走出困境的优秀领导人，无奈之下只得外聘经理。愿望很好，事与愿违。幸运的是在这种困难状况下，技术核心骨干没有流失。

育人才重振雄风再创佳绩

2016年6月，一得阁为了摆脱困境，与北京嘉禾国际拍卖有限公司进行合作，由嘉禾公司派出团队接管了企业。

为了尽快摆脱技术人才青黄不接的严峻困局，10月28日，一得阁举行了隆重的拜师收徒仪式。一得阁第三代技艺传承人尹志强和何平，在中国文房四宝协会领导、律师和众多嘉宾的见证下，庄严接受9位徒弟的宣誓。誓词是："我是新一代一得阁人，一得阁接力棒传到了我的手中，我向师傅和前辈宣誓：我将成为一得阁优秀技艺传人，作为自己人生追求的终极目标。不辱使命，努力担当起这份神圣的历史责任。尊重师傅，把学习技艺和完善人格统一于学徒始终。刻苦钻研，承袭重一求得的扎实作风和价值取向，忠于职守，愿为弘扬一得阁品牌精神奉献和牺牲。绝不背叛，永不外传一得阁制墨技艺。如有违反，甘愿受到任何形式的谴责和惩罚。"多家媒体报道了一得阁这一独特的培养技术骨干的做法。

2017年3月，一得阁依法增资扩股，北京嘉禾国际拍卖有限公司成为大股东。一得阁领导班子也同时进行了较大调整。组建了以夏钢寨为董事长的新董事会，王杰任总经理。公司大力吸纳各方面优秀青年人才40多人。一

墨为血脉　薪尽火传

得阁各方面建设得到快速发展。

一得阁部分墨汁产品

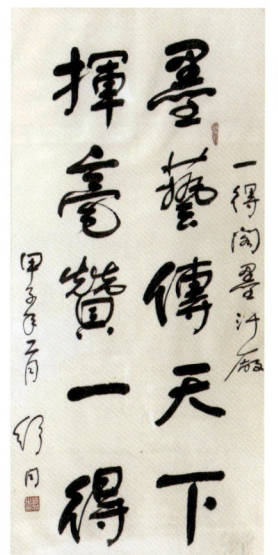

著名军旅书法家舒同先生一得阁试墨题字："墨艺传天下，挥毫赞一得"

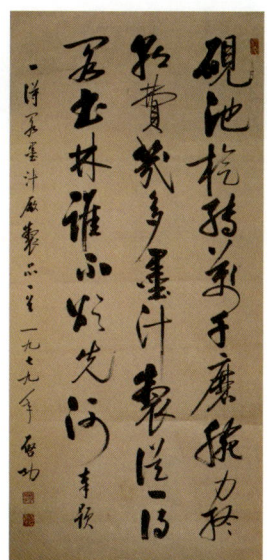

著名书法家启功先生试墨赞誉一得阁墨汁"砚池旋转万千磨，腕力终朝费几多，墨汁制从一得阁，书林谁不颂先河"

著名书画家李苦禅先生为一得阁试墨作画

中国书法家协会主席沈鹏先生在一得阁举办的活动上发言

  2018年4月6日，日本白扇书道会在一得阁美术馆办展，王杰总经理送给种谷万诚会长一瓶古法手工制作的墨汁，种谷万诚先生十分高兴，如获至宝，却一不小心失手掉落，瓷瓶打碎墨汁流了出来，瞬间屋内墨香四溢。随行的秘书长川野纯一先生立即跑过去用手蘸墨吸吮起来。一边品味一边连声称赞："好墨！好墨！"无独有偶，1983年在清朝末代皇帝溥仪之弟溥杰家中也发生了日本书画家吸墨称赞一得阁墨汁之事。此事的发生，再次说明一得阁及其墨汁已经得到国内外书画界的普遍认可和赞赏，它已是中国文房四宝的一张金名片。

附表：一得阁墨汁制作技艺传承谱系

代别	姓名	出生时间	方式	学艺时间
创始人	谢崧岱	清道光二十九年		
第一代	徐洁滨	清光绪六年	师传	1895
第二代	张英勤	1927 年	师传	1944
第三代	尹志强	1958 年	师传	1981
	何 平	1960 年	师传	1982
第四代	张永林	1969 年	师传	2009
	王建鑫	1992 年	师传	2016
	田淑卿	1981 年	师传	2016
	魏光耀	1979 年	师传	2016
	徐海波	1981 年	师传	2012
	汪小林	1989 年	师传	2015
	高俊杰	1990 年	师传	2015
	刘腾龙	1991 年	师传	2013

（北京一得阁墨业有限责任公司）

百年宏音斋　盛世传佳音
——记宏音斋的过去、现在与未来

宏音斋的初创与流传

房山青龙湖清朝王爷庄园宫廷歌舞班

清朝光绪年间，在北京房山的青龙湖（原名青龙潭）湖畔，坐落着一座清朝王爷的庄园，庄园的主人就是吴氏家族的祖辈。庄园依山而建，气势恢宏，一派皇家园林的气魄，庄园正堂悬挂着皇帝亲赐的七个龙头抱护的"茂德堂"巨匾，标志着地位的显赫。

北京房山的青龙湖（原名青龙潭）湖畔吴氏家族旧址

庄园中有戏楼，有专业的宫廷歌舞班子，庄园里终日笙管齐鸣、丝竹高奏，一派歌舞升平的景象。园中还有制作宫廷乐器的工坊，制作的乐器有：吹管乐器、拉弦乐器、弹拨乐器、打击乐器等，由于乐器是供京城皇家贵族及宫廷乐师们使用的，在乐器制作工艺和音质等方面都非常有艺术档次，为保证制作乐器质量，还请来做工艺品的手艺人加入乐器制作中，以彰显皇家的尊严与地位。

清朝光绪八年（1882），吴启瑞出生在房山青龙潭畔王爷庄园，他是吴氏家族的二贝勒爷，童年时，他整日生活在庄园内宫廷歌舞班频繁活动的氛围中，耳濡目染，吹拉弹唱无所不能，显露出不凡的音乐天赋。清朝灭亡后，他的贵族生活宣告结束，为了养家糊口，选择了做乐器赚钱谋生。选择这条路的原因有两个，一是平日在庄园中与宫廷乐师一起学练过各种乐器，有一定的基础，不但能演奏乐器，还能修理乐器的小毛病并制作简单的小乐器。他个人具备有一定技术基础，若遇到难题还可求助于原宫廷乐师们。二是他家的庄园里有很多的古柏树，柏木是制作乐器的好原材料，这些古柏树成了他不用投资的原材料基地，有技术，又有原料，拿做出的乐器去赚钱，选择这条路，不仅给他的生活带来最实惠的保障，同时也使他成为吴氏管乐制作技艺的创业奠基人。

"背篓贝勒爷" 吴启瑞创业

吴启瑞将乐器制作好以后，必须将乐器卖掉换成钱才能养家糊口。王爷庄园在山上，卖乐器要下山到良乡县城里去卖，那时的山区道路崎岖难行，交通运输非常不便利。为了去把乐器卖掉赚到钱，吴启瑞采用山区传统的运输工具——双肩背篓。他去山上割些荆条编了个背篓，将制作好的乐器放在背篓里背着下山去卖，迈开了销售乐器的第一步。

吴启瑞原来的身份是清朝王爷府贝勒爷，如今却像平民百姓一样背着背篓卖乐器，为了生活往返于山上和良乡县城之间。两重身份的极度反差，也没有使他心灰意冷。久而久之，一个"背篓贝勒"的绰号就传叫开来，这个绰号是背着背篓的贝勒爷的意思，这还算是对他的尊称。随着吴启瑞贝勒爷身份的逝去，这个绰号就完全变味了，叫成"贝勒背了"，影射贝勒爷运气不佳走"背"字混不下去了。

尽管如此，吴启瑞却全然不顾，依然肩背着装满一件件亲手制作的乐器背篓，行走在通往小作坊售卖乐器的路上。

创办乐器作坊"宏音坊"

1920年，吴启瑞将山上的制作工坊搬到了房山良乡县城，在良乡县城北大街创办了"宏音坊"乐器制作小作坊。由此，结束了吴氏管乐器制作业的背篓游动时代，从此有了正式的乐器销售铺面。随着市场需求增加，开始招收徒弟以扩大生产，进入了吴氏乐器制作业新的历史发展阶段。

"宏音坊"坐落在良乡古城的北大街路西，铺面临街，面向东开，当时门前既没有挂"宏音坊"幌子，也没有挂"宏音坊"招牌，只是别有创意地将那个"贝勒背篓"装上几件乐器摆放在门前。门面装潢看似很简单，其实有深刻的寓意在其中。在背篓游动时代，吴启瑞经常来良乡赶大集卖乐器，吴氏乐器高超的制作技艺、精良的乐器品质和吴氏人的诚信美誉，在良乡地区早已声名远扬。这个背篓摆放在门前，就是吴氏乐器的典型形象标志，只要人们看到它，就知道这里是吴家开的乐器店。两年后，在铺面门脸墙上挂了一面用布制作的"宏音坊"幌子，以示吴氏乐器店的招牌，而那个装着乐器的背篓依然摆放在门前，成为吴氏乐器永久的代言符号。吴启瑞传承了清朝宫廷乐器制作技艺，创建了宏音坊，为吴氏管乐器制作技艺传承发展奠定了良好的基础。

宏音斋乐器铺立足北京

吴启瑞之子吴文明继承父业，从童年时开始帮助父亲打理着宏音坊的乐器生意。

1927年，为了扩大销售市场，吴文明携妻子儿女来到北平城宣武门外东市场27号（如今西城区庄胜崇光百货商场位置）。创办了前店后厂的乐器制作工坊，前店是销售乐器的商铺，后店是一个生产乐器的制作工坊，前店商铺命名为宏音斋，后店制作工坊依然叫宏音坊。在门前挂着"宏音斋乐器铺"蓝白相间的帆布幌子，装乐器的背篓依然摆放在铺面门前。后来，由于在前店商铺来来往往购货的人较多，宏音斋的商铺字号被人们逐步熟悉，而宏音坊是工人干活的地方，很少有外人光顾。因此，在京城人们买乐器只提宏音斋，而对宏音坊提及甚少，渐渐地，宏音坊的名字被人们淡忘了。

组建成立北京民族乐器厂

1956年，由吴文明之子吴仲孚先生的发起，联合了三家同行，组建了中国第一家乐器生产合作社，后更名为北京民族乐器厂。吴仲孚先生担任管乐生产车间主任，主持民族管乐的研制生产，培养了很多徒弟。

从仲孚乐器修理部到吴氏管乐社

20世纪80年代初，吴仲孚从北京民族乐器厂退休，本应安度晚年，但是中国的艺术家们演奏家们离不开吴仲孚先生，他们纷纷登门拜访，请求吴仲孚先生再度出山。

经过一番筹备后,大家一起在吴仲孚的门前盖起了长4.5米,宽2.2米,约10平方米的小房,挂起了"仲孚乐器修理部"的牌子,后改名为"吴氏管乐社",由已故笙演奏家、书法家,原北京电影乐团团长曹建国挥毫泼墨,用篆书写了"吴氏管乐器"五个字六尺长卷墨宝,演奏家们纷纷在上面签字留名。由此把仲孚乐器修理部改为吴氏管乐社。同时"吴氏管乐器"注册了"宏音斋"乐器产品的商标。从此"宏音斋"吴氏管乐又开始踏上继续传承制作技艺发展之路。

初具规模的宏音斋吴氏管乐企业

如今的宏音斋已经发展成为集制造、销售、维修和普及音乐教育为一体的文化型企业。

从清朝贝勒爷吴启瑞将清朝宫廷乐器制作技艺全面完整传习下来,到宏音斋笙管制作技艺传承发展至今,宏音斋已逐步发展成为中国民族管乐制作技艺传承基地。品种齐全的笙管乐器,源源不断地在国内外市场行销走俏,甚至供不应求。

宏音斋笙管制作技艺的传承脉络

1949年,中华人民共和国成立,中国民族音乐开始蓬勃发展,随之各种民族乐器进入改革创新时代,发展至今,改革最好的是中国民族管乐器,而且改革的幅度大,涉及范围广,艺术质量最高。在现代民族乐团中,拉弦乐、弹拨乐的中低音声部依然用西洋乐的大提琴、低音提琴、竖琴等，而民族管乐已形成高、中、低音俱全的民族交响乐队编制的乐器配制。这就是传承发展的宏音斋笙管制作技艺对中国民族音乐发展的贡献，这其中浸透了吴氏家族几代人的智慧和辛勤的汗水。

创始人：吴启瑞（1882—1932）

吴启瑞，1882年出生在北京房山青龙湖清朝王爷庄园，在庄园中歌舞升平、丝竹高奏的音乐氛围中长大，从小有良好的音乐天赋，在乐师岳小焕（也称"岳娘"）师傅的精心传授下，吹、拉、弹、唱样样精通。据说，在一次节日庆典中，他父亲为了炫耀儿子的音乐才华，让手下人将各种乐器都拿来摆放了一圈儿，以检查他演奏乐器的能力。结果，他竟然转着圈将所有乐器演奏了一遍，因此得了别号"吴一圈"。

他吹笛子最为出色，音色优美动听，常在青龙潭边用笛声模仿鸟语、蛙鸣、昆虫叫。不管春夏秋冬，他总是顶着山风吹，天长日久练就了嘴上的硬功夫，传说他吹的笛子总是贴厚笛膜，薄笛膜则经常被他吹破。由于演奏乐器的人都必须会修理，才能保证乐器得心应手。所以，他不但与宫廷乐师学习了乐器的演奏，还学会了乐器的修理与简单的制作技艺，为他从事乐器制作奠定了良好的基础。

1912年，清朝灭亡后，吴氏家族庄园

宏音斋创始人：贝勒爷吴启瑞

歌舞班解散，家境迫使吴启瑞要自食其力去解决吃饭、生存问题，重新去选择谋生的出路。

当时，按说凭他娴熟的乐器演奏水平，去当民间艺人吹鼓手，进戏班子当乐手，绝对没问题。但这些是当时被社会称为"下九流"的最底层的行当，而他根本放不下贝勒爷身份的架子。只有做乐器才是最直接见效益而又不失面子的最佳选择。从技术上讲，自家原有条件具备的乐器制作工坊，一切制作技能已基本掌握；从材料成本讲，家有满山柏树，砍来风干处理便可使用；从面子上讲，远离众人瞩目落个清闲。于是，他跟随岳娘师傅走进庄园的乐器制作工坊，吴氏管乐器制作业从此开始。

在宫廷乐师的帮助下，利用庄园制作乐器工坊的技术资源及设备条件，吴启瑞开始学习管乐器制作技艺。初始，师傅把制作的乐器交由他去卖。后来，吴启瑞在师傅的精心指导下，对乐器制作技术逐步熟练掌握，把清朝宫廷乐队的吹管、拉弦、弹拨等乐器以及打击乐器的制作技艺，全部传习了下来，他的技术娴熟手艺精湛，他所制作的乐器，在当地小有名气。1920年创立"宏音坊"。

吴氏乐器制作业刚起步时，生产能力不强，在运输方面只靠他背着背篓步行送货，受经营地域的经济状态和文化氛围限制，只能做些笛子、唢呐、笙、二胡、小鼓儿等民间常用的乐器，就这样，每天走街串巷挣不了几个钱。为了增加收入，他做一些泥哨儿、泥公鸡、泥老虎、埙、苇笛、高粱竿笛等儿童小玩意儿，既没有成本也能哄孩子玩，连同乐器一起去卖。在艰难中求得的生存，让他感到满身的技艺无法施展。

第二代传承人：吴文明（1907—1973）

吴文明，吴启瑞之子，1907年出生在房山青龙湖，从懂事起就跟随父亲学习乐器演奏，随着年龄的增长，他协助父亲打理宏音坊的事务，并逐渐能够独立制作乐器。

在经营业务之中他发现，凡是来宏音坊买大曲笛、箫、琵琶、三弦儿、古琴等宫廷雅乐乐器和高档乐器的人，大都是北平城区一些有钱人，不管价钱多贵，他们一买就是好几件。而当地人因经济条件差，也不会演奏，只能买些低档的简单乐器。这种现状，是由京城与乡村的文化氛围和经济实力的差异所造成的，为改变这种局面，吴文明萌生了去北平城内再创建一个宏音坊的想法。他认为，北平的市场潜力很大，第一可以卖出更多高档乐器，第二能把自家制作乐器的十八般手艺全用上。经过深思熟虑，他骑上马，带上好乐器，以卖乐器为名，对北平城区进行实地考察。

宏音斋第二代传承人：吴文明

清朝时期，京城实行"满汉分城居住"，宣武门内是满族居住区域，是宫廷文化的集中地，而宣武门外则是汉族朝官、京官及社会名流的居住区域，是士人文化与市井文化的集中地。因此，宣武门成为宫廷文化和士人与市井文化的交汇之地。将宫廷乐器制作技艺在这里融入两种文化之中，定会施展宫廷技艺的十八般手艺，大有作为。经过考察调研市场，吴文明决定将宏音坊设在宣武门下。

1927年，吴文明离开家乡，将宏音坊迁入北平城宣武门外东市场27号，后定名宏音斋。

初来乍到，人生地不熟，新开张的门店，无人问津，门庭冷清。为了打破眼前局面，开辟新的天地，吴文明选用最好的材料，按照清朝宫廷乐队高档乐器的制作标准，精工细作了一批各式各样的乐器。这些品质优良、制作精细的乐器，一拿出来就让人爱不释手，他拿着这些乐器穿梭在北京城的演艺市场，凭借自己的演奏功力，在各大小胡同，不要报酬地参加红白喜事、各种庆典、戏曲演出等演艺活动，跑遍了整个北京城。据说他懂经文会念经，穿上袈裟念经当僧人，脱掉袈裟就是吹鼓手，他曾当过僧人、道士、吹鼓手、戏班乐手，目的是在北京为宏音斋乐器做活的广告宣传。在他的精心筹划下，乐器销路开始出现转机，顾客盈门，名声大震。

　　宏音斋乐器的制作技艺，源于清朝宫廷音乐及宫廷乐器的制作技术，经吴氏两代人的不断探索和创新，宏音斋笙管乐器的制作技艺完全成熟，形成了独树一帜的艺术风格并保持了宫廷传统技艺的独门绝艺。吴文明后被中国广播乐团招聘为演奏员，并兼任乐器制作维修师，他在专业乐团中运用宏音斋笙管乐器的制作技艺，为中国民族乐器的发展，为民族笙管乐器的制作改革提供了精确的专业技术依据。

第三代传承人：吴仲孚（1927—1996）

　　吴仲孚，1927年生于北京，是吴文明之子。他从小随父亲学习乐器演奏和制作，12岁便可独立完成乐器的制作。父亲调入中央广播乐团工作后，他便全面主持宏音斋业务工作。1956年，组建北京民族乐器厂并担任管乐生产车间主任，被评定为技术八级高级制作师职称。

　　他为了规范中国民族管乐器音不准、音质不纯、音律不统一、音量不平衡、转调不方便、标准音高有偏差等诸多问题，尽快适应现代音乐艺术的演奏表现力需求，走上了创新发展民族管乐之路。

1955年，为管乐大师胡海泉制作了中国第一支标准唢呐。1956年，为笛子大师王铁锤制作出中国第一支插口笛子。1960年，为唢呐大师刘凤桐、宋保才制作出了中国第一支加键中音唢呐。1962年，为管子演奏家张宗孔制作了中国第一支加键中音管子，为延边歌舞团管乐演奏家金石山制作了中国第一套加键朝鲜族吹管乐器。1963年，研制成功了中国第一支36簧中音加键扩音笙和低音加键扩音笙。1964年，在人民大会堂演出的大型舞蹈史诗《东方红》中，吴仲孚研制的这批新型中国民族笙管乐器，在这支由五百人组成的中西合璧的交响乐队中得到了重点应用。他运用传统技艺解决了中国传统民族管乐器诸多难题，将中国民族管乐制成了系列化和现代化的强大交响乐队编制。为中华民族音乐事业的发展做出了卓绝贡献。被中国的艺术大师们称为"中国现代民族管乐之父""中国民族管乐制作的一代宗师"。

宏音斋第三代传承人：中国管乐制作大师吴仲孚

在研制改良传统乐器过程中，吴仲孚坚守一个雷打不动的理念：遵循传统制作技艺之精髓，采用传统技艺制作之手法。他经常说："不管我制作出什么花样来，都是老树上开新花。我采用的都是祖上传下来的'老法子''老玩意儿'，不然，中国的乐器就不是中国味儿了。"他所说的"老法子""老玩意儿"，实际就是宏音斋笙管乐器的传统制作技艺，他将传统技艺比喻成"老树"，将创新乐器比喻成"新花"，一语道出宏音斋笙管乐器制作技艺的真谛。

1997年，在吴仲孚去世一年后，由中国音协民族管乐研究会主办，在国家民委礼堂召开的"制作大师吴仲孚先生诞辰七十周年研讨会"，有吕骥、李焕之、时乐蒙、刘德海、胡海泉等艺术大师们到会并发言。他们认为：吴仲孚大师用他精湛的技术，使中国民族管乐走向了科学化、系统化、艺术专业化，创造出我国民族管乐队现代化的强大编制阵容。我们搞演奏的同仁们，每当抱起鲜花和荣誉的时候，千万别忘记了吴仲孚大师的功劳。

为了吴氏技艺后继有人，吴仲孚说服女儿吴景馨辞去了待遇丰厚的工作，踏上了宏音斋笙管乐器制作技艺的传承之路，投入到民族乐器的改革事业中来。

第四代传承人：吴景馨、吴来顺、吴彤

吴景馨，吴仲孚之女，1962年生于北京。自幼受父亲影响，学习乐器的演奏及制作技艺，曾向胡海泉大师学习管乐演奏。大学毕业后分配到北京国营烟草公司工作。20世纪80年代初，她为完成父亲的心愿，辞去原工作，继承父业，全身心投入到宏音斋技艺的传承事业中，协助父亲制作乐器兼管宏音斋全部工作。1996年父亲去世后，吴景馨成为宏音斋掌门人，现任宏音斋吴氏管乐总经理，同时也是国家级、北京市级非物质文化

宏音斋第四代传承人：民族管乐制作大师吴景馨

遗产项目代表性传承人。

与此同时，吴景馨兼任中国民族管弦乐协会乐器改革委员会副会长、中国民族管弦乐学会唢呐专业委员会常务理事、笙专业委员会常务理事、葫芦丝专业委员会常务理事、中国音协民族管乐研究会办公室主任、原北京市海淀区政协委员。

吴来顺，吴仲孚之子，1949年出生于北京。著名唢呐演奏家，毕业于中央音乐学院，后就职于江苏省南京歌舞剧院，担任首席唢呐演奏员，进行了大量的音乐创作。在丰富的实践经验的基础上，他多年来一直致力于民族乐器的研究与创新工作，现任宏音斋吴氏管乐艺术总监、制作技术总监并兼任管乐制作调音师。

吴彤，吴仲孚之子，1971年出生于北京，毕业于中央音乐学院，著名音乐人，国家一级演奏员。多年来，手持吴氏家族自制笙乐器，走遍世界各地的文艺舞台，传播中

宏音斋第四代传承人：民族管乐演奏家吴来顺

宏音斋第四代传承人：跨界音乐家吴彤

宏音斋吴氏兄妹三人共同研发乐器

国传统民族艺术文化，并获第52届、第59届"格莱美"国际音乐大奖及联合国颁发的亚洲创变者奖。他深知自己担负着吴氏家族技艺的传承责任。在中外音乐艺术的影响下，致力于研究拓展民族管乐的制作领域和演奏领域，电子笙就是研制成果之一。现任宏音斋吴氏管乐技术指导兼制作调音师。

第四代传承人是一个家族式集体团队，通过吴仲孚的严格教育和艺术大师们的专业训练，考入国家级艺术院校学习，进入国家级艺术院团工作，个个都是具有国家级专业水准的演奏员，是高素质的音乐专业人才。由于他们有高超的国家级水准演奏技艺，深知高水平演奏家们所需乐器的性能要求，因此，在父亲的亲自教授和监督下，他们要求乐器的音质、音色、音准不能有任何一点瑕疵和纰漏。他们不但继承了父亲的事业，而且发挥各自的专业优势，共同合作研发，让宏音斋笙管传统技艺这棵"老树"又开了更多"新花"。不但完善补充了父亲研发的系列化科技成果，还先后制作成功了一批中国的第一支新型管乐器，复制复活了一批中国的古老乐器。

第五代传承人

第四代传承人吴来顺之女吴静、吴景馨之女贝顿与宏音斋面向社会招收的经过多年培养的三十余位传承人，已成为如今宏音斋笙管乐器制作的骨干力量。

吴静，吴来顺之女，1979年出生于北京。她自幼受家庭环境的影响，曾向爷爷、父亲、姑姑、叔叔学习乐器演奏与制作技艺。后考入中央音乐学院学习琵琶、二胡、钢琴等专业。毕业后，为了拓展宏音斋制作技艺向电声乐器发展，继续深造于北京理工大学，学习电子软件技术，现就职于北京软件公司担任软件工程师，是吴氏家族刻意培养的拓展制作领域的高素质人才，电子笙的研发就施展了她的才能。现长期旅居加拿大担任宏音斋对外文化交流促进专员。

贝頔，吴景馨之女，著名青年民乐指挥家，曾任重庆民族乐团常任指挥。1987年出生在北京中央民族歌舞团大院。她从小在艺术氛围中成长，从六岁起开始学习民族乐器，并受到父母亲和艺术家们的良好艺术教育，对民族音乐有着浓厚的兴趣，并表现出优异的音乐天赋。2007—2012年师从王甫建教授、俞峰院长，在中央音乐学院指挥系学习乐队指挥专业，并获得该专业学士学位。随后于2014年考入纽约大学，经过两年的深造，于2016年获得纽约大学硕士学位。如今贝頔长期活跃于国际指挥舞台，身为国家级非物质文化遗产宏音斋笙管制作技艺第五代传承人，她还兼任宏音斋文化负责人，对各大中小学及民间音乐组织进行扶持与帮助，是民族文化传承与推广的佼佼者。

宏音斋收徒学艺的标准是，要求徒弟不仅要学好宏音斋管乐器的传统技艺，更注重中华民族传统的道德规范的学习，按中国传统的师父带徒弟的传承方式，口传心授，进行技艺的传授。吴景馨说："拜师学艺是保证宏音斋技艺传承的根本，一是宏音斋技艺是清朝宫廷传承下来的手艺，是一项手艺非常精湛、技术含量较高的传统手工制作技艺，不是简单易学就能奏效的，需要下一定的功夫才能学到其技艺精髓，没有师徒关系约束，技艺很难正宗传承；二是宏音斋店铺门前从不挂招牌，在各种媒体上从不做广告，销售部门每天接待的都是世界各地的艺术家、演奏家，顾客源源不

吴启瑞（1882—1932）
WU QIRUI (1882-1932)

吴文明（1907—1973）
WU WENMING (1907-1973)

吴仲孚（1927—1996）
WU ZHONGFU (1927-1996)

吴来顺（生于1949）
WU LAISHUN (BORN IN 1949)

吴景馨（生于1962）
WU JINGXIN (BORN IN 1962)

吴　彤（生于1971）
WU TONG (BORN IN 1971)

吴　静（生于1979）
WU JING (BORN IN 1979)

贝　顿（生于1987）
BEI DI (BORN IN 1987)

宏音斋吴氏家族传承图谱

断，不请自来，就是'做人'二字的这个诚信品牌吸引着他们。所以，正规拜师学艺就是让徒弟们规规矩矩做人，踏踏实实做事。"就是这样，宏音斋不仅传承技艺，同时把祖辈的经营理念、做人准则值守始终。

制作技艺传承特色

宫廷技艺特色传承：宏音斋笙管制作技艺，源自清朝宫廷音乐及宫廷乐器的制作技术，是中国唯一一从清朝宫廷中传承下来的技艺，是其他技术无法替代的绝技。它将中国数千年民族管乐制作技艺之精髓一脉传承至今，在中国民族音乐笙管乐器中广泛应用不断出新，成为具有中华民族传统文化原汁原味的一项代表性非物质文化遗产。

家族五代一脉传承：宏音斋笙管制作技艺是以家族中父传子、子传孙一代一代传承的，在吴氏家族五代人通过口传心授相传的百余年历史中，其传承脉络清晰，宫廷手艺延续不断，始终保持着清朝宫廷乐器制作技艺的独特性和唯一性。

拜师学艺师徒传承：宏音斋打破传统观念，去除保守思想，在非吴氏家族员工中挑选优秀人才拜师收徒学艺。首先，教授他们学习乐器演奏方法，了解音乐知识，在掌握一些乐器的基本演奏技法之后，再逐步传授乐器制作技艺。十几年来，师徒关系亲如一家人，宏音斋帮助他们成家立业，消除了后顾之忧，让徒弟们专心做好技艺传承工作，保证了宏音斋笙管制作技艺传承有序，后继有人。

2013年，第四代传人吴景馨决定，为了宏音斋笙管制作技艺的传承有序，创新发展，启动宏音斋招募百位技艺传承人的计划，每月招收10多名学员，计划在一年内培养100名宏音斋笙管制作技艺的传承人。与人才培养计划一道推进的，还有对宏音斋传统乐器制作的资料整理工作，计划建设一个宏音斋民族乐器博物馆，不仅向世人展示出自宏音斋制作的各种民族乐器，更要将蕴藏在每件乐器背后制作的故事、乐器不同时期演变的过程、乐器与演奏艺术家的关系等历史资料一并梳理出来，为后人了解、研究民族乐器提供参考依据。

宏音斋复活的中国古老乐器

唐朝千年古乐"竽"

"竽"，是中国古老的吹管乐器，中国有个成语故事叫"滥竽充数"，这个典故中，南郭先生吹"竽"在乐队中混事，说的就是这件乐器。我们只知道这个故事，可谁也没见过南郭先生吹的"竽"究竟是什么模样，没听到过"竽"吹出来是什么声音。1972年，长沙马王堆一号汉墓中出土了一盘二十二管的"竽"，1973年末，在马王堆三号汉墓中，又发掘出土一盘"竽"。三号汉墓中发掘出土的这盘"竽"，虽然管（竽的竹苗）折断，外形已经不完整，但是同墓出土的竹简上有"楚竽"及"郑竽"的文字记录，肯定地告诉我们，这就是在中国大地上早已销声匿迹的"竽"，它让我们看到了"竽"真实的外形面貌。然而，马王堆出土的"竽"，没有簧（簧片、发音源），没有音窗（发音孔）。簧与音窗是"竽"发音最根本的发音条件，没有簧与音窗的"竽"根本发不了音，所以，它不是当年的实用乐器，只是"竽"的一个外形而已，我们猜测，它很可能是为墓主人专门培葬的一个象征性饰物，而不是墓主人生前使用过的乐器。由于它没有簧也没有音窗，反映不出竽发音的制作尺寸和整个竽发音的结构和构造，所以，没法将它复活成真正的舞台演奏实用乐器，人们对它的认识依然陌生。

2000 年，日本正仓院的工作人员拿来两盘一大一小的唐"竽"，大的为"竽"，小的为"和"，来到北京宏音斋吴氏管乐社进行复制，真正实用的竽才展现在我们的面前。据相关资料介绍，日本正仓院是一座迄今为止保存的最完好、最全面、最丰富、最有价值的中国唐朝艺术品宝库，被认为是"丝绸之路的终点"，已被列入世界文化遗产。"竽"就是唐传音乐文物的一种，是世上唯一仅存的唐代"竽"的乐器实物。

当时，吴景馨面对着唐竽震惊地说"这太珍贵了"，她看了看唐竽的管（竽的竹苗）上有演奏按孔的指法位置，有开通的音窗（发音孔），虽然簧片散落，但凭借多年制作技艺经验她立即断言："在中国大地销声匿迹失传了

宏音斋复原唐代制式吴竹竽　　　　宏音斋复原唐代制式吴竹笙

的'筝'，陈箱沉睡千年后又可以重见天日了！"于是，她对正仓院工作人员说："我们不单复制，而且要把唐筝复活，让它恢复演奏功能，成为舞台上活灵活现的乐器。"

历经三个月的时间，吴景馨依据清朝宫廷技艺，对唐筝进行复制复活的研究制作工作，终于复制成功，并且制作了一式两件，日本正仓院带走一件，宏音斋留下了一件。至此，中华大地上又出现了实用"筝"的身影，唐筝的复制成功，给沉睡千年的古乐赋予了第二次新的生命。中央音乐学院、中国音乐学院等多家博物馆争先订制收藏，在许多专业院团和中小学校组建的宫廷乐队中，筝成为宫廷音乐的主奏乐器，成为传播中华民族传统文化的载体。

敦煌千年古管乐器

敦煌是历史悠久、举世闻名的艺术名城，敦煌石窟享有艺术宝库之盛名。石窟壁画中，飞天伎乐手持着各种散发着历史幽香的乐器演奏，气势宏大、漫天飞舞，构成一幅幅神灵的艺术画卷，伎乐沉浸在音乐之中神情专注、充满激情的演奏，将人们带进音乐的梦幻世界。独具一格的敦煌音乐文化是敦煌宝贵的文化遗产，千姿百态的歌舞，品种繁多的乐器，让人们看得眼花缭乱。音乐仿佛在石窟中荡气回肠，永久回响，而人们只能感知美轮美奂音乐的存在而不得闻其声，实在令人遗憾。

从 20 世纪 80 年代开始，为复活敦煌音乐文化，敦煌研究院原音乐舞蹈研究室副主任、研究馆员庄壮（1937—2013）开始着手敦煌乐器的复活工作。1988 年，甘肃省科委立项，将敦煌壁画乐器复制作为"科研攻关项目"，1991 年，庄壮来到北京请教宏音斋吴氏管乐社，希望帮助敦煌管乐器的复制工作顺利。他介绍说："敦煌音乐文化，是敦煌文化的一个非常重要的组成部分，让千年古老的音乐文化复活是我们现在研究的课题，要让敦煌音乐文化成为鲜活文化，首要任务是解决敦煌壁画乐器的复活，只有复活敦煌壁画乐器，才能使敦煌音乐文化变得鲜活。研究敦煌乐器复活，这是当前敦煌研究的盲点，我们正在努力做的首要目标是复活敦煌乐器，让敦煌壁画乐器走到人间来，用复活的敦煌乐器组建敦煌乐队进行敦煌壁画歌舞音乐演出，重现千年敦煌壁画音乐文化的历史原貌，让世界聆听中华民族的千年敦煌古乐之声，展现千年敦煌音乐文化艺术风采，弘扬敦煌音乐文化。"

听完他的介绍，吴景馨说："敦煌文化是世界文化的瑰宝，将敦煌音乐文化复活，对世界文化来说也是一件功德无量的事。让敦煌壁画伎乐手中的乐器能说话（演奏出声音），这简直是个神话，不过想象是成功的一半，只有敢想才能有成功的希望，我们支持你们的研究，让我们共同实现这个神话吧！"

庄壮打开带来的图纸，对吴景馨说："这是从敦煌壁画 6000 余件、40 多种乐器图像中精选出来的有代表性的乐器，我们通过研究分析制成了这些图纸，图纸很简单，只是乐器的轮廓形状，仅供你们参考，管乐器部分由你们制作。"吴景馨看了看图纸，说："这些图纸只是一个外形轮廓的平面图，没有任何真实数据可供我们参考的，不过根据我们多年的制作经验，根据图纸上乐器外形的长短粗细比例等特征，可以想象出每支乐器发音的音色特点是什么样的。这几张管乐器图纸，一件乐器一种风格，没有重样的。但是制作管乐不比制作弦乐、弹拨乐，有外形尺寸即可仿制，比如说你这些琵琶，别看琴身有很多纹饰，让人眼花缭乱，而它们琴品排列基本相通，将外形做出装上琴品就能仿制出来。管乐就不同了，种类繁多，一种乐器一个样，甚至一件乐器一个样，比如说：它们定调孔是乐器上的第几个孔、它们发音原理结构是怎么样的、是什么调性的、如何确定孔与孔之间的音程关系，小二度关系音是用同一孔演奏还是再开一个孔演奏，以及腔口的尺寸、膛内锥度的数据，哨片的配置，等等，这一系列问题都确定好后，才能开始制作乐器，不能有半点含糊，只凭一张外形图纸，没有任何可参考的数据，难度很大。"

吴景馨根据图纸查阅家传技术资料，凭借自己的制作经验，仅仅根据庄壮的一张没有技术数据的图纸，为敦煌研究院成功复制了第一批敦煌管乐器，1993 年，庄壮又来到宏音斋复制第二批敦煌管乐器，两次为敦煌研究院成功复制了十多件管乐器，其中有：敦煌排箫三种、敦煌龙凤笛一对（一支龙笛、一支凤笛）、敦煌桦缠尺八、敦煌大号角、敦煌中号角、敦煌小号角、敦煌毕力、敦煌笛、敦煌竖笛、敦煌勾笛、敦煌笙、敦煌筚篥。

1992 年，庄壮和另一名敦煌研究院同事完成了敦煌乐器第一期复制时，复制了包括管乐在内共 54 件敦煌壁画古乐器，这项"敦煌壁画乐器仿制研究项目"通过了国家科学技术成果鉴定。1992 年 9 月，由庄壮的母校中央音乐学院民乐团、北京电影乐团、甘肃文艺团体院校的演奏家共同联合举行了

宏音斋复原敦煌龙凤笛

敦煌古乐器演奏会，充分地展现了敦煌古乐的魅力。为弘扬敦煌壁画音乐文化，甘肃省敦煌艺术剧院成立了"敦煌乐舞"剧组，敦煌壁画仿制乐器应用于《敦煌乐舞》剧目的演出之中，先后在国内和日本、韩国等国家和地区演出 100 多场，成为传播敦煌文化的载体，向世界展示着鲜活的中国千年敦煌壁画古老音乐文化。

广西壮族啵咧

广西壮族啵咧，这件乐器对大家来说并不陌生，著名音乐人、唢呐演奏家冯晓泉先生在 2001 年央视春节晚会上创作并演唱的歌曲《天上人间》中用的便是这件乐器。它高亢不失柔美的音色，给许多观众留下了深刻的印象。冯晓泉先生在他创作的音乐中将这件乐器的特色发挥得淋漓尽致，让小小啵咧人见人爱。可又有多少人知道，这件富有灵气的小啵咧，原来竟是一件濒临灭绝的乐器？又有多少人知道，它是如何被发现，又是怎么被复制的呢？

"啵咧"一词在壮语中是"喇叭"的意思，它流传于广西壮族地区，所以现在人们多称它为"广西壮族啵咧"。据相关史料记载，明代啵咧在广西田阳、龙州等地广泛流传并盛极一时，距今已有 600 余年历史。

1984 年原广西歌舞团民族管弦乐队队长，著名唢呐演奏家李平先生踏上了寻找啵咧之路，为了寻找这件罕见的古老乐器，他翻山越岭，备尝艰辛，终于在广西金龙村一位叫黄玉贞的老先生手中见到了啵咧的真容，老人对李平先生说，这件乐器从明朝至今历经 400 多年，由七代黄氏子孙守护，仅存一支，可谓传家之宝。李平先生当即拿出自己所有的财物作为交换，希望能将黄玉贞老人手中的啵咧带回南宁进行深入研究并将其发扬光大。老人起初并不愿意，但听闻此事对中国民族音乐研究的深远意义后，便毅然将这件宝贵的乐器托付于李平先生，李平先生十分感动，并向老人保证必定会将古老的啵咧完整复活。

为了复活这支古啵咧，李平先生来到北京，邀请宏音斋第三代传承人、乐器制作大师吴仲孚先生一同制订改革方案。吴仲孚先生凭借自己多年对民族管乐制作的经验和总结出的技术数据，对古啵咧的原生态形状、造型、音域、音色特点，进行了认真的研究，为了使复制的古啵咧既保持原生态化，又能够融合于现代民族管弦乐队之中，吴仲孚先生专门设计制作了一把膛刀，用膛刀调整了啵咧内腔的锥度后，再进一步调整了啵咧的音色音准度，一边制作，一边让李平先生试吹，提出问题后逐一改进，二人经过一个多月合作试制，一支崭新的啵咧就此诞生。啵咧具有高亢嘹亮的音色，却无尖利刺耳之感，使之既可独奏又能合奏，其独特的古韵音色在民族管弦乐队中无可替代。

1985年春节，李平先生手持第一支被复活的啵咧亮相广西春节晚会，并与管弦乐队共同演奏协奏曲《壮乡踏歌行》，独特的壮乡原生态古乐器所演奏出的优美音乐旋律，向人们展现了一幅壮族人民载歌载舞的优美画卷。同年广西啵咧又被文化部选中参加了在美国举行的迪士尼世界艺术节，首次登上国际舞台，多国艺术家们为它独有的魅力所震撼。对啵咧的复活性抢救挖掘，获得了广西壮族自治区科技进步奖并得到了文化部的高度嘉奖。

唢呐演奏家冯晓泉先生与啵咧的情缘是从学生时期开始，他的父亲，著名唢呐

宏音斋复原广西啵咧

——— 百年宏音斋　盛世传佳音 ———

演奏家冯永兴先生与宏音斋第三代传承人乐器制作大师吴仲孚先生是挚友知交，冯晓泉由吴仲孚先生手中接过了人生中的第一支啵咧，他也由此与啵咧结下了深厚的情缘，在创新发展新民乐的过程中，冯晓泉先生与吴仲孚先生之女、宏音斋第四代传承人吴景馨女士多年来继续紧密合作，进一步在复活啵咧的基础上将其发展制作成由小G调、F调、E调、bE调、D调、C调、bB调、A调、G调九个调组成的系列标准化广西啵咧，在丰富拓宽音色音域的同时，也使其更为方便演奏。系列标准化广西啵咧的诞生不仅丰富了中国民族乐器的种类，也为各族少数民族乐器的复制复活、研发创新留下了宝贵的研究资料。

宏音斋研发制作成功的少数民族系列乐器还有：广西壮族啵咧系列、芦笙系列，朝鲜筚篥系列，传统朝鲜唢呐系列，西藏竖笛、勾笛、唢呐、藏号系列，新疆唢呐系列，广东喉管系列，蒙古毛墩潮尔、筚篥系列，海南黎族乐器系列，台湾木箫系列、葫芦丝系列、巴乌系列、排箫系列、芒筒系列、铜角系列、牛角系列、玉屏尺八系列，印度笛系列，等等。

吴景馨说："现在有很多少数民族乐器濒临失传和绝迹，必须抢救，老祖宗的遗产不能丢失。我是满族，也是少数民族的成员，对少数民族的音乐更应努力挖掘、研究创新，抢救少数民族乐器，无论花多大的精力，付出多大代价，也要把这件事情做好。"

第四代、第五代传承人们正是这样不负众望，深知自己肩上的责任重大，接过父辈未完成的事业，积极研发出一件又一件的乐器新产品，在众多艺术家的希冀下，他们与时俱进，不辱使命，与各界朋友携手共创辉煌事业。

（北京宏音斋民族文化发展中心）

名驰冀北三千里　谓誉江南第一家
——北京老字号聚元号弓箭铺

聚宝财丰经隆盛，

元恒力贞事业兴。

公孙掌故说黄帝，

箭贵千里乘尤姬。

一副挑山中堂，每句的第一个字相连在一起，道出了京城弓箭第一家，也是硕果仅存的弓箭铺。正可谓：名驰冀北三千里，谓誉江南第一家。

中国"第五大发明"——弓箭

中国有四大发明，这连小学生都知道。但笔者认为这不够确切。应该是有五大发明，而弓箭的发明更应排在首位。正如一位英国的学者所说，中国弓箭的发明，是人类手臂最伟大的一次延伸。可见其对中国弓箭的发明，给予了多么高的评价。在欧洲人还在用石块打击动物的时候，我们中国人已经

名驰冀北三千里　谓誉江南第一家

可以用弓箭对野兽进行远距离的射杀了。

随着社会的发展，弓箭成为拓展疆土、巩固政权的冷兵器，这即是现代人都知道的武射，充满着杀戮与血腥。与充满杀戮与血腥的武射相比较，文射（即礼仪射箭）的兴起要晚得多。但也有三千年左右的历史，这是当年社会高层都需要努力学习掌握的"六艺"之一。礼射和武射的最大区别则在于它没有杀戮，没有血腥。甚至都不是刻意去追求射得有多准。而只是享受射箭时的全过程。在射箭时心无杂念，气定神闲，调节气息，使得自身达到一个最佳状态。更重要的是精于射艺的人都是当时社会的精英，大家聚在一起不止简单练习射艺，同时还可以谈天说地，讨论治国良方及学问修养。这可不是随便哪个人都可以涉足的领域。当年孔子弟子三千，能够掌握"六艺"者也不过七十二贤徒。

在我们的祖先拓展疆土保卫国家的过程中，弓箭所发挥的作用，不可小觑。直到一百多年前，弓箭还在战争中发挥着很大的作用。聚元号的祖先世世代代都是制作弓箭的匠人。当年随清军入关时随军一起行动的有很多匠人，负责制作弓箭或修复用坏了的弓箭，以保证战时的需要。相当于现在军队中的总装备部，或后勤部。清军入关后，弓箭匠人被划入造办处成为造办处弓作，继续为国家制作弓箭。当然，当时的待遇还是很高的，其收入不低于七品官，所制作的弓箭统一由宫中调配。这种方式一直延续到道光三年（1823）。

由于有了先进的火器，弓箭在战争中的作用越来越小，加之清朝到了道光年间国库比较空虚，于是将弓箭制作迁出皇城。但当时仍未遣散众多匠人，而是将弓箭匠人们安排在东四弓箭大院，仍由专属部门管理。但已经没有以前管理那么严格了，弓箭的需求数量大大减少，手艺人的日子也越来越难过。有些手艺人为了谋生，开始学习其他的手艺。至清末，弓箭大院已经成为了一个大杂院。

聚元号的"三件宝"

聚元号第七代传承人姓王，由于两口子没有后代，又都染上了抽鸦片的恶习，所以四十几岁身体就不行了，生意也做不下去了。论起来他是杨瑞林的师叔。所以愿意以四十大洋转给杨瑞林。这样，在亲戚的帮助下，杨瑞林凑够了四十大洋接下了聚元号，成为聚元号弓箭铺第八代掌柜。

杨瑞林

接手聚元号的时候，老掌柜临走前，郑重地交给了杨瑞林三样东西。在老掌柜最穷困潦倒的时候，哪怕拿出其中一样，他都可以吃几天饱饭。而他却没有，这在现代人看来可能难以理解，但聚元号的老掌柜却就是这么做的。

第一件东西是聚元号传了几代的纪念弓箭。这张弓是道光三年时老掌柜做的，做这张弓时，正是所有弓箭铺被迁出宫外的时候，虽然仍隶属造办处弓作，表面没有太大的变化，但明眼人都看得出实际弓箭制作已经失势了。

当时的弓箭艺人都非常郁闷,突然的失宠使得弓箭艺人们失去了生活的目标,不知道今后的路怎么走。就在这样一种郁闷而又百无聊赖的心情中,老掌柜精心制作了一张独特的弓。这张弓独特之处在于其上刻了两句话,二十几个字。懂弓箭的人都知道制作弓箭,牛角的优劣至关重要,哪怕一点点的瑕疵都可能造成一张弓的报废。而要在一张弓的角面上刻上这么多字又不能破坏弓的张力,这难度可想而知,也彰显了当年这位掌柜的技艺的炉火纯青。老掌柜当时就留下话,不管什么时候、什么情况,这张弓要永远留在店里,任何人都不可以出售。至20世纪60年代,由于某些原因,将弓从中间断开,裹了很多层塑料布,以便于藏匿。到90年代后又重新修复,这张弓也算是聚元号的镇店之宝。

第二件东西是一把小巧精致的弩弓。这是当年一位贝勒爷送到店里来修的,但还未修好,贝勒爷就被发配边疆了。所以这弩就留在了店里。老掌柜说这弩千万不能弄没了,万一人家回来取要给人家,就是本人来不了,不管过多少年,如果贝勒爷的后人来,也要还给人家,这是信誉的问题。这把弩弓便一直留在店里。

第三件东西是聚元号代代相传的一个扳指,也是一个标志性的饰物。扳指虽小,但却特别值得一说。扳指分文武,文扳指什么材质、怎么带都随意。而武扳指则是专门用来射箭用的,多年来的影

弩弓(主要用于发射泥球,精准度非常高)

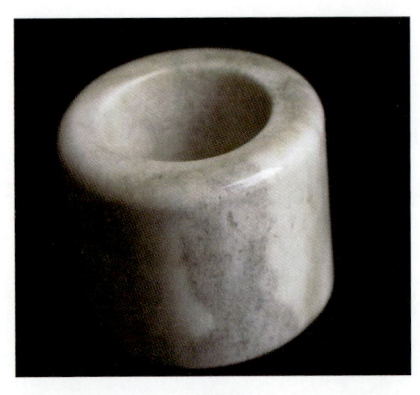

视剧中很少有能把扳指的用法描述正确的。

接过了这三样宝贝，杨瑞林正式接手聚元号。他接手聚元号后做的最成功的一件事，也是挽救聚元号的一个重大举措，就是改变了聚元号乃至所有弓箭铺的经营理念。

扳指

在隶属于造办处弓作的时代里，弓箭的手艺人根本不用经营，只管制作。到了清末可以自由经营时，旗人却不善于做买卖。杨瑞林最早看出这样经营的结果只能是越走路越窄，于是他首先给能拉客上门的，特别是能拉外国人上门的车夫一个承诺：我卖的价格以外，你能多卖出的算是你的酬劳。比如一张弓、五只箭我要一万，而拉洋车的可能跟外宾要出两万元甚至更多，那成交后他把客人送回去，他会回来取他应得的那份钱，要痛痛快快地给人家。当时很多弓箭铺掌柜都对此很难接受。因为做一张弓很难，如果卖出一张弓后可能拉洋车的挣得比我还多，自然掌柜心里很不舒服。可杨瑞林向他们解释，如果你不这么做，你连一张弓也卖不出去。正因为有杨瑞林的这种理念，好多拉洋车的车夫都往聚元号送客人，有时客人想到其他店铺看看时，就被车夫给挡了。这样聚元号靠着这种经营方式越来越火。如此说来，杨瑞林在一百年前就是采取这种方式使聚元号走出困境，使聚元号成为延续至今的唯一的弓箭铺。

此言非虚，大概在百年前，全国还有不下一二百家弓箭铺。那时分南北两派。北派就在北京隶属造办处弓作，而南派则聚集在四川成都，其规模是北派弓箭的几倍甚至几十倍。而由于近代火器的大量使用，到20世纪

名驰冀北三千里　谓誉江南第一家

三四十年代，南派弓箭就慢慢退出历史的舞台了，而北派弓箭则一直延续到了1958年。那时新中国刚成立不久，为了国家建设和人民生活，国家做出了决定，与人民生活水平相关的项目要大力加以扶持，比如钢铁和纺织等，与人民生活水平关系不大的项目要先加以抑制，而弓箭行业显然属于后者。没想到这一抑制就是40年，直到1998年。

40年不算太长，但对于一个行业的延续却是毁灭性的，由于弓箭行业那时已经就没多少人了，而且大部分都已经年岁比较大，弓箭铺的第九代传人杨文通是当时同辈人中最年轻的。到1998年重新恢复聚元号时他也已是68岁，其父辈甚至平辈的弟兄们都已故去，因此他深感肩上责任重大。虽然其后辈中儿子和侄子有很多个，但要说真正够资质能传承这门技艺、能扛起这杆旗的只有其三子杨福喜了。但杨福喜也有着正式的工作，是不是要辞职去学手艺，杨福喜一时间也甚是纠结。现在的年轻人难以想象经历过计划经济年代人的循规蹈矩，有着一份工作是那个时候很多人羡慕的事情，要丢掉国营大厂的工作更需要下很大决心。经过一番慎重的考虑，为了能一门心思学好手艺，也是为了更能心无杂念地传承这门艺术，杨福喜毅然决定辞掉工作，专心随父亲学习手艺。

只要能够下定决心认真学习一门手艺，应该不算太难。但是要把已经被放弃近百年的手艺重新恢复并传承下去，则谈何容易。首先制作弓箭的原材料很难买到，都是市场上见不到的，而且

杨瑞林（左）与杨文通（右）

没有非常正规的商家经营。基本都是个人通过各种渠道，东拼西凑收集到的。品质优劣、价格高低，完全没有什么规律和制约，只要能找到这些材料就已经很不容易了，这也是自1958年后很难继续制作弓箭的原因之一。因为公私合营前聚元号就是这样购买原材料，而合营后一切都是公家的，而工厂不可能以公对私的方式来合作，这也是在那种特定年代的无奈。

有了原材料，制作出了弓箭，销售也是一大难题。太长时间没有人买弓箭、玩弓箭了。人们根本不认识弓箭了，更没有兴趣玩弓箭。当年杨福喜拿着制作好的弓箭到王府井工艺美术大楼，到白孔雀艺术世界去推销，由于没有自己的经营执照，对方表示无法合作。想申请营业执照，结果到工商局去咨询，根本办不了，因为弓箭制作是被禁止的。也有朋友建议他可以申请一个什么文化中心。而他有天生的倔脾气，不管什么事从不知道迂回战术，更不可能采取非正常手段，坚持申请营业执照的主体只能是聚元号弓箭铺。

新世纪的新发展

转机出现在2003年。

中国社会科学院研究生仪德刚的研究课题即中国冷兵器。开始研究时，他首先想到的是中国射箭队总教练徐开才先生，徐先生说：我只是在射艺上有一些研究，而制作工艺你还要找聚元号的杨福喜，也许对你会更有帮助。就这样，徐先生将仪德刚介绍给了杨福喜，而那时杨福喜正处于最困难的时候，弓箭做了很多，却没有什么销路，每天的工作也不是很忙。所以就答应了仪德刚，愿意配合他完成他的论文。这样他们一起合作了八个月，完成了仪德刚的硕士学位论文。这篇论文成为当年社科院获奖论文，在学术界颇有影响，引起了许多国际弓箭爱好者的极大关注，同时引起了很多媒体的高度重视。无形中对杨福喜和聚元号弓箭起到了很好的宣传作用，迅速地提高了聚元号弓箭的知名度。在此之前，杨福喜还从来没听过非物质文化遗产，更不知道这有什么意义及将会带来什么样的影响。正是仪德刚告诉他，弓箭制作技艺很可能会列入非物质文化遗产。并给他解释了什么是"非遗"，以及"非遗"的重要性。

  聚元号的知名度提高后，引起了很多国内外著名媒体的关注。陆续有国内外各路媒体前来采访。美国有线电视新闻网（CNN）来采访后，向美洲其他国家媒体出售拷贝，可以说在整个美洲国家均可看到他们拍摄的节目。在为期一周的拍摄中，电视台工作人员与杨福喜在金山岭长城上合作，对现代机械弩和聚元号制作的中国传统汉弩在力量相同的情况下进行了射击比较，看看其性能差异，结果美国媒体的朋友们看到传统汉弩的性能与现代机械弩的性能非常相近，表示非常震惊，认为我们中华民族的祖先可以在2700年前就制作出了这样高性能的汉弩，的确非常令人赞叹。

  为完成论文，仪德刚有些理论和历史的问题，还要听博导张伯春教授、其前辈博导华觉明老教授的点拨。所以杨福喜那作为制作弓箭小作坊的小屋，有幸迎来两位学术界泰斗级的专家，聚元号弓箭制作技艺也得到两位专家的一致肯定。在后来入选"非遗"时的专家论证会上，两位教授都参与了项目论证，并给予了聚元号弓箭极高的评价，使得中国传统弓箭制作技艺顺利被列入第一批国家级非物质文化遗产。

  对于任何一项技艺来说，能入选"非遗"都非常重要。这既是对这一技艺的肯定，同时又能使该项目在人民心目中的地位有很大的提高。说得俗一点，这一项目的制品在销售价格上都会有一个质的飞跃。让杨福喜没想到的是在入选后的一年，即2007年的"非遗"日时，聚元号弓箭制作技艺的传承人被文化部和中国文联命名为杰出传承人，这项称号在全国只有166人获得。而颁发证书时却只有162人，因为有四人已经故去。而聚元号的传承人，从岁数上是倒数第二，当年49岁。此情景下，当年艺术研究院院长王文章在讲话时大声疾呼，中国的文化艺术、中国的民间艺术真的到了要下大力气去抢救的时候了。

没有夸张地说，在1998年前，起码在中国，传统射艺已经濒临灭绝。即使在内蒙古和新疆的那达慕大会上，虽说还有射箭比赛这一项，但那只能算是一种技巧。因为很多选手用的弓箭是国际比赛用的玻璃钢弓，其技法也是地中海式，基本没有传统的中国式射箭。1999年北京也开了一个射箭俱乐部，算是市体育局名下的一个产业，因经营不善，连房钱都交不起。而后来在石景山区八角街又开了一家射箭馆，甚至连电钱都快负担不起。这就是当时的关于射箭运动的现状。经过十几年的努力，现在在全国，就连三四线小城市都有射箭馆，而喜欢射箭运动的年轻人数量更是呈几何式增加。更让人欣喜的是，前两年内蒙古的一次那达慕大会上的射箭比赛中，主办方特别提出，所有报名参赛者都必须佩戴扳指并用中国式射箭方法，否则没有资格参赛。

聚元号弓箭终于迎来了新的发展机遇，这门古老的手艺也终于后继有人了。

传承人杨福喜

名驰冀北三千里　谓誉江南第一家

技艺传承，与时俱进

喜欢玩中国弓箭的越来越多，而喜欢参与制作中国传统弓箭的人也越来越多。这几年来，在聚元号弓箭铺拜师学艺的年轻人中，经过精挑细选，有二十几个成为了正式学徒，而如今能够独立完成制作工艺的已有四五个，同时也有一些国内外的年轻人是根据书上的记载和网络上的视频资料自己尝试着制作，有些效果还不错。总之，中国传统弓箭制作技艺的传承应该说形势很乐观。

聚元号的经营模式，一百年来没有变过，即私人订制。因为弓箭与其他的兵器不太一样，人的身高、臂展、力量都不一样，所以每张弓箭的尺寸拉力也不一样。另外我国地域辽阔，民族众多，不同的民族对弓箭的式样也有不同的要求。南北地域的差异也对弓箭有着特殊的要求。所以客人到聚元号店里，首先要问是哪里人、哪个民族的人，有必要的话还要测试一下客人的力量，这就可以做出最适合这位客人的弓箭。当然，如果客人明确表示，买弓箭只是觉得是一件很好的艺术品，而不会真正去练习射箭，那也会有多种弓箭供客人选购。聚元号弓箭铺一直是连家铺，即家就是铺。1998年恢复聚元号时，也就是在家里经营，客人到家里购买弓箭。2009年潘家园旧货市场为了使市场的文化味更浓、知名度更高，向包括聚元号在内的几家具有特色的一定知名度的"非遗"项目发出邀请，以最低价格为其提供了一间店面，于是杨福喜决定打破聚元号有史以来的一贯的经营方式，从此聚元号有了一个正规的店面，这也算是与时俱进。

聚元号发展到今天，有据可查的是近三百年的历史。目前，也迎来了聚元号最辉煌的时刻。作为一个手艺人，我们深刻地感到，正是国家的强盛、

汉弩（主要用于远距离概率防御射击，比弓箭的杀伤性更大，穿透力也更强）

步弓（步兵所使用的弓箭，主体是由牛角牛筋和竹木所制，有效射程可以达到80—100米，制作流程相当复杂，工序大约200道，耗时约3—5个月）

名驰冀北三千里　谓誉江南第一家

官迷阵（清朝官军打仗制式配置。由于倒钩原因，射入人体内很难拔出，可以有效限制敌兵作战能力）

匣箭（又称连弩。可以连发十指短箭，其特点是速度很快，但射程近，精确度差）

国家政策的正确，这才能使我们有更大的作为。没有国家政策的支持，再好的手艺人也不会有今天的发展。试想人们连温饱都难以保障的时候，谈什么文化传承，又怎么能有机会研习我中华民族的传统射艺？正是因为有了很好的国家政策的支持，才可以毫无后顾之忧地一心搞好文化传承。特别让人欣慰的是国家还投入了大量的资金，用于帮助像聚元号一样有特色有意义的文化传承。这就更加使得聚元号的传统手工艺人放下顾虑，全身心搞好对年轻一代的传承培养。不辜负项目代表性传承人的称号，将中华民族的璀璨文化延绵不绝，发扬光大。

（北京市朝阳区文化委员会、朝阳区文化馆）

国粹因它更绚丽
——剧装戏具制作技艺的前世今生

戏曲在中国有悠久的历史。在没有电影、电视、电脑、手机及网络的时代，戏曲几乎就是广大民众唯一也是最喜闻乐见的娱乐方式了。由于戏曲所反映的内容脍炙人口，题材广泛，最接地气，因此无论达官贵人还是平民百姓，都能从戏曲中找到自己的价值取向和生活归宿。其中，尤以后来居上的京剧最有代表性，以至于后来被誉为能够代表中国传统文化的"国粹"，并毫无争议地入选世界非物质文化遗产。

剧装戏具制作技艺（以下简称"剧装技艺"）是对制作京剧等戏剧演出中所有用具的技艺统称。包括戏衣、盔头、道具、刀枪把子、髯口（胡须）、马鞭、头套（假头发）、头面（旦角头部和脸部的饰物）、靴鞋及舞台幕布等多类。简而言之，剧装技艺涵盖了台上演员头上戴的、身上穿的、脚上穿的、手里拿的、台上用的，它是戏剧表演艺术的重要组成部分，也是相对独立的艺术门类。

北京剧装技艺的起源和发展

谈起北京剧装技艺的历史，就不能不说京剧的起源和发展。清代乾隆年间的1790年，徽班首次进京，之后与多种地方戏曲相互兼收并蓄，遂发展为京剧。京剧的产生不是偶然的，它的前身徽戏、汉戏、昆曲、弋腔、秦腔等都是我国民间文化中生命力强、流传广、影响力大的传统艺术，北京又是金、元、明、清几代王朝的建都之地，优秀民间戏曲逐步演变为宫廷戏曲，并与其他民间戏曲在此尽显辉煌、交相辉映，可以说京剧脱胎于民间而壮大于宫廷有其必然性。京剧真正是集各种姊妹艺术之大成、集万千宠爱于一身，青出于蓝而胜于蓝。京剧的诞生和发展，丰富了中华民族文化戏曲艺术的宝库，为灿烂的传统民族文化增添了绚丽的色彩，同时京剧的发展壮大也对与之相互依存、共同发展的北京剧装技艺起到了极大的促进和推动作用。可以说，没有京剧，就没有北京的剧装技艺；反之，没有剧装技艺的创新和烘托，京剧只能是裸唱，也就不会有当下如此耀眼的光环，剧装技艺确实称得上是京剧表演艺术的重要组成部分。总之，剧装技艺在中国文化的发展历程中占有不可替代的重要地位，对于国粹京剧的产生、发展和壮大，对于中华文化走向世界都有着举足轻重的作用。

循着北京剧装行业从清代中期至20世纪40年代的发展轨迹，可以明显地感受到其从无到有、从小到大、从弱到强的成长经历。伴随着京剧演出阵营和观众群体的不断壮大，与之相伴的北京剧装行业逐渐走向兴盛，制作和经营刺绣、戏衣、盔头、靴鞋、刀枪把子、道具的专营店铺不断涌现，并在体制、规模、经营品种以及经营档次上形成了独有的行业特色。在体制上，从最初依附于各个戏班子到逐渐自立门户；在规模上，从最初的单打独斗逐渐扩充到几个人，甚至十几个人的作坊；在经营品种上，从单一品种到门类齐全的综合店铺；在档次上，从一般的剧装道具发展演变为高端、大气、上档次的民族工艺品。

在很长的一段时间里，京剧都是作为宫廷的专宠和御用戏班而只为少数人服务，来自各地的剧装技艺顶尖高手都被召进宫内，在宫廷造办处的统治下履行职能。随着辛亥革命的胜利，清王朝帝王统治的终结，京剧也和剧装技艺逐步走出了宫墙而回归了民间。20世纪初，在距离宫廷不远的前门外珠市口一带，逐渐出现了以经营和加工剧装技艺的个体作坊和私人门店，至20世纪30年代时已经发展至数十家。随后的战乱对北京剧装技艺破坏极大，不少艺人流离到外地躲避战乱，剧装门店也急剧减少，到1949年时，剧装门店已经所剩无几，整个行业濒临倒闭。

新中国成立后，人民当家做主，在党的百花齐放、百家争鸣文艺方针的指引下，各种艺术均获得了新生，北京剧装技艺也重见天日。1956年1月，在社会主义改造的合作化高潮中，昔日各自为政的私营、个体店铺都以公私合营的形式进行了重组。1月15日，三顺戏衣庄、金华戏衣庄、吴彩霞湘绣工厂、忠山号把子戏具庄、永平号把子店、德昌号戏衣庄、瑞兴戏衣庄、永义号成衣局、瑞兴斋戏靴店、振泰祥成衣店、富隆号戏具店、同盛号绣局、广盛兴戏衣庄、久春戏具店、罗宪成家庭刺绣作、刘文元成衣局等17家私营或个体剧装道具店铺在西草市街组建了公私合营北京刺绣剧装厂。厂里当时下设设计、戏衣、把子、靴子四个车间，不久，又扩充了两个刺绣车间，把过去散居在永定门外李村、小红门肖村一带的绣工都集中在厂里，使剧装厂的生产形成全国最大规模。人才云集，各显其能，共同创造出建厂后至"文革"前这十年左右的行业辉煌。这一时期，剧装厂除了完成为故宫博物院复制全套仿古服装及其他馆藏绣品外，还成为所有戏剧界名角制作剧装道具的首选。

"文革"期间，很多行业陷于瘫痪，剧装厂却独领风骚。尽管古装戏被当作"四旧"打入冷宫，但剧装厂因八个样板戏一统天下而"因祸得福"。制作现代戏的服装省略了复杂费事的刺绣工艺，产品产量迅速增加。

1972年1月，北京市盔头社的大部分人员并入北京剧装厂，使企业生产能力更强，剧装道具门类也更加齐全。这一时期，企业的职工人数增加了100多人，产量增加近4倍。

"文革"结束后，文艺界迎来了百花盛开的春天，深受群众喜爱的古装戏又焕发了新生，各地被砍掉的剧团纷纷复排古装戏。大量的需求使得剧装厂的生产任务依旧排得非常满，以至于职工时常要加班加点地赶活。但好景不长，随着形势的发展和社会的进步，各种文艺形式不断涌现，大量影视剧作品吸引了大批观众，传统戏剧的市场迅速萎缩，而主要依靠戏曲为生的北京剧装厂不可避免地受到前所未有的冲击，经济效益急剧下降，企业生存面临严峻考验。

在历届厂班子和全厂职工的不懈坚持和迎难而上、锐意改革的努力下，在挺过多年的困境后，剧装厂终于借助"非遗"保护和振兴民族文化的有利契机砥砺前行，稳步发展。近年来先后被国务院批准为民族特需商品定点企业、国家级非物质文化遗产"剧装戏具制作技艺"的保护传承单位；还成为北京市老字号企业，企业商标被批准为北京市著名商标。企业历经十余年的持续努力，精心培养出了30余名剧装各技艺环节的传承人，顺利实现了新老交接。目前这些新人已经成为企业生产一线的中坚力量，在为历次大型庆典活动制作服装服饰中为国企争了光。2016年企业在上级公司的支持下，建设了集保护、展示、研发、教育、工业旅游、市场营销于一体的"剧装京绣国粹苑"项目，使企业的发展基础更加坚实。

北京剧装技艺的特点

北京剧装诞生于清代中期京剧兴盛时期。它很讲究舞台艺术效果，很注重用以衬托剧中人物的艺术形象。此外还要考虑方便演员的穿着，有利于剧中人物的表演。经过长期的历史演变，剧装的设计和制作，已经形成了独特的风格。经过老艺术家和老艺人的不懈创新尝试，实际上遵循着一套较为完整的艺术创作规律。

戏曲服装逐渐演变成现在的模式是经过长期的创造、改进和优选而形成的，具有鲜明的艺术特性。北京剧装技艺主要有以下特点：

一是夸张性。

追根溯源，因为戏曲是从广场演出发展成为舞台演出的，在庙台社戏的演出都拥有众多的观众，但表演者和观众有较远的距离，因此剧装的首要特色即艺术夸张。在化妆上，为使观众看清眉眼而必须要粉墨登场，浓眉重目，深描眼帘，进而勾画、创造出各式脸谱，不但强调眼窝、鼻窝等深陷部位，还要根据面部肌肉、骨骼，夸张明暗，把髯口夸大加长。可以说这样的夸张手法是中国前辈艺术家们的独创。

除了化妆，夸张手法也大胆地用在了服装上。艺术家和艺人们以色彩和线条来表现人物性格，给人以一种强烈的艺术感染力。运用了色彩和绘画等表现手法，让花卉、饰物等表现载体变形，使之更适合剧装的装饰性和图案性，以此为人物造型服务，展现剧中人物的不同个性及其美的特点。

二是年代性。

京剧服装虽成型于清代，但它的服装规格样式均以明代服饰为基准，吸取了历代服饰的典型特点，加以进一步综合和美化。至于表现清代题材的剧目，其清代服装则专门有清制服饰。也有个别戏装，不是明代服装的特点，但该服装算是约定俗成，观众、演员都认可。对于少数民族（当然满族除外）的服饰并不太注重历史和现实生活的考证，只重其某个主要特征，只要能适应剧中的情节需要，并不苛求琐细之区别。

三是象征性。

戏曲服装的装饰图案是非常讲究的，可以说是集传统图案优点之大成，图必有意，意必吉祥，最突出的当属龙凤图案。龙凤图腾凝聚和寄托了先辈们崇神、崇美的崇拜心理，并将心中的圣物绘制成图腾以表达他们善良美好的愿望。固然，创造龙凤图腾的过程肯定是非常漫长的，经过上千年不同时期的历史演变，直到宋、元、明、清这一中华文化鼎盛发展的历史阶段，才逐渐成熟。代表性标志就是完成了从图腾到帝王的代表——皇权的演变历程，把皇帝尊为真龙天子，将其神话为统治者的化身。把龙和凤引入作为帝王将相的服饰图案，保持着等级观念和威严。

四是高雅性。

在戏曲服装设计上，除了运用美学中的艺术夸张、象征、变形等手段外，在色彩学的使用和发挥上也体现出艺术修养高的特点。特别是剧装在制作上显示了我国传统刺绣艺术的强大魅力，展现出其中深厚的民族文化底蕴和高超的艺术水准。剧装的刺绣技艺主要有三类，即彩色绒线绣、平金平银绣以及圈金绒绣。绒线绣俊雅清丽，意境深远；平金平银绣光泽夺目，雍容大方；圈金绒绣则富丽辉煌，气势磅礴。产品中对绣法的使用，完全根据人物的类型而定。以上各种不同的刺绣方法，共同营造出舞台上高层次、高品质的观感，同时，琳琅满目的刺绣精品和工艺精湛的盔头、靴鞋、刀枪把子等也得以成为既有实用价值、又有收藏价值的艺术藏品。

五是升华性。

剧装的制作技艺既源于生活，又高于生活，其所有的艺术表现手段，如果追根寻源，都能找到民族民间的审美意识和生活习性的出处。历代的表演艺术家和剧装艺人们，以他们深厚的生活积累、业精于勤的艺术追求和很高的美学修养，使各项艺术从单项艺术的审美升华为戏曲综合艺术的审美范畴。通过艺术升华，把生活美筛选提炼为艺术美，并通过点睛之手，把不同类型的艺术美纳入统一的综合艺术美，使原有的个性、功能超越它原有的个体性能而升华凝聚为综合的、总体的绚丽光彩。

北京剧装技艺的传承人

在剧装行业漫长的发展进程中，涌现出不少成就突出的人物，他们用毕生的心血和智慧，带动整个艺人群体，为剧装行业的生存和发展做出了不可磨灭的贡献。

剧装行业唯一的国家级"非遗"代表性传承人——孙颖

孙颖，女，1957年7月生于北京，汉族，大专文化，中共党员。现为北京剧装厂高级工艺美术师、国家级非物质文化遗产代表性传承人、北京一级

国粹因它更绚丽

工艺美术大师。1976年4月她于北京工艺美术技校毕业后，被分配到北京剧装厂技术科，帮助整理技术资料。1976年至1979年编制现代舞蹈服装、民族服装、道具及现代戏等各种资料图案30余本。1979年以后，她先后师从被剧装行业誉为"南谢北尹"的老艺人尹元贞大师和王敏政老师，开始系统学习传统戏装的设计与制作。1979年至1982年设计各种历史戏衣200余件，其中为张君秋、袁世海、李世济等数十名著名演员设计剧装60余件，参与绘制历史戏衣小图资料400余幅。1982年夏她考入原北京工艺美术品总公司职工大学（现更名为北京艺术设计学院），学习工艺绘画。3年的系统学习，全面提升了她的设计创作水平。

孙颖主抓的抢救性拍摄和记录"打穗""髯口""盔头""点翠""把子""靴鞋""戏衣""刺绣""舞狮""舞龙"等濒危技艺的工作取得实质性进展，完成高清视频200分钟左右、文字近10万字的成果，使技艺以影像和文字形式得以长期保存。她担任主编的《京绣》现已出版。

孙颖在设计中进行人物形象构思

2017年5月，她代表企业在故宫博物院内接待由彭丽媛陪同出席"一带一路"峰会的各国代表团团长配偶们，来宾们对精湛的京绣技艺展示赞不绝口。

经过40多年的艺术探索和不断磨炼，孙颖在尊重历史的基础上，努力吸取前辈艺人的技艺优点，逐渐形成了自己在设计上注重历史的厚重感和人物的情感、突出色彩的表现力、力求出新等独特之处。她设计的戏衣在综合表现力和生动传神方面，比起前辈艺人更有过之。其设计的京绣作品图案尊贵、形象逼真，加上在绣线上配色鲜艳，使我厂复制的京绣仿古精品达到较高的艺术水准，受到故宫博物院有关专家的赞誉。她设计的纳纱系列产品突出浮雕之感，十分传神，其中为西藏布达拉宫制作的纳纱"唐卡"，受到对方好评。为张艺谋导演的意大利版歌剧《图兰朵》设计的全套服装，大胆采用中国京剧元素，使该剧在首演时大放异彩，被国外媒体誉为"金碧辉煌，美奂之极"。为有关单位设计的旗袍外套，在吸收了戏曲服装韵味的基础上进行了浪漫的夸张，使传统民族特点与现代特色巧妙结合，使其较好地体现出华贵亮丽的礼服特点。其为世界大学生运动会设计的开幕式引导员服装，参照我国56个不同民族的女性服装特色，加以提炼、美化和装饰，获得组委会好评。其设计的仿古朝服——清代皇帝祭天龙袍，采用近乎失传的手捻一支纱金线盘制龙袍上的九条龙及山石、水角江崖，用一只纱银线盘制宝相花、山破江崖，使整个龙袍金银相间，突出金碧辉煌的效果，此产品被有关部门鉴定为工艺美术精品，并被国外收藏家高价收购。几十年来，孙颖绘制过大量剧装图案，先后为数十位著名表演艺术家设计剧装上百套，积累了大量丰富、翔实的图案资料，并将其收进《剧装图案》一书出版发行，成为剧装设计制作的参考性文献。

孙颖自1976年4月走出校门踏入北京剧装厂之日起，就把自己的一生与剧装事业紧紧地联系在一起。在前辈大师的基础上，经过自己长期的努力，取得了令人瞩目的成就，也获得了全国剧装行业的最高荣誉。对于个人荣誉她看得很淡，目前她的心愿，就是抓紧时间，再为企业和社会创造更多精品，抢救性保护濒危技艺，努力培养出新的传承人群体，同时努力探索传统产品的技术创新和文化内涵的深度发掘，使传统产品在市场经济条件下独辟蹊径，焕发出新的风采。

为剧装技艺的保护和传承做出积极贡献的区级"非遗"代表性传承人——石金栓

石金栓，男，1961年生，汉族，祖籍河北南宫，大专文化，中共党员。1979年6月接班入厂，现任北京剧装厂党支部书记、厂长，区级"非遗"项目京绣技艺代表性传承人。

石金栓出身于剧装技艺世家。他伯父石恒斌、父亲石恒隆自20世纪20年代起就投身剧装行业，从事裁剪、承做等技艺，都和剧装打了一辈子交道。他自1979年6月参加工作后，先是学习裁剪，经过自身刻苦学艺，很快就达到了基本独立操作的水平。出于对京绣技艺的喜爱，他主动要求学习当时已经后继乏人的京绣技艺，师从著名的刺绣高手郭桂荣的高徒辛凤荣学艺。由于他热爱刺绣工作，全身心投入，刻苦钻研技艺，因此在较短的时间内，即掌握了京绣的十几种基本针法，并比其他学徒的同事更早地达到基本独立操作。他和其他同事共同参与制作、由设计大师尹元贞设计的"十大团龙蟒"于1981年被轻工业部评为全国剧装评比第一名。20世纪80年代中期，随着京绣制作成本的不断上升，企业为适应市场经济条件下的生存和出于保护传承京绣技艺的需求，将京绣生产转移到河北省定兴、易县、肃宁、

石金栓经常在车间加班

张家口等地区。石金栓同志先是手把手地向传承人员传授京绣技艺,之后经常到加工点现场指导,传授技艺、监督质量。近些年经他指导的传承人为故宫博物院复制的国家文物,受到有关专家的好评。目前,石金栓仍从事传习工作,又带新徒 6 人,为京绣的传承继续努力。

石金栓绣制的京绣产品精细、平顺、雅洁、图案亮丽。他在刺绣过程中能够根据图案的特点和设计要求,注意运用不同的绣法,体现出针法灵活、绣工精巧、形象逼真等艺术特征。同时他注重绣线的运用,达到配色鲜艳、变化丰富、色彩过渡自然。此外,他具有极强的工作责任心,非常注重职业道德。尽管刺绣非常枯燥,劳动繁复,这使一些绣工在绣活中忍不住"走捷径",但石金栓却始终坚持做到在刺绣工作中保持全身心投入,从不偷工减料,多年一贯地坚持做到绣针密、绣线实,深受用户好评。

石金栓的父辈为剧装事业奋斗终生,而他自己,也在这个行业工作了近 40 年。为了改善企业技术人才后继乏人的现状,他以强烈的事业心和责任感,积极地为传统技艺的保护和传承尽心尽力。他力促企业从 2006 年起在南五环附近租用专门场地用于新人培养。在之前多次培养不成功的困境中，他主动请缨，担负起培养外埠新人的重任。他一方面重视人员的选拔和思想、技术的全面培养，另一方面努力为新人们解决做饭、住宿、洗澡、储物、供暖等生活中的现实问题，使陆续培养的 80 余名新人中，有 30 人左右在企业工作时间达到 8 年以上，成为企业目前不可或缺的新生力量，为企业出色地完成奥运会、西藏自治区成立 50 周年国礼贺幛等任务立下汗马功劳，为国企争了光。

石金栓自 2010 年 4 月起任北京剧装厂厂长，同年 6 月被批准为区级"非遗"项目代表性传承人。现在，已经为剧装事业奋斗了近 40 年的他，仍在为"非遗"的传承和保护竭尽全力。从他的父亲和大伯父自 20 世纪 20 年代来京从事剧装行业起，至今已经近百年。现在，除了石金栓，他大伯父石恒斌的儿子、他的堂兄石金存也在剧装厂工作。更为可喜的是，石金存的儿子石保中从事戏衣裁剪已经近 10 年，更有晚一辈的石庆贺也在学习戏衣裁剪。石家四代人延续百年从事同一工种，成为剧装行业的佳话。

当代剧装设计的中坚力量 —— 张颜

张颜，女，1973 年生于北京，汉族，大专文化，中共党员。1993 年 9 月离开职高校门进入北京剧装厂，从事剧装设计工作 25 年，现已成为北京剧装厂设计技艺的中坚力量。现任北京剧装厂厂长助理兼生产车间主任，北京市三级工艺美术大师，2011 年成为区级"非遗"项目代表性传承人。

参加工作以来，她先是师从王凤娴，后于 2007 年拜师孙颖，曾先后为于魁智、张火丁、邓敏等当代京剧名家设计演出服装，并担任有关大型活动的服装设计，例如中华人民共和国成立 50 周年群众游行活动民俗方阵的 56

张颜设计剧装的工作照

个民族共 3600 多套民族服装、2008 年北京奥运会开幕式表演的 4000 余套服装等。2008 年北京剧装厂开始为北京京剧院复制众多京剧老艺术家如梅兰芳、马连良、张君秋等人的老戏装,张颜亲自参与了此项工程的设计工作与文字、图纸等资料的汇编整理工作。

2003 年 9 月至 2009 年,张颜先后参与北京剧装厂为故宫博物院、内蒙古博物馆、长春伪满皇宫博物院、首都博物馆等大型博物馆复制众多国家一级馆藏绣品文物。其中一些文物损害严重、复制难度极大。经张颜和同事们多方努力完成复制后,得到了专家的认可,认为复制工作已达到原状水平。

在取得以上这些成绩的同时,张颜还注重技艺的传承工作,已先后培养多名更年轻的设计技艺传承人,使他们成为剧装厂器重的生力军。

张颜设计的戏服突出了图案的尊贵、精致和华美,在绣线配色上突出了丰富、鲜艳,体现出了京绣的平、细、匀、光等特色,使剧装厂复制的京绣仿古精品达到了较高的艺术水准,受到了用户的赞誉。在为中华人民共和国成立 50 周年群众游行活动方阵设计民族服装时,她参照我国 56 个不同民族的服装特点，在保持民族特色的同时适度渲染该民族艺术风格，取得较好的结果。在为张艺谋指导的芭蕾舞剧《大红灯笼高高挂》设计服装时，她充分利用了企业特有的刻板与印染工艺，既解决了芭蕾舞服装对轻盈飘逸质感的要求，又满足了服装图案的变化、颜色的润染等艺术表现需求，得到了张艺谋的认可，也为剧装厂开发了新的润染工艺。

张颜在为北京京剧院复制的各名家老戏装时，从花纹图案、绣线绣工到款式都能做到精准再现原文物。在复制过程中，她把所复制的服装按各门派进行整理，并运用现代化手段，把这些所需要复制的服装原貌保留下来并输入电脑档案，不仅用科学手段解决了传统资料的保存问题，同时为今后的复制工作提供了更规范、详细的资料考证依据。

剧装设计环节的正宗传人——张倩

张倩，女，1982年出生于北京，汉族，大专文化，中共党员。2007年3月进入北京剧装厂，从事剧装设计工作，先是师从张颜，后正式拜师孙颖。目前是剧装厂设计环节的技术骨干。

与石金栓一门四代从事同一工种异曲同工的是，剧装设计环节的新人张倩也是第四代剧装技艺传人。她的曾祖父张斌禄，被公认为是20世纪初剧装行业的领军人物。张斌禄的师傅叫李春，当时经营着一家于1910年前成立的"德春厚绣局"，这是20世纪最早经营戏衣的戏衣庄，位于原崇文区珠市口东南角的西草市街102号，曾为1908年溥仪绣制过朝服，张斌禄也由此成为李春的唯一弟子。1910年至1915年间，李春与行业内的李书舫、李子厚共同成立了规模更大的"三顺戏衣庄"。三人各有所长，优势互补，使三顺戏衣庄在较长时间内俨然成了行业内的"龙头老大"。在三顺这块名牌

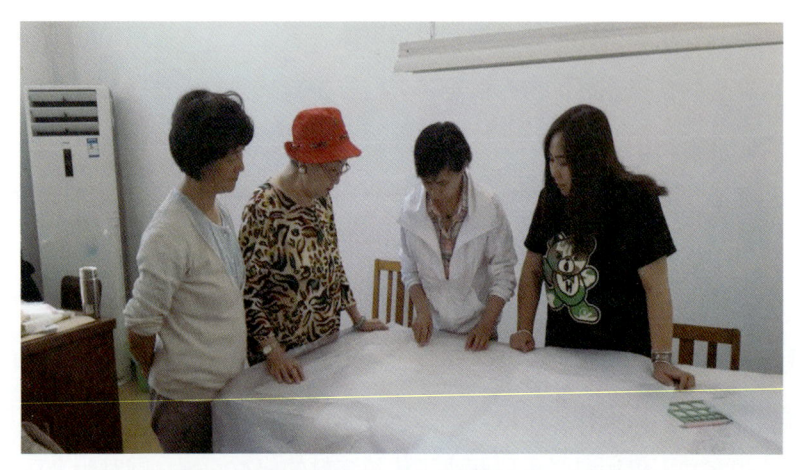

著名京剧表演艺术家孙毓敏（左二）与张倩（右一）交流设计构思

的吸引下，一些行业内的重量级人物先后加盟。光是设计人员先后就有云青山、尹元贞、张玉江、高宪增、李子仁、王敏政等人，成为张斌禄的徒弟。张斌禄最小的徒弟是他的小儿子，即张倩的祖父张玉江。新中国成立后，张玉江夫妇以及他的师兄们全都在公私合营时期加入了北京刺绣剧装厂，即今天的北京剧装厂，继续从事设计老本行。张玉江英年早逝，享年仅48岁。其长子（张倩的父亲）因患有聋哑残疾，未能延续剧装事业，次子张永刚夫妇二人均在剧装厂工作，分别从事道具和承做，直至在剧装厂退休。

2007年3月，张倩在大学毕业后面临广告公司设计、婚纱设计等多个岗位的选择，经过慎重考虑，最终她放弃了其他择业机会，确定到剧装厂从事剧装设计，师承张颜。就这样，她在这个岗位一干就是十几年，不但很快成为业务骨干，还有幸成为孙颖大师选定的技艺传承人。她曾随同师傅张颜为于魁智、张火丁、邓敏等当代京剧名家设计演出服装，并参与2008年北京奥运会开幕式表演的服装设计。参与为北京京剧院复制梅兰芳、马连良、张君秋等众多老艺术家的老戏装，参与此项工程的设计工作与文字、图纸等资料的汇编整理工作。

我们欣喜地看到，100多年来，从张斌禄到张玉江再到张倩，剧装设计后继有人，共同让剧装戏具制作技艺的设计环节得到延续和发展。

延续剧装技艺裁剪环节火种的新生力量——石保中

石保中，男，1989年出生，汉族，河北南宫人，高中文化，2009年2月进入北京剧装厂，现任生产车间裁剪环节技工。其祖父石恒斌是100年前第一个从老家南宫走出来自立剧装门户的石家人，其父石金存目前也在剧装厂发挥余热。石保中本人来剧装厂也已经将近10年。巧的是，石保中来厂后，被分配的岗位，和其祖父石恒斌、叔祖父石恒隆、叔叔石金栓当初所从事的岗位相同，都是裁剪技艺。

石保中有幸出生在这样一个戏衣裁剪技艺的百年世家。其祖父石恒斌、叔祖父石恒隆先后于20世纪20年代起开始从事戏装的裁剪、制作，叔叔石金栓在剧装厂子承父业，从裁剪干起，至今工作了近40年。石保中在来剧装厂前，在原籍有一份收入比较高的工作，但看到近年来剧装行业后继乏人的严峻现状后，他接受了叔叔石金栓的建议，辞去了待遇较好的原

石保中在剧团排练场为演员量戏衣尺寸

工作，于 2009 年 2 月来到北京剧装厂师从裁剪好手郑志夯，学习戏衣裁剪。郑师傅也是子承父业，于 20 世纪 80 年代初期跟随当时厂里公认的好手范立新师傅学习裁剪和承做。在年近半百之际能够有机会传授技艺，老郑决心一定毫无保留地培养出优秀的裁剪传承人。而石保中当时就立志要努力学习技术，提高岗位技能，争取在本企业成为最好的裁剪技工。

经过自身的刻苦努力，他较快地掌握了裁剪、绷片、粘贴、拼接、熨烫、缝纫等基本功，逐步开始独立完成岗位要求。他先后为杨春霞、李维康、王蓉蓉等著名演员量体制作戏装。看到自己的劳动成果得到肯定，他在得到成就感的同时，更加努力地提高自己的技艺，尽最大能力为客户提供满意的演出戏装。经过刻苦努力，他的技艺有了极大进步，较短时间内就成为全厂裁剪技艺最突出的骨干，他每月完成的工时，几乎比其他裁剪技工多一倍。一些比较难于处理的后期服务工作，厂里也多次安排他去。他每次都是无条件接受，抛下年幼的孩子，直奔外地演出场地。在剧装厂承接的为世博会、亚运会等大型活动制作服装的任务中，他和团队一起为企业圆满完成任务做出了突出的贡献。

石保中同志热心参与"非遗"项目的保护和传承工作，多次和其他传承人一起参加企业的"非遗"保护成果展示活动，并多次在电视台等媒体拍摄"非遗"宣传片中，义务担任技艺展示工作。特别是在 2016 年 11 月份，他有幸代表剧装厂，在北京市领导的带领下，到保加利亚索非亚市参加两个友好城市交流活动，现场进行技艺展演，引起当地较大反响。此事被多家主流媒体深入报道。

石保中同志在刻苦学习裁剪技艺、熟练掌握岗位技能的基础上，又先后带徒石保见、田泽举，经过他的精心培养，目前两位传人都已能够独立完成一般任务，有效缓解了裁剪技艺后继乏人的局面。更有意义的是，2018 年 4

月起，石保中又开始培养自己的侄儿石庆贺学习裁剪技艺，使其成为百年来石家的第四代裁剪技艺传承人，他们用不懈的坚守和工匠精神，继续为剧装技艺谱写新的篇章。

北京剧装技艺的代表作

十大团行蟒

这件作品在第二届全国工艺美术展获百花奖银奖。由已故大师尹元贞设计，石金栓等人集体制作。

十大团行蟒

龙穿寿团珠绣褂

此件为仿一级文物。龙穿行于寿字之间,以龙寓意皇帝,以龙穿寿寓意皇帝在寿辰时穿着此件绣褂。每团龙缀有 1 万多颗珍珠,9 团龙共缀有珍珠超过 10 万颗。每颗珍珠直径约 2 毫米,上面打孔,刺绣时每针绣 1 颗珍珠,固定在图案上,其不计工本的名贵不言而喻。由孙颖设计,石保中等人集体制作。

龙穿寿团珠绣褂

— 国粹因它更绚丽 —

为故宫博物院复制的清皇后大婚吉袍

现收藏于故宫博物院乾清宫。由张颜设计、多人集体制作。

清皇后大婚吉袍

为北京京剧院复制的老戏装镶边女蟒

由张倩设计、石保中等人集体制作。

镶边女蟒

（北京剧装厂）

百年传承修脚术　开拓创新清华池
—— 记清华池传统修脚术及其传承人

百年溯源

历史简介

清华池原坐落在珠市口大街路北29号，前身是清光绪三十一年（1905）开业的"小仓浪澡堂"。20世纪20年代经投资改造，正式定名为"清真清华池"。20世纪30年代整修扩建为两层楼面，清华池成为当时京城的一流浴池。

新中国成立前，清华池曾作为中国共产党的地下工作活动站，为和平解放北京做了大量的地下工作。1949年后，在党和政府的关怀下，历经多次装修改造。1999年，因市政道路扩建，清华池迁入虎坊路大街4号。2007年12月迁入现址虎坊路17号。

清华池逐步成为以脚病诊疗为主，集洗浴、保健、餐饮于一体的大型健康中心。清华池是京城洗浴业持续经营百年的老字号，"清华池传统修脚术"是京城独有的非物质文化遗产代表性项目。1958年，清华池创建了全国第一家脚病治疗室，率先将修脚技术与中、西医医疗技术相结合，从单纯的修脚逐渐变为脚病治疗。

清华池注重引进全国脚病治疗技术人才，使南北脚病治疗技术融为一体。长期以来为党和国家领导人及社会各界知名人士治疗脚病，为普通百姓解除脚病痛苦，创立了"百年老店清华池，脚病治疗第一家"的良好信誉和企业品牌。

今天的清华池，已成为全国独具特色的大健康产业中心和北京传统文化的体验平台。

清华池老店照片

发展沿革

1905年小仓浪澡堂成立（坐落于今前门珠市口大街路北），1915年经改造，正式定名为"清华池"。

1926年代表性传承人安起进入清华池学徒，时年16岁。

1965年经彻底翻新，建成了新式的两层楼，楼上楼下设有空气流通的大池塘，开辟了按摩室、修脚室等，服务项目更加齐全。

1986年清华池装修后重新定价，实行计时收费制，改变了洗澡排长队的现象。

1994年，经上级公司审批，改造为"清华池康乐官"。

2000年4月上级单位北京翔达投资管理有限公司将清华池、虎坊路浴池、汇泉浴池、白鹭美发厅四个服务企业合并为清华池。2001年因市政要求迁入北京市西城区虎坊路4号。

2007年12月迁入北京市西城区虎坊路17号。

2009年清华池修治脚病传统技艺，成为市级非物质文化遗产。

清华池店照（王丽华摄）　　　　　清华池传统修脚术被列入国家级非物质
　　　　　　　　　　　　　　　　　文化遗产代表性项目

2014年中医诊疗法（清华池传统修脚术），通过申请成为国家级非物质文化遗产代表性项目，清华池被认定为北京老字号。

百年技艺

核心技术

清华池传统修脚术是指具有专业技能的技师运用清华池特色诊断技术和特色治疗技术治疗足部疾患的一种医疗保健技艺。它采用中国传统医术和刀法相结合的疗法，施行抢、断、劈、片、起、撕、挖、分、捏等技巧，对症运刀治疗足部疾患，弥补了西医外科治疗脚病的单一手段，如：治疗甲沟炎，西医外科采用拔甲术，痛苦大、愈合周期长，而清华池技师运用劈、挑术，去除嵌在甲沟里的趾甲，见效快、痛苦小、恢复快。

这门足病外治的独特技艺也是中医外科的一部分，是我国民间独有的。对治疗甲沟炎、灰指甲、滑囊炎、瘊子、足跟炎等各种脚病具有显著疗效。具有手法简易、安全、有效、痛苦小、恢复快等特点。

清华池传统修脚术有独特的刀术。修脚技师使用刀具五种共15把，在运刀时不能越出"青线"（病变界线），不伤及好肉，不出血，从而达到治疗目的。

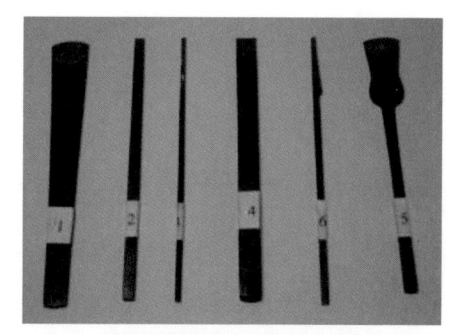

脚病治疗所用的基本工具

传承价值

清华池传统修脚术，传统诊断技术和治疗技术特色，经过几代人的技艺传承和创新，展现出了自身独具的三大价值：

历史价值：此技术源于修脚术历史千年，通过师徒传承方式，流传至今。

技艺价值：此技术具有独特的诊断技术和刀术，可修治各种脚病，具有民间中医外科专业性、足医的稀缺性、修治脚病的中国民俗性。

医学价值：此技术是中医外治的一个组成部分，它采用中国传统医术和刀法相结合原理，治疗各种脚病，病人没有痛苦，且不影响正常的工作，是民众依赖的重要医疗技术。

百年传承

传承谱系

娄师傅——第一代传承人。（历史久远，资料不详）

安起——第二代传承人代表。被称为"大夫"的修脚师，全国人大代表、全国劳模，创立了全国第一家脚病治疗室。

刘振英——第二代传承人代表。1981年北京市劳动模范，1986年特级修脚师。

曹淑敏——第二代传承人代表。清华池第一位女修脚师，曾当选第五、六届北京市人大代表。

杜德顺——第三代传承人代表。1988年全国劳模，1993年全国人大代表，清华池第一位医科大学毕业生修脚师。

金启平——第三代传承人代表。1995年获劳动部"修治脚病高级技师"，2002年荣获"首都劳动奖章"。清华池以修治脚病闻名，专家级技师金启平曾几次登门，为年迈的陈云同志修治脚病，开始治疗时，金师傅考虑陈云同志身体病弱，进行手术不能破，不能疼，时间不能长，须在15分钟内修完。于是，他稳、准、轻地迅速操作，只用12分钟就完成了修治。陈云同志穿上鞋走了几步，满意地连说："谢谢，谢谢！"

王建生——第四代传承人代表。中共党员，国家级非物质文化遗产代表性项目传承人，享受国务院政府津贴，全国五一劳动奖章获得者。他坚持

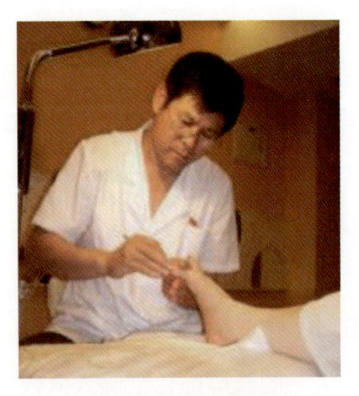

王建生为顾客治疗脚病

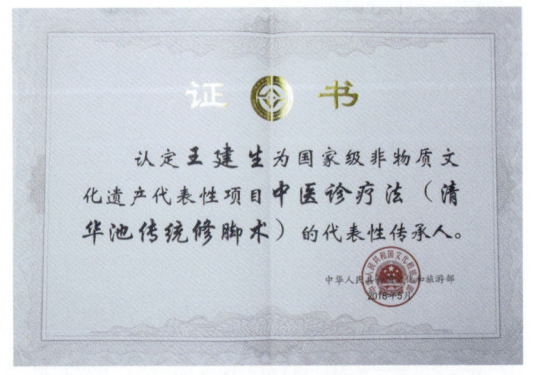

王建生被认定为国家级非物质文化遗产清华池修脚术的代表性传承人

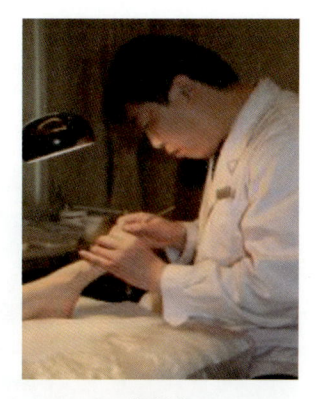

脚病治疗技术研究和服务40年。独立编辑《修脚图谱》，长期为党和国家领导人、各界知名人士、普通患者治疗累计20余万人次。

任新春——第五代传承人代表。中共党员，北京市西城区非物质文化遗产项目代表性传承人，2010年享受北京市政府特殊津贴技师，2013年被评为北京市有突出贡献的高技能人才。任新春同志一直坚持在修脚工作岗位上，从一名普通的修脚工逐步成长为一名能为顾客解除脚病痛苦的大夫。

任新春

李金明——第六代传承人代表。中共党员，1991年荣获首都劳动奖章、全国优秀服务员称号、全国五一劳动奖章获得者，1995年荣获北京市劳动模范称号，西城区人大代表。

李金明

为民服务

1980年，清华池员工李金明从接送老人洗澡开始，组建了清华池为老服务队，赢得了社会广泛的赞誉。他的一句"为人民服务是我永远的追求"的誓言，清华池人坚持了近40年。

近几年清华池为北京200多个社区老人提供上门服务，深入远郊区县，为几十万的百姓解除脚病带来的痛苦。清华池还为国旗护卫队等单位提供修脚服务。

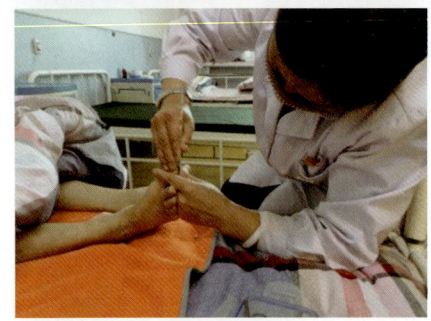

清华池为北京 200 多个社区老人提供上门服务

对外交流

很多国内外团体慕名而来，到清华池体验"非遗"老手艺，从而更深入地了解清华池、爱上清华池。通过交流沟通获得新的启发，将清华池的修脚、搓澡、按摩等传统技艺不断改进完善，形成独有的京味文化。

自 1905 年以来，工匠精神融入修脚大师们的血液之中，技艺为先，匠心为魂，师古而不泥古。一代又一代的清华池人依靠集体传承，将这门古老的修脚技艺永远地传承下去！

工匠精神就是一辈子做好一件事

王建生，是北京老字号、百年老店清华池的一名高级修脚技师，1976年开始从事修脚工作，至今已经42个年头了。是清华池传统修脚术国家级非物质文化遗产保护项目代表性传承人、技术总监。

在修脚行业这个平凡岗位上，他一直工作了42年，为成千上万的脚病患者进行修治服务。40多年来，不论社会如何变化，他始终牢记"顾客是我的亲人"，始终坚守"为人民服务"的精神，并以此作为他心中坚守的信念和追求梦想的源泉。

常言道：人有梦想才有奔头，人有追求才有动力。王建生也如此，从16岁插队知青到返城当一名修脚工，从为第一位顾客修脚到今天累计服务几十万人次，逐步成长为一名治疗脚病的专家、非物质文化遗产传承人，他的梦想不断由小变大，伴随着一个个小梦想的实现，他一天天地成长。

从无奈学修脚到精心钻研技术成能手

1976年王建生随知青返城被分配到清华池浴池做修脚工，当时受旧观念影响，从心底里接受不了这个工作，觉得这是伺候人的差事，低人一等，被人看不起。见到别的同学分到了大工厂，穿上了劳动布的工作服，心里真不是滋味。46天他没有到单位报到，千方百计想换工作，最后在领导师傅和父母的开导教育下，抱着试试看的想法来到单位走进了修脚室，并结识了劳动模范刘振英和全国劳模杜德顺两位师傅，看到很多患者一瘸一拐，十分痛苦地挪着进来，经过师傅的精心治疗后，病人一个个面带笑容地健步走出门，他感到很震惊，顿生羡慕之情，从此对修脚产生了兴趣，王建生默默地跟着师傅学起了修脚技术,从削竹片基本功练起,出道之初给一位患有脚垫的客人修脚,一刀下去直接给脚底开了大口子,看着血冒出来,他当时就傻了眼。幸亏师傅过来补救,至今他依旧记着那位客人临走前的一席话:"现在的年轻人能学这行不容易,你只要坚持下去,一定能学好手艺。我今后还要找你。"客人暖心窝的话让他深受感动,下定决心勤学苦练,一定要学好这门技术,成为师傅那样受顾客欢迎的修脚师。练推手、削竹片,手指起泡起茧子,手上尽是血口子,他坚持下来了。

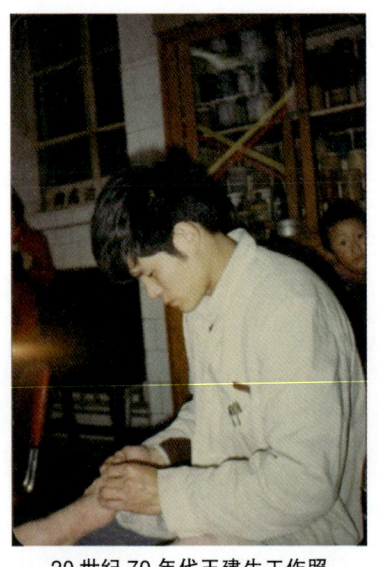

20世纪70年代王建生工作照

练了大半年基本功后他开始实操,做"平活",即修脚垫、趾甲这类最简单的活儿。那段时间师傅帮助找来他的老主顾、老朋友,给王建生当"脚模",人家不在意受伤,还都鼓励他。师傅们的精心传授加上自己的用功,渐渐地,王建生的修脚手艺在清华池能独当一面了。1980年,北京市开展技术大练兵活动,他获得了北京市技术操作能手称号。王建生常说:"干好修脚这一行,先得热爱,其次才是技术。""修脚刀无情人有情,修脚不是修机器,要让病人感受到温暖。"

锐意进取,开创脚病治疗新天地

修脚过去是京城浴池业的服务项目之一,主要以"修"为主,属于一种"手艺活",靠口传心授。随着老一代修脚技师的努力,清华池专门成立了京城乃至全国第一家脚病治疗中心。随着王建生的修脚技艺日臻成熟，他的顾客问的问题越来越多，诸如自己的脚病是怎么得的？应该如何预防？等等。每到这时他就会卡壳，而师傅们却能将脚病的发病原理，预防措施等说得头头是道，让客人满意而归。渐渐地，他发现自己与师傅在医学理论修养上的差距。于是专门购买医学专著，包括皮肤病学、药物学、卫生学等，下功夫自学苦读，不懂就找专家讨教，用几年时间补上了自己理论上的空白，实现了脚病治疗技术真正的质的飞跃。

同时，在单位领导大力支持下，王建生以改革的精神，大胆尝试改进传统修脚操作程序，从以修脚为主转变为以治疗脚病为主。由过去在技师腿上修治脚病改进为设立操作台，统一手法，统一刀具消毒，使修治脚病逐步向医院治疗技术和环境标准靠近。逐步建立技师挂号制，诊疗记录建档制，彻底改变了几十年浴池修脚的传统工艺和方法，使之更适合广大人民群众的要求。

在单位领导正确领导下，清华池从1999年严重亏损到逐步扭亏为盈，实现10%速度递增发展，成为北京市著名商标，清华池修脚成为金字招牌。王建生每月为近千名患者进行治疗。定期为中央领导和各界知名人士上门治疗脚病，受到了一致好评。通过不断学习、请教，他对常见各种脚病的病源病理都能了解清楚，修治做到修净病除，而且还利用自己所学的医药知识研制了十几种特效药，在同行中广泛应用于临床，效果很好。

在2003年举行的北京市首届技能大赛上，他捧得金奖并荣获北京市劳动技术能手称号，同年获国家资格认证的特二级技术职称，成为当时我国最高级别的修脚技师；2005年经考核又获得国家职业技能鉴定考评员资格，2009年获得高级修脚技师职称，首位享受北京市政府津贴的高级修脚技师，

2010年荣获中华传统技艺技能大师等称号。

弘扬国术，填补空白，探索修脚技术与医学理论相结合

王建生根据长期积累的治疗脚病的经验，运用所学医学知识，分析脚病患者治疗过程，发现有些脚病在医院治疗少的特点，在不断研究脚病种类、发病原因、治疗流程的前提下，逐步总结完善修治脚气、甲沟炎、灰指甲、畸形甲、瘊子、足跟骨刺治疗技法、技术流程等，并配置专门的治疗药品几十种，形成了一整套专门治疗各种脚病的技术标准，吸引了全市乃至全国各地的患者前来治疗。填补了部分脚病在医院治疗的空缺，解决了广大患者因拔指甲造成的痛苦。开创了治疗脚病的新空间。

在王建生的客人名录中，有不少外国朋友，有的还是驻华大使级人物，不但与他建立了深厚的友谊，更对中国的修脚术崇拜不已。其中有位英国专家，被脚病困扰多年，在国外几次手术不愈，苦不堪言。后来，我国有关部门推荐他找王建生治病，他听说要去的是个浴池，起先很是怀疑，但当王建生为他治好后，不禁连连惊呼："太神奇了！"并表示一定要把这次传奇经历告诉他的朋友。

王建生认为，一花独放不是春，他一天只能服务几十位顾客，不能满足广大脚病患者的需求。只有将他掌握的技术传授给更多有志于从事修脚工作的年轻人，才能更多服务于大众，于是他积极从事修脚技术教学工作，配合劳动部门进行修脚师专业技术培训

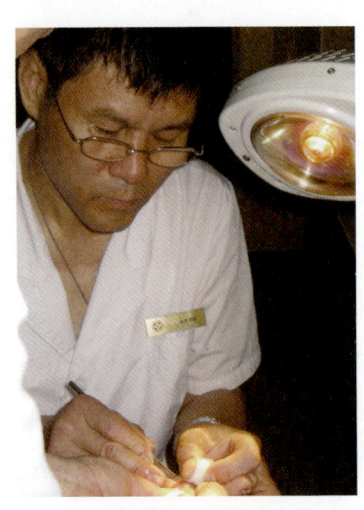

王建生工作照

和技术鉴定工作，编修脚教材，授课，取得考评员资格。先后培养青年修脚员工 200 多人，大学生修脚师 6 名。

长期以来，修脚技术以师父与徒弟间口传心授的形式进行传承，几乎没有文字记载。2014 年王建生将修治脚病工作中几十年积累下来的资料整理后，挑选出最典型、最清晰、最好辨认的脚病图片 102 张，配上文字，出版了国内第一本《修脚图谱》，补上了这方面的不足，读者能够通过本书从感观上对各种脚患了解得更清楚、形象，修脚工作人员在工作中也能更准确地对各种脚患做出正确的判断和修治。

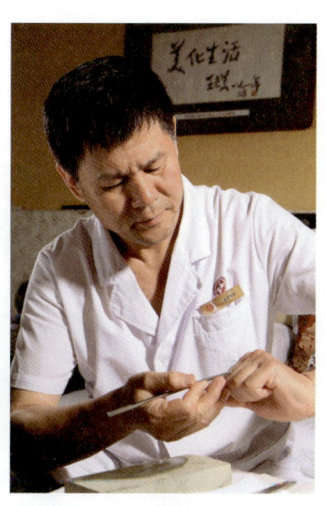

王建生在试刀

每当王建生看到顾客带着满意的笑容、迈着轻松的步子从脚病修治室离开时，都有一种幸福感。感觉到自己做了一名修脚师应该做的事情。顾客的每一声谢谢，每一个感激的眼神，都将激励着他继续向前。每当他看到年轻

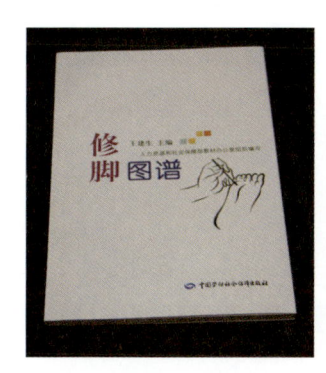

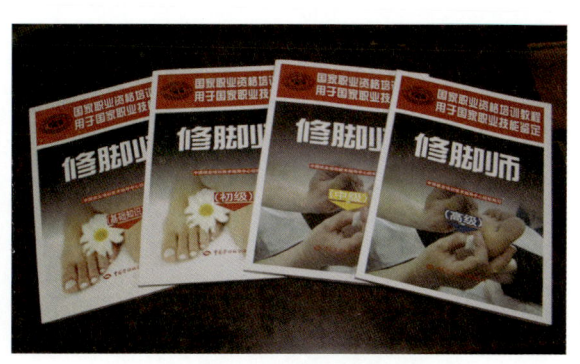

王建生编著《修脚图谱》　　　　王建生等编著《修脚师国家鉴定教材》

老字号新故事

人手拿工具、走上服务车前往各社区为老人服务，都有一种自豪感。是大家共同努力集体创造了清华池的品牌，培养了一代又一代清华池人。

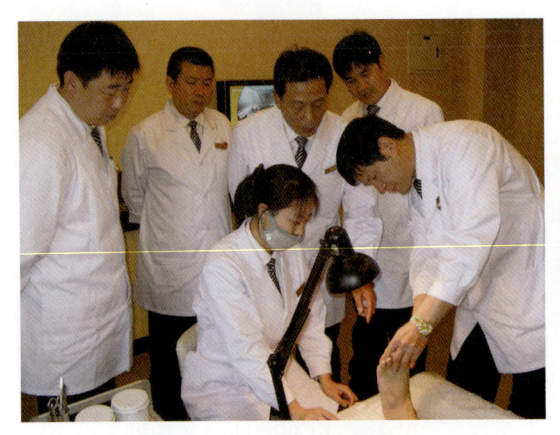

王建生在指导技师切磋技艺　　　　　　王建生在研制脚病护理用品

王建生常说："我理解工匠精神就是一辈子干好一件事，我要用我的毕生精力和实际行动传承好清华池修脚术，培养更多专业修脚师，让清华池服务便利店开进全市社区，为百姓解除脚病痛苦做出更大的贡献。"

（北京翔达投资管理有限公司清华池浴池）

南北皆喜的百年美食
——北京饭店谭家菜

谭家菜是以经营百年品牌"谭家菜"为主的餐饮企业。谭家菜始创于清末民初,创始人为谭宗浚。谭家菜吸收、继承了中国餐饮文化之精髓,历经百年沧桑,于1958年在毛泽东主席、周恩来总理的关怀下,被引进北京饭店。历经几代传人的潜心钻研、继承与创新,使谭家菜得到了长足的发展,屹立于中华高档餐饮界之巅。谭家菜餐饮有限责任公司是应首旅集团与北京饭店提出的"弘扬中华饮食餐饮文化,保护百年餐饮品牌"的战略要求,成立于2005年7月。谭家菜品牌在市场经济的推动下,逐渐发展壮大。深受各国首脑及中外旅客喜爱,拥有享誉世界的知名度和广泛美誉度。

谭家菜历史沿革

谭家菜由清末官僚谭宗浚首创,原址在西四羊肉胡同,先后迁址到米市胡同、果子巷、西单承恩居。创始人谭宗浚,字叔裕,广东南海人。他的父亲谭莹,是清朝一位有名的学者,博学多识,写过不少书,教过不少学生。

谭宗浚 27 岁时考中榜眼。之后，入翰林，督学四川，又充任江南副考官，稳步跨进了清朝的官僚阶层。

谭宗浚一生酷爱珍馐美味。从他在翰林院中做京官的时候起，便热衷于在同僚中相互宴请，以满足口腹之欲。当时，"饮宴在京官生活中几无虚日。每月有一半以上都饮宴"（见《清季一个京官的生活》一书）。谭宗浚在宴请同僚时，总要亲自安排，将家中肴馔整治得精美适口，常常赢得同僚们众口一致的赞扬，因此在当时京官的小圈子中，谭家菜便颇具名声。

谭宗浚之子谭瑑青讲究饮食，更过于其父。谭宗浚离京充任外官时，谭瑑青亦随往，对各地方食材有涉猎，积累各地食谱甚丰。清朝末年，一般官宦人家都热衷于广置田产，唯独谭家父子仍然刻意饮食。谭家的女主人都善烹调，为了不断提高烹饪技艺，她们经常不惜重资聘请京师名厨，在烹调过程中将技术学到手。这样随请随辞，久而久之，谭家不断吸收各派名厨之长，成功将南方菜（特别是广东菜）同北方菜的口味特点结合起来，精益求精，独创一派。

谭家菜在形成的初期，完全是作为一种家庭菜肴而存在的。后来，谭家落败，谭家菜才逐渐到社会上来。据《清史稿》载，谭宗浚"以伉直为首院所恶，出为云南粮储道。宗浚不乐外任，辞，不允。再权按察使，引疾归，郁郁道卒"。这说明谭宗浚后期仕途不顺，他留恋于京官清闲和舒适的生活，不愿再离开北京充任外官，加上文人的清高，出言不逊，得罪了上司，以致托病辞官，回归南海，郁郁而终。

到了宣统年间，谭瑑青再次来到北京，试图重振家声。然而清朝气数已尽，没多久便如山崩墙颓般垮了台。接踵而来的是袁世凯篡国，军阀混战，国都南迁，日寇侵华，社会动荡。而谭家的"家声"也始终再没有重振起来。

虽然家道中落,谭瑑青却丝毫未改嗜吃之习。他那喜郊游,好饮馔,讲究书画的种种嗜好,使得谭家仍然天天高朋满座,盛宴常开。谭家菜因此得到进一步的发展,其声誉也日渐高涨。一直到后来,谭瑑青宁愿卖房子筹款举宴,也从未在饮宴上稍微停歇,其热爱可见一斑。

后来,谭瑑青终于不得不将自家大名鼎鼎的谭家菜拿出来变相营业,以获得一些收入,补贴越来越入不敷出的家用。随着谭家菜逐渐流入社会,越来越多的人被其独具一格的美味所吸引,谭家菜于是名声大噪,味压群芳。"食界无口不夸谭"之说,便出自这一时期。当时有人作了一首《谭馔歌》,其歌首数句为:"瑑翁饷我以嘉馔,要我更作谭馔歌。瑑馔声或一纽转,尔雅不熟奈食何。"竟将谭瑑青的名字按谐音戏称为"谭馔精"。

谭瑑青虽然被称为"谭馔精",但其本人是并不上灶台烹调的。谭家菜的真正烹制者,历来是谭家的女主人及为数不多的几位家厨。

从谭宗浚起,谭家的女主人便都善于烹调。当谭瑑青在宣统年间返京时,由广东携来两位姨太太,也都是烹调能手。谭瑑青的第一位姨太太在1919年为他生下一个女儿后不久便死去了。以后独撑谭家菜的,一直都是三姨太太。三姨太太姓赵,名荔凤。20世纪30年代北京报刊在报道谭家菜时说:"掌灶的是如夫人和小姐,主人是浮沉宦海过来人。"这如夫人便是指三姨太太赵荔凤。

赵荔凤初来北京时,年方二十,瑞丽贤惠,聪颖灵悟,是一位善于理家的女子。她出身贫寒,从未上过学,只因善于烧菜,被谭家看中,纳为小妾。在迅速掌握烹调本领方面,她似乎有一种天才,她到谭家没几年,便将谭家祖传的烹饪秘诀基本掌握了。来到北京后,她更向京师名厨学习了不少烹饪技艺。当时，谭家家资仍颇丰厚，天天都有聚会饮宴；谭瑑青仍然不惜重资聘请名厨来家掌灶，让赵荔凤借此机会，学做新菜。当时的名厨师一般都有三四个最拿手的好菜，而三姨太太赵荔凤正是紧盯名厨的好菜，千方百计学到手。这样，赵荔凤不但成为谭家菜之集大成者，而且又广泛吸取了京师各派名厨的特长，使谭家菜发展到一个新的水平。

谭家菜技艺传承

据说，谭家菜原本是不传外姓人的。即便是谭瑑青的两个女儿，也并不会做谭家菜，虽然在20世纪30年代报纸上曾有文章说"谭家菜出自谭姓之如夫人暨小姐之手"，其实，据谭令柔回忆说："母亲（指赵荔凤，是谭令柔的继母）对于烹调是很有研究，也享有盛名，可我自己不学着做，我认为在厨房做事是失掉身份……"不管怎么说，谭家小姐的确并不会做谭家菜，这是可以肯定的。

1934年，谭瑑青死于高血压。三年以后，赵荔凤也因乳腺癌去世。这样一来，谭姓门里，便没有会做谭家菜的人了。而谭家菜又是怎样能够流传至今的呢？

这不能不归功于谭家后期的三位家厨：擅长做冷菜的崔明和，擅长做点心的吴秀金以及烹调厨师彭长海。尤其是彭长海，从十七岁就在谭家菜帮案，一直给赵荔凤做下手活，他处处有心，再加上天时地利，终于完全掌握了谭家菜的烹饪技术，对于谭家菜的继承、发展和流传，做出了莫大的贡献。

彭长海是河北省曲阳县燕昭镇人，1937年，他16岁时便来到北京，通过一位在一个大宅门里当差的亲戚介绍,到谭家当了一名帮工,实际上就是家仆。

彭长海一开始主要是在厨房里干活。每天,他要捅火、封火、倒煤灰,伺候谭家人吃饭,以及刷碗洗盘,等等。好在他在农村时,什么苦活累活都干过,所以到谭家后,虽然日夜辛苦,却也未觉得其苦。谭家人看这乡下小孩每天只知闷头干活,却也喜欢。彭长海初到谭家时,谭家正雇着一位姓赵的名厨。不久,赵厨师被辞,又请了一位姓高的厨师来掌灶。这位姓高的厨师是江苏人,烹调手艺很高,他教给彭长海不少烹调方面的知识,彭长海跟他干下手活,很快掌握了杀鸡鸭、宰鱼鳖的功夫。不久,彭长海便正式成为谭家厨房里的帮案,专门负责各种原料的加工和切配。

姓高的厨师成为谭家雇请的最后一位厨师,在谭家大约干了近半年的时间。自他离开后,谭家再也雇不起名厨了,灶上的活计,便都由三姨太赵荔凤亲手来干,而彭长海便成为她在厨房里的最得力的助手。在烹调方面,她对这个刚刚十七八岁的乡下小孩并不避讳,也许是她从来也没想到过,这个"乡下小孩"能看会她的菜吧?彭长海恰恰正是这样一个有心人,他每天守在灶台旁,看着三姨太做菜,将她的每招每式都看在眼里,记在心里。他特别留心于三姨太烹调时对火候的掌握,以及下料的时机、分量等,并且常常抽空子尝一尝残羹剩汤,体会一下成菜的味道。晚上,当他躺在床上时,便将一天所见所闻回想一遍,将每个菜的做法强记在脑子里。

彭长海二十岁时,已经能够时常上灶顶替三姨太做些简单的菜了。1943年,谭瑑青去世。从此,谭家的家务由三姨太赵荔凤主持。不久,她又患了疾病,力不从心,再也不能长时间地在厨房里掌勺了。但是,此时谭家的生计已经完全依赖于经营谭家菜,所以赵荔凤不得不启用彭长海掌勺。

彭长海掌勺后,凡鸡鸭鱼肉一类菜肴,都由他来烹制。而燕窝鱼翅一类贵重的山珍海味，赵荔凤依然要亲自上灶烹制。当然，也要托彭长海时时为她看锅。对于彭长海烹制好的每一道菜，她都要先尝尝，认为够标准了，才允许上桌。赵荔凤是为了保全谭家菜的声誉而格外认真，但这种严格把关，却使彭长海的烹饪技术得以突飞猛进。

从此以后，燕窝鱼翅一类的大菜也只好交由彭长海烹制了。赵荔凤非常惊讶地看到，彭长海烹制出的每一道大菜，同她亲手做的，竟是那样相似。从此以后，在名义上，谭家菜仍由三姨太烹制，而实际上，已经完全由彭长海掌灶了。彭长海便是这样，由一个"乡下小孩"凭着自己的聪明智慧和勤奋，也赖于机会和运气，在短短的十年时间里，完全掌握了谭家菜的烹饪技术，也终于成为一名谭家菜名厨。

赵荔凤逝世后，谭家菜由谭瑑青的次女谭令柔夫妇掌管，仍然经营谭家菜，由彭长海等家厨掌灶烹制。这种状况一直维持到1949年10月。

1949年以后，谭令柔参加了工作。彭长海、崔明和、吴秀金等三位家厨也搬出米市胡同19号，在果子巷租了几间房，继续经营谭家菜。

1954年，彭长海等三人从果子巷迁往西单恩承居后院，正式挂牌营业，并收徒传技。

1958年，在周恩来总理的亲自建议下，谭家菜全部并入北京饭店，成为北京饭店拥有的川、广、淮、谭四大名菜方菜之一。

彭长海来到北京饭店后，他的绝技得到充分的施展。特别是随着近几年旅游事业的蓬勃发展，谭家菜受到越来越多的国内外游客的欢迎。北京饭店特将中七楼餐厅辟为风味餐厅，重点经营谭家菜，并由彭长海任厨师长。过去，谭家菜一天只能承办两三桌宴席，客人要吃谭家菜，需提前半个月预定排队；如今，彭长海带着他的十几名徒弟，包办宴席，加上风味餐厅的零吃零点,他们每天可以接待近五百名国内外客人。1981年12月,彭长海被邀请到香港表演了谭家菜的烹制。

到北京饭店三十年来,彭长海还培养了三位高徒,分别是:陈玉亮、王炳和、刘京生,其中两位(陈玉亮、王炳和)曾分别担任过谭家菜的厨师长。

彭长海(右)在教王炳和(左)做菜

英国的麦克唐纳在中国访问时,已退休的陈玉亮师傅曾为他服务过,他当时烹饪的是一盘鲜香可口、白嫩如雪、点缀得五颜六色的"一品豆腐",麦克唐纳对此菜发生了浓厚的兴趣,并对陈毅同志说:"这菜真是妙极了,

刘忠(右)与师傅王炳和(左)

素中有荤，颜色漂亮，味道鲜美，这是我有生以来吃过的最好的菜了。我以前对豆腐不感兴趣，但这菜改变了我的印象。"陈毅非常高兴，勉励当时的陈师傅说："你还年轻，要继续努力，在烹制上做出一番成就来。"

谭家菜的饮食文化特色

谭家菜贵则贵，但燕窝鱼翅，山珍海味，俱是拿手佳肴；所有器皿，古色古香，都是顶上古瓷；一间客厅，三间餐室，家具皆花梨紫檀；古玩满架，盆景玲珑，四壁是名人字画；室雅花香，设备齐全，绝非一般餐馆可以比拟。

谭家菜甜咸适口、南北均宜的特点，便是这样形成的。人们都知道，在饮食界素来有"南甜北咸"之说。而谭家菜在烹调中往往是糖、盐各半，以甜提鲜，以咸提香，做出的菜肴口味适中，鲜美可口，无论南方人、北方人都爱吃。

选料精细

谭家菜以烹制燕翅席为主，在选料时，鱼翅必选"吕宋黄"，这是一种产于菲律宾的黄肉翅，这种翅中有一层像飞镖一样的肉，翅筋层层排在肉内，胶质丰富，质量最佳。燕窝一般选用"暹罗官燕"，这种燕窝，在古代为贡品，其色洁白而透明，燕

黄焖鱼翅

毛绝少而无根，是各类燕窝中的上品。在选用海参时，谭家菜最为讲究使用的是大乌参（又称开乌参），其次有刺参、梅花参等。

刀工精美

谭家菜的"柴把鸭子""葵花鸭子"这两道著名的代表菜就是以刀工精美而著称，鸭子要改成1厘米宽、6厘米长的长方条，冬菇、冬笋、火腿要切成7厘米左右的长方条备用，最后还要配以谭家菜独有的胡萝卜叉作为装饰。

葵花鸭子

汤味醇厚

谭家菜的汤汁，分为浓汤和清汤两种。在调制浓汤时只选用三年以上散养、自己觅食的老母鸡及老鸭，并配以干贝等名贵原料制作而成。所以，谭家菜的浓汤口味醇厚、汤汁金黄。谭家菜的清汤是以特殊手法调制而成，其特色为汤清如水、色如淡茶，入口清甜、回味悠长。

佛跳墙

风味独特

谭家菜在口味上的风味特点，是

草菇蒸鸡块

多味雪燕

讲究原汁原味。谭家菜烹制中很少用花椒一类的香料炝锅,也很少在菜做成后,再撒放胡椒粉一类的调料。吃谭家菜,讲究的是吃鸡就要品鸡味,吃鱼就要尝鱼鲜,绝不能用其他异味、怪味来干扰菜肴的本味。在焖菜时,则绝对不能续汤或兑汁,否则,便谈不上原汁了。

谭家菜另一风味特色是冷菜热吃,代表菜有酒烤香肠、叉烧肉等,尤以酒烤香肠最出名,这道菜需用封存五年以上的茅台调整,口感醇香。因此这道菜深受邓小平同志的喜爱。当年谭家菜享誉京城的还有两道特色美点:松软香甜的"麻蓉包"、酥脆可口的"炸酥盒"。它们都是为社会名流、美食家所喜爱的菜肴。

绿色食品

谭家菜所选用的原料,以干发的海产品为主,在涨发的过程中都是依靠员工平时积累下的经验以及双手来感觉、观察、控制火候的大小、水温的高低以掌握涨发的过程、程度，绝对不会添加任何的化学、化工原料，以提高海产品的出成率。在烹制普通菜肴时也从不添加味精、色素、膨松剂等食品添加剂。

价值体现

谭家菜的历史悠久、餐饮文化内涵丰富、底蕴深厚，被广大的国内外宾客所熟知、喜爱。具有很高的历史价值、文化价值、营养价值。

历史价值

谭家菜又被称为"榜眼菜"，它由中了榜眼的清末官僚谭宗浚家宴发展而来，百余年来，人们口口相传，使这一美味的菜肴染上了一层传奇色彩。

谭家菜是官府菜中唯一流传至今的一个突出的典型，是中华民族餐饮文化的一朵奇葩。从研究中国烹饪历史发展角度来说，谭家菜为社会提供了一份研究清代官府菜的极有价值的材料。在不断的继承、发展、创新中为今天的餐饮业做出了巨大的贡献。

文化价值

20世纪三四十年代，谭家菜在北京就已享有很高的声誉和知名度。"谭家菜的声光，真了不得，是可算得故都风光最后一段精彩。"（见《四十年来之北京》一书）那时报刊上时时刊出赞美谭家菜的报道文章，曾有"其味之鲜美可口，虽南面王不易也"的评价。随着谭家菜逐渐流入社会，越来越多的人被其独具一格的美味所吸引，以至于一度曾有"戏界无腔不学'谭'（指谭鑫培），食界无口不夸'谭'（指谭家菜）"的说法。

新中国成立后，谭家菜在周恩来总理的直接关怀下，来到北京饭店。从此走向世界，成为我国领导人款待各国首脑及嘉宾的一方佳肴，周恩来、朱德、陈毅、邓小平、叶剑英、杨尚昆、李先念、吴仪、回良玉等党和国家领导人，以及美国总统尼克松、国务卿基辛格及夫人，日本首相田中角荣等许多外国元首和政府首脑都曾品尝过这一中国名肴，并给予其极高的评价。

近年来，谭家菜也多次被当时有关领导人推介给外国宾客，如李肇星外长将谭家菜介绍给联合国秘书长潘基文，国务委员戴秉国多次用谭家菜宴请各国驻华大使等。贵宾们都对谭家菜赞不绝口。作为中华美食精粹，谭家菜还曾多次应邀赴美国、德国、法国、新加坡、日本、中国香港和澳门等国家和地区表演烹饪，为中华传统美食带来了巨大的声誉。

谭家菜是劳动人民智慧的结晶，是许多厨师的烹饪经验在谭家厨房里荟萃的产物。这笔珍贵的、独特的文化遗产，我们应当努力继承，加以研究，使之进一步造福于大家。

营养价值

谭家菜所用原材料具有丰富多彩的营养价值和保健食疗之效，为广大食客所喜爱。以下列出几种谭家菜的代表性原料。

燕窝：味甘性平、滋阴润燥、补肺养阴、补虚养胃、滋阴调中，能够使人皮肤光滑、有弹性。

海参：营养丰富，脂肪含量低，不含胆固醇。具有抗癌防癌、增强免疫力、抗血栓、降血糖、延缓衰老等功效。

鱼翅：味甘咸性平，可以益气、开胃、补虚。它还含有降血脂、抗动脉硬化等成分，具有很高的食疗功效。

发展现状

2005年7月1日，在市委、市政府的关怀下，在首旅集团品牌发展战略指导下，经过多方的积极努力和政府相关部门的审核批准，北京谭家菜餐饮有限责任公司正式成立。谭家菜公司成立后，在董事会的战略方针指引下，以目前在北京饭店经营的谭家菜餐厅为总店，开展商标特许经营，把谭家菜品牌做大、做强，打造成国内最具特色的顶级餐饮品牌。

为了维护品牌，谭家菜曾多次对侵权单位发出了限期整改信，要求他们及早改正侵权行为，更对西直门谭府、世纪谭府等几家侵权严重的单位进行了法律诉讼维权，并获得了最终的胜利。更好地保护、传承、弘扬谭家菜这一著名的百年老字号。

近几年，还利用现代的网络平台和多

干靠大虾

蟹柳鱼肚

家网站联合，对谭家菜进行了宣传、销售。此外，还积极配合多家媒体的宣传，如《北京晚报》《北京青年报》等，扩大了谭家菜在社会上的影响力。台湾《联合报》也对谭家菜进行了专题采访，并刊文进行了宣传。对维护与发展谭家菜这一著名的百年老字号起到了深远的意义。

五年发展保护计划

本着保护、传承、弘扬谭家菜这一百年老字号的指导思想，2011年谭家菜在首旅集团和北京饭店的规划部署下，提出了以自主经营为主，发展商标特许经营为重点，多平台宣传、销售谭家菜的发展方针。争取今后将商标特许经营由现在的三家增加到更多，使营业额得到提升。并加速建设自己的品牌网站，使更多的食客了解、认知、喜爱谭家菜，更大限度提升谭家菜的知名度。还要扩充自己的员工队伍，为谭家菜培养更多的后续力量。

同时，要在不断继承和发展谭家菜基础上，抓市场，打品牌，树形象，开拓创新，扩展市场，兼收并蓄，博采众长，把现代消费理念融入传统美食文化，提升品牌的整体市场形象，使谭家菜更加有利于品牌的经营和发展；有利于实现首旅集团谭家菜品牌连锁经营的目标。待条件成熟后还要让谭家菜

中国烹饪大师、谭家菜第四代"非遗"传承人刘忠

走出国门，占领海外市场。

2014年北京饭店谭家菜圆满完成了APEC水立方欢迎晚宴主席台菜品制作任务，牵头完成了2019年4月"一带一路"领导人峰会工作午宴的任务，并受到与会各国元首和中方领导人的高度评价和认可。在北京饭店谭家菜第四代"非遗"传承人刘忠总厨的带领下，谭家菜厨房团队正在以崭新的面貌面向未来，永远地把谭家菜传承下去！

（北京饭店）

坚守老北京铜锅涮肉
——壹条龙饭庄

北京涮羊肉的起源

北京涮羊肉的来历说法有多种，起源于成吉思汗的说法比较可信，蒙古人以吃羊肉为主，主要做法便是支一口大锅煮整块的羊肉。成吉思汗的一生几乎是在马背上度过的，传说有一次因情况紧急需赶快吃完出发作战，士兵们急中生智把微冻羊肉用刀切成块，往沸水里一涮，捞出后蘸料吃。

还有一种说法，传说当年元世祖忽必烈统帅大军南下远征，一日，人困马乏，饥肠辘辘，他猛想起家乡的菜肴——清炖羊肉，于是吩咐部下杀羊烧火。正当伙夫宰羊割肉时，探马飞奔进帐报告敌军逼近。饥饿难忍的忽必烈一心等着吃羊肉，他一面下令部队开拔一面喊："羊肉！羊肉！"厨师知道他性情暴躁，于是飞刀切下十多片薄肉，放在沸水里搅拌几下，待肉色一变，马上捞入碗中，撒下细盐。忽必烈连吃几碗翻身上马率军迎敌。在筹办庆功酒宴时，忽必烈特别点了那道羊肉片。厨师选了绵羊嫩肉，切成薄片，再配上各种佐料，将帅们吃后赞不绝口。厨师忙迎上前说："此菜尚无名称，请帅爷赐名。"忽必烈笑答："我看就叫'涮羊肉'吧！"从此"涮羊肉"就成了一道宫廷佳肴。

第三种说法则认为，涮羊肉又称"羊肉火锅"，始于清初。在18世纪，康熙、乾隆二帝举办几次规模宏大的"千叟宴"，其中就有羊肉火锅。后流传至市肆，由清真馆经营。《旧都百话》云："羊肉锅子，为岁寒时最普通之美味，须于羊肉馆食之。此等吃法，乃北方游牧遗风加以研究进化，而成为特别风味。"于是这种做法流传下来，并在

20世纪50年代位于前门大街的壹条龙店门脸

北京流行开来，经过不断改进，大铁锅换成了精制的小铜锅，调味品用中原的物产——芝麻酱、韭菜花、酱豆腐等，涮羊肉的滋味就更加鲜美了。

"涮羊肉"是北京的传统风味，历史悠久，素以选料精细、肉片薄匀、调料多样而著称。原料以内蒙古产的羔羊为最佳，只用其"上脑""小三岔""黄瓜条"等五个部位的肉，并剔去筋膜和骨底，经冷冻压实，切片码在盘中。北京涮羊肉凭着其特点优势成为当今北京美食一绝。

壹条龙的历史

前身：南恒顺羊肉馆

壹条龙饭庄最初叫作"南恒顺羊肉馆"，由山东禹城一韩姓人于清乾隆五十年（1785）创建，取永远兴旺、事事顺心之意。

老字号新故事

当年，在山东禹城一带回民众多，其中一部分人在中国北方各省城镇做羊肉买卖。旧时北京的羊肉铺绝大部分是由山东人经营的。大约在清乾隆四十四年（1779），山东禹城韩家寨一位十四五岁的韩姓青年，从山东来到北京谋事，经家乡人介绍在东四牌楼一羊肉铺学徒。当时的东四是北京通往通州的要道，来往客商众多，人群聚集，是重要的商业区，极为兴旺。该羊肉铺既卖生羊肉，也加工、销售自制的烧羊肉、酱牛肉、白羊头肉等熟食，还烙芝麻烧饼等食品，生意很好。这个青年在这间肉铺一干就是三年的时间，他聪明好学，人缘也好，很快掌握了各种食品的制作技术。

出师后，他又在柜上干了一年多，后来离开了这家铺子自己单干。开始是在东四牌楼南摆摊儿，取字号为"南恒顺"。后来随着生意越来越好，就在前门大街路西找了块地方做买卖。前门地区更是繁华，他凭借着苦学的手艺，买卖很快就颇有起色，不仅盖了房，还招了伙计，从此南恒顺便在前门大街站住了脚跟，为日后发展奠定了基础。

清同治末年到清光绪初年（1875年左右），南恒顺传到了韩家第六代韩同利时，已从简易的房屋翻盖成了正式的房屋，但只是在前门大街路西建起了一间门脸的筒子房，店铺的门脸在前门大街，后门在珠宝市街，房上边

壹条龙牌匾照片

还有个暗楼（清代，前门外大街是皇帝每年去天坛祭祀的必经之路，路又远，不如今天的宽敞。为防范刺客，规定不准在前门外大街造"明楼房"）。而且在过去只卖生肉和一些熟肉的基础上，经营品种也增添了涮羊肉、炒菜、杂面、抻面等。它的涮羊肉、绿豆杂面、芝麻酱烧饼等食品选料精、加工细、投料足、佐料全，深得广大顾客的称赞，并且经久不衰。店里的伙计也增加到了十几个人。他们待客和气，肉拾掇得干净，生意也日渐兴隆。

"壹条龙"的由来

清光绪二十三年（1897）春末的一天，南恒顺来了两位顾客，一位约20多岁像主人模样，另一位40多岁则像仆人。像仆人者为主人点了涮肉、清真菜肴及几样清真小吃，摆了满满一桌子。主人边吃还边对侍立一旁的韩掌柜说说道道，既夸肉嫩菜醇点心香，又指指点点此道菜须增色，哪个点心可添味。吃完却没钱付账。店员正欲讨账，韩掌柜看这两个人不像诓吃的人，便笑着说："没关系，您二位请便吧！什么时候方便带来就行了。"随后又轻言教导店员："没听见他刚才的一番品评？就他提出的改进意见，亦足够餐资。记住按客人所说改进便罢，无复多言！"

第二天，一个宫里的小太监把钱送来，大家才知道，头天那个像主人

1985—2004年期间位于前门大街的壹条龙店门脸

的年轻人就是光绪皇帝。韩掌柜立即将头天皇帝坐过的凳子和用过的火锅，当作"宝物"供奉起来，用黄绸子包好，不许别人再用。同时照着光绪皇帝就餐时的"口谕"，多次向清宫御膳房的御厨请教，改进了涮肉的风味与菜点的色香味，推出系列"宫廷御点"。

"壹条龙"（过去把皇帝称作龙）在南恒顺吃饭的事很快在北京传开，人们便将南恒顺称为"壹条龙"。但在那时随便称龙是有罪的，所以直到辛亥革命推翻了清王朝的统治才得以改名为"壹条龙"。1921年8月，店掌柜请原任清朝工部正七品笔帖式（秘书）杨铎声题写了"壹条龙"牌匾，正式挂在门头至今。

壹条龙羊肉馆的发展

清光绪二十六年（1900）前门大栅栏失火，直烧到了前门大街，南恒顺也未能幸免，光绪皇帝的"宝座"也毁于这场大火，此后，各店铺都筹建新店，盖上了新房，重整旗鼓，南恒顺南侧邻街的一家杂货铺因无力重建，便将地皮卖给了南恒顺。借此机会南恒顺建起了一座拥有三间门脸，两层暗楼的店堂。

清末民初，前门火车站来往的客人众多，但是前门一带清真饭馆少，而且大多数饭馆夜间是不营业的，只有壹条龙饭庄24小时营业，顾客日夜不绝，人群庞杂，有久居北京的各族人民，也有来自新疆、宁夏、内蒙古等地的各族人民，尤其在西北各地信仰伊斯兰教各族人民中，有很多人一下火车就直奔壹条龙用餐，到现在一些老人还特意来壹条龙。

但随后由于战乱频仍，社会动荡，壹条龙生意逐渐衰落，到20世纪40年代已难以为继。

1949年后，壹条龙又重获新生，生意好转。1956年公私合营后得到了新的发展，职工从20多人发展到50多人，营业额也大幅度增加。可是到了"文化大革命"时期，壹条龙和其他老字号一样，受到了严重的冲击，"壹条龙"的牌匾被摘下，换上了"利群饭馆"，直到1982年才恢复了老字号，从挡煤的木板中，把老匾额找了回来，经过翻修，重新将"壹条龙羊肉馆"挂在了门头。

2004—2005年期间位于前门大街的壹条龙店门脸

时光荏苒，1983年夏初，壹条龙饭庄不慎失火，店房被烧毁，新店于1985年秋天落成，这是具有伊斯兰教风格的三层宽敞明亮的店堂。到了1988年，饭庄又在伊斯兰风格的基础上进行了扩建。重新开业的壹条龙仍经营北京清真菜肴，其代表菜有：油焖大虾、扒两样、扒肉条、盐爆肚儿条、番茄牛肉、烧牛尾、香酥鸡等。2004年12月饭庄重新进行店内装饰，突出清代庭院风格。为三层楼房，一楼经营正宗北京涮肉，二楼经营清真炒菜，三楼设雅间承包宴席。2005年北京前门大街重新修整，壹条龙饭庄停业，2008年重装后的前门大街对外开放，壹条龙饭庄随着很多坐落于这条古老商业街上的老字号恢复了营业。

2002年，集团以壹条龙品牌为核心，组建了北京壹条龙清真餐饮有限公司，致力于清真餐饮市场，发挥百年老字号的品牌优势，坚持从经营、管理

老字号新故事

壹条龙前门店用餐大厅

和技术上不断创新,并通过发展连锁模式不断扩大经营规模,弘扬清真餐饮文化,传承品牌。续写着老字号的传奇。

壹条龙的经营特色

壹条龙主营清真火锅涮羊肉,独具特色。壹条龙选料细致讲究,所用羊肉均采用肉质鲜嫩的西口羊或北口羊,不用本地羊,加工独特严谨,用来涮制的羊肉首先要经过一天一夜的压肉然后加工成薄如纸翼的肉片,一涮即熟,久涮不老;涮汤采用多种原料调制而成,鲜、白而不浑,具有较高的营养价值。调料采用传统方法调制,香醇味厚,回味无穷。此外壹条龙采用传统铜制火锅,

壹条龙清真火锅宴

用木炭火加热，具有火力旺、燃点高的特点，保证了涮肉的品味和质量。

壹条龙涮肉具有较高的审美价值和营养价值，是传统火锅饮食文化与清真文化相结合的典范，是研究火锅文化与清真文化的重要载体。壹条龙涮肉的炭火锅被评为北京名火锅，深受消费者的喜爱。

壹条龙清真涮羊肉技艺——四大特点

选料精

壹条龙有专人在德胜门外的马甸选购西口羊或北口羊，西口羊指的是甘肃、宁夏一带出产的羊，具有团尾（尾向内卷）、骨架小、粉肉白腰、鲜嫩不膻等特点，因在黄河河滩一带生长，故又称为"滩羊"。这些专门精选的"滩羊"最大者可达到五六十斤。而北口羊指的是张家口、张北、库伦等地生长的羊,品质仅次于西口羊。从西口和北口赶羊的羊贩子都聚集在马甸一带,北京较大的羊肉铺和羊肉馆都会到这里来囤货。壹条龙饭庄由马甸买回的羊,在打磨厂西喂养,等养肥了再宰,随宰随卖,保持肉的新鲜。并且涮锅所用的上百种原辅料均为定点特供。

加工细

宰羊后,砍下后腿,在干净的地方放好天然冰,上面盖上一层席子,把羊后腿放在上面,肉上盖油布,油布上压冰,叫作"压肉"。经过一天一夜的压制,羊肉中的血汤和杂质、膻味被去除,而且压过的肉挺直好切。这种压肉比冻肉好,因为冻肉破坏了肉的组织,失去了嫩的口感和香味。把压好的肉切成8寸长,像刨花形的薄肉片,因肉切得薄,自然打卷成刨花形。肉切好后按照黄瓜条、上脑、磨裆、小三叉、大三叉等不同部位分盘,顾客吃嫩的就上黄瓜条、上脑、磨裆,如果要求吃肥的就上小三叉、大三叉。

佐料全

多种涮肉蘸料均由数十种原料调制。有高级酱油、醋、小磨香油、酱豆腐、卤虾油、生熟芝麻、米酒、辣椒油、糖蒜、白菜头、粉丝、小芥菜、咸韭菜、酸菜、口蘑等。比较有名的如:传统麻酱蘸料、奇妙海鲜蘸料、宫廷御锅蘸料等,均为独家秘制,吃起来柔嫩、汤香、佐料美。

主食香

一般吃涮羊肉主食是烧饼,壹条龙的烧饼也有其独到之处,和面一盆10斤,9斤死面加1斤发面,放2斤2两的芝麻,制作时先在铛上烙,然后放在炉中烤，先烤底，再烤芝麻面（只是照一下），烧饼层多，要达到 15—18 层，熟透后外焦里嫩，香酥适口，传承了宫廷特色面点，工艺考究，一品多味。尤其是壹条龙蟹壳烧饼采用传统制法，外焦里嫩，层次分明，口味香酥。

壹条龙的荣誉

壹条龙经营涮羊肉已有 220 多年的历史，一直延续传统的铜质炭火锅吃法，具有选肉精、加工细、佐料全、主食香的四大特点，堪称京城涮羊肉之"正宗"。壹条龙清真涮肉炭火锅被评为"北京名火锅"。壹条龙饭庄也成为京城经营清真菜肴的著名饭庄。

2006 年壹条龙被中华人民共和国商务部认定为首批"中华老字号"。

2007 年壹条龙清真涮肉制作技艺被列入北京市非物质文化遗产保护名录。

2011 年，涮羊肉经专家认定为"京城特色佳肴"。

2013 年 9 月，壹条龙参加"2013 北京国际美食盛典第六届北京清真美食文化节"，为集团清真产品化生产积累经验。为适应大众消费的需求，落实转型升级，着力打造特色，培育新的盈利空间，壹条龙在延续清真传统炭火锅的基础上，拓宽思路，大胆创新，增加了清真烤鸭等菜品，得到了大众的认可。调整了品牌的招牌菜，进一步集中技艺优势，凸显招牌特点。同时，根据节令，推出了二十四节气特色产品，为顾客提供便利的同时，使中国传统饮食文化深入人心。目前各招牌菜已实现原料、调料、烹制、出品标准化。

（北京便宜坊烤鸭集团有限公司）

老字号新故事

北京最有特色的自制饮品
——锦馨豆汁儿食俗

提起北京小吃,首先让人想起豆汁儿。北京人爱喝豆汁儿,并把喝豆汁儿当成是一种享受。可第一次喝豆汁儿,那犹如泔水般的气味使人难以下咽,捏着鼻子喝两次,感受就不同一般了。有些人竟能上瘾,满处寻觅,排队也非喝不可。《燕都小食品杂咏》中说:"糟粕居然可作粥,老浆风味论稀稠。无分男女齐来坐,适口酸盐各一瓯。"并说:"得味在酸咸之外,食者自知,可谓精妙绝伦。"

豆汁儿起源于何时,一说早在辽、宋时就是民间大众化食品,距今已有1000年的历史;一说于清朝初期,是制作豆腐粉房偶尔发现的。爱新觉罗·恒兰在《豆汁儿与御膳房》一文中做了确切的考证。在乾隆十八年(1753)夏季,民间一粉坊偶然发现用绿豆磨成的粉浆发酵变酸,尝起来酸甜可口,熬熟后味道更浓。于是,在民间开始饮用,逐渐在北京流行起来。后来受到皇家的

老店排队购买豆汁儿场景

北京最有特色的自制饮品

赏识。乾隆曾下谕："近日新兴豆汁一物,已派伊立布检查,是否清洁可饮,如无不洁之物,着蕴布招募豆汁匠二三名,派在御膳房当差。"于是,源于民间的豆汁儿也成了宫廷的御膳。

《北平风俗类征》介绍:"豆汁是北平特有的一种食品,别处的人既没有机会喝它,也没有胃口喝它。它的样子有点像豆浆,但颜色较豆浆稍青,而且豆浆是豆腐的前身,豆汁却是做绿豆粉条或粉团时剩下的一种液体经过发酵而成的。"正因为豆汁儿经发酵而成,有股特殊的酸味,初次食用的人往往接受不了,故民间有种说法,"不喝豆汁儿,算不上地道的北京人"。当年,张作霖的奉军进京后,几个军官想尝点北京特产,有人给他们推荐了豆汁儿。老板娘把豆汁儿端上来,几人刚喝就大骂起来:"你拿馊泔水蒙老子!"要不是旁桌食客极力解释,他们非把老板娘毙了不可。这段有趣的往事,许多老北京人都知道。

豆汁儿实际上是制作绿豆淀粉或粉丝的下脚料。它用绿豆浸泡到可捻去皮后捞出,加水磨成细浆,加入不少于八倍的浆水倒入大缸内发酵,经一夜沉淀,沉入缸底者为淀粉,最上飘浮一层灰绿色、质地较浓的即是生豆汁儿。发酵后的豆汁须用大砂锅先加水烧开,再兑进发酵的豆汁儿烧开,用小火保温,随吃随盛。豆汁儿虽然其貌不扬,但一直受到北京人的喜爱,原因在于它极富蛋白质、维生素C、粗纤维和糖,并有祛暑、清热、温阳、健脾、开胃、去毒、除燥和美容等功效。俗话说:"每天喝一碗豆汁儿,各种疾病不着身。"

豆汁儿是雅俗共赏、贫富皆宜的食品,1949年前从皇宫官府到平民百姓,再到三教九流,都喜欢喝。京剧表演大师梅兰芳就极为喜欢喝豆汁儿。抗战期间居住上海蓄须不出,弟子言慧珠自京赴沪演出,特带四斤装大瓶灌满豆汁儿,以尊师长,被传为佳话。北京出生的"西部歌王"王洛宾仙逝前，是喝完一口豆汁儿后，才乘鹤归去的。

一碗豆汁儿，犹如一杯思乡酒，将人的心境化为灵境，或安于归隐，或作别人世。环境文学研究会的奉春先生，聊到北京小吃时说："北京小吃不少，但最具有特色的只有两样：豆汁儿和臭豆腐。尤其是豆汁儿，称得上京城独一份，别处绝对没有。"除了"老北京"，一般人还享受不了这个口福。若是离了它，老北京人还真馋这口儿。

有一年的春节晚会里，就介绍了一位从美国归来的老华侨，在北京四处寻找豆汁儿不得而引发的回忆，再现了他对北京小吃的怀念之情。在北京，喝豆汁儿口有同嗜，不分贫富、老少、男女。卖力气的苦哈哈，一脸渍泥儿，坐小板凳儿，围着豆汁儿挑子，啃豆腐丝儿卷大饼，喝豆汁儿，就咸菜儿，固然是自得其乐。府门头儿的姑娘、哥儿们，不便在街头巷尾公开露面，和穷苦的平民混在一起喝豆汁儿，也会派底下人或是老妈子拿砂锅去买回家里，重新加热，大喝特喝。而且不会忘记带回一碟那挑子上特备的辣咸菜。

老北京豆汁儿食俗

喝豆汁儿也有"生喝"与"熟喝"之分，生喝就是将从店里打来的生豆汁儿直接饮用，据说是营养不流失的一种喝法，而熟喝就是将生豆汁儿经过熬制，趁热喝。

看似平凡的豆汁儿，竟这样受到京城百姓的宠爱，它真是这么诱人吗？其实按照中国人对饮食"色、香、味"的评判标准，这豆汁儿那"馊半街"的味道还真的有些另类。而且，喝豆汁儿也有标准动作。梁实秋总结过，喝

北京最有特色的自制饮品

豆汁儿品的是个"酸、辣、烫"这"三字经"。喝豆汁儿之妙，首先在于酸。这种酸，不同于醋酸，也不同于杏酸，更不是青梅和杨梅的酸，而是一种馊腐发酵的怪酸。其次是辣。喝豆汁儿没有空着嘴喝的，都要就着咸菜。这咸菜也有讲究，要用大腌萝卜切成极细的丝儿，再浇上辣椒油，又香又辣，辣得人舌尖儿发麻，越辣才越能喝。最后是烫，越烫味儿越浓，烫得只能小口吸溜儿，不能大口猛灌。这样喝，才是最正宗的喝法。北京人爱喝豆汁儿，并把喝豆汁儿当成是一种享受。尤其是五十岁以上的人，差不多都有一份"豆汁儿情结"。

锦馨豆汁儿与焦圈儿

由于政界、梨园界的偏嗜和光顾，老北京的豆汁儿文化风光一时。早年北京城内卖豆汁儿的遍地皆是。过去北京每年8月开始卖豆汁儿，分生熟两种。卖生豆汁儿的小贩常常兼卖麻豆腐、青豆、黄豆。人们把生豆汁儿买回家后煮熟，再就着咸菜丝儿吃。熟豆汁儿被老北京人称之为"豆汁儿粥"，喝时就辣咸菜丝儿，或春菜丝儿（把腌芥菜切成细丝儿，拌上炸过的花椒油、米醋），味道酸辣麻，别具一格。旧时卖豆汁儿的小贩多是挑着担子走街串巷，吆喝着"甜酸嘞——豆汁儿喔"。担子一头是生着炭火、煨着豆汁儿的大锅；另一头是个四方形木案（饭台），码着一大盆辣咸菜及碗筷，下层的木盒里放着炸好的焦圈儿。生意开张后，喝豆汁儿的人围在饭台旁，坐在小贩带来的白茬儿（不上漆的）小凳上，品着味道浓郁的热豆汁儿，吃完浑身舒坦,真是要多美有多美。一碗烫嘴的豆汁儿,几个酥脆的焦圈儿和一小碟咸香的酱菜,几乎成了北京小吃的象征。

有人说,豆汁儿是老旗人的吃食,其实对豆汁儿的喜爱并不局限于民族,也不拘贫富。旧时,有穿戴体统者,如果坐在摊上吃灌肠或羊霜肠,就会被人耻笑,但在摊上喝豆汁儿则不足为耻。卖豆汁的照例是从粉房将生豆汁儿趸来,挑到庙上,就地熬熟。前边设个长条案,上摆四个大玻璃罩子,一个放辣咸菜;一个放萝卜干;一个放芝麻酱烧饼、"马蹄"(此系另一种形式的烧饼,状如马蹄,故名。有椒盐马蹄、两层皮的水马蹄之分);一个放"小焦圈儿"的油炸果。案上铺着雪白桌布,挂着蓝布围子,上面扎有用白布剪成的图案,标出"×记豆汁"字样。夏天还要支上布棚,以遮烈日。经营者通常为一至二人,不停地向游人喊道:"请吧,您哪!热烧饼、热果子,里边有座儿哪!"

豆汁儿虽不是高档食品,但富含蛋白质、脂肪、维生素和钙、铁等微量元素,营养丰富。具有祛暑、消热、解毒、消肿、开胃、健脾、美容等功效。

锦馨豆汁店的历史

清朝末年时,一位姓丁的回民在北京卖豆汁儿出了名,世代传承。到了第三代丁德瑞身上,丁德瑞心细手又巧,从小就跟着父亲卖豆汁儿,到他接班后豆汁儿生意果然超过了父辈。民国初年,丁德瑞在西花市路北火神庙前设了固定的摊点,每天中午开始营业,摊前摆一长案,案前摆长凳,案上放两个大玻璃罩,内放大果盘,盘中备有辣白菜、酱黄瓜、小酱萝卜、腌苤蓝等切成细小的辣咸菜,还备有辣椒油,食品有烧饼、焦圈儿等。此外,案

北京最有特色的自制饮品

上还摆两个大木牌，写着"两域回回""丁记豆汁"，人称其为"豆汁丁"。在京城崇外、花市一带很有名，因其豆汁儿质量好，焦圈儿脆，咸菜丝儿香，很受顾客欢迎。平时来喝豆汁儿多为常客，几乎每日光临。逢花市集，案前长凳前常坐满人，可谓生意兴隆。

老店炸焦圈儿场景

1958年1月，饮食业摊商实行合作化，崇外大街、西花市、蒜市口的回民摊商合并在一起，在蒜市口开设"蒜市口小吃店"，豆汁丁也在其中。经营品种有各种小吃，豆汁儿是小吃店的主要品种，由豆汁丁负责制售。豆汁丁去世后，该店的豆汁儿仍一丝不苟地按原来做法制作，确保了质量。

1976年，小吃店更名"锦馨豆汁店"，更为名副其实。当时，北京销售豆汁儿者多达28户，摊商、坐商各占一半，叫"豆汁店"的只此一户。

1997年在全国首届中华名小吃认定活动中，锦馨豆汁儿被认定为"中华名小吃"。

2000年修建两广大街时，锦馨豆汁店拆迁，消失在老北京人的视线里。

2001年按照北京市小型企业改制的有关精神，锦馨豆汁店实行改制，与饮食公司脱钩（租壳卖瓤），饮食公司对其品牌进行管理，拥有商标权。

2002年北京先达饮食集团公司（原崇文饮食公司）与哈德门饭店合并，成立北京便宜坊烤鸭集团有限公司，锦馨豆汁儿的品牌管理和商标权归属北京便宜坊烤鸭集团有限公司。

2007年以锦馨豆汁儿为代表的"北京豆汁食俗"被列入北京市非物质文

化遗产保护名录。

2013年6月6日，便宜坊集团旗下消失已久的锦馨品牌在天坛北门重新开业。

目前，北京便宜坊烤鸭集团以特许经营的方式，将锦馨豆汁店采取特许经营形式由个人经营。久负盛名的榄杆市锦馨豆汁店（1958年至今的老店），现已开设了四家分店。在位于天坛北门的锦馨豆汁分店里，50平方米左右的店堂里顾客熙熙攘攘，络绎不绝，场面十分火爆：既有独自一人闷头细品的，也有一家三口围坐在一起愉快吃喝的，甚至还有提着大口玻璃瓶或塑料桶买了带走的。店里的服务员对豆汁儿仍能得到这么多人的青睐而感到高兴，锦馨豆汁店传承了"豆汁丁"的制作工艺，为多元的北京地方美食文化增添了一抹靓丽的色彩。

锦馨豆汁店老店门脸

2013年锦馨品牌恢复后新店门脸

（北京便宜坊烤鸭集团有限公司）

寿膳技艺的百年传承
——颐和园听鹂馆饭庄的前世今生

听鹂馆的建筑与历史

在北京著名的"三山五园"中,清漪园是乾隆帝最后修建的皇家园林,区别于圆明园等其他园林,清漪园取自然山水为景,使用中国传统的造园艺术手法,完美地创建了一座山水园林。位于北京西北郊海淀辖区内的颐和园,是其中现存最大最完整的皇家园林。颐和园始建于乾隆十五年(1750),当时名曰清漪园,被乾隆皇帝誉为"何处燕山最畅情,无双风月数昆明"。咸丰十年(1860),清漪园被英法联军烧毁,光绪十四年(1888)重建并改名为颐和园,在晚清国家政治、外交、宫廷生活中发挥着重要的作用。颐和园西与西山、玉泉山接壤,北以香山为屏,东和圆明园、北京大学临近,南距北京城区约15公里。园内由远山近水彼此烘托、映衬形成优美的自然风貌。园林主体结构是由万寿山、昆明湖组成的"福山寿海",是在自然地貌基础上经过人工精心改造雕琢而成,背靠西山,面俯都城,湖山之胜冠绝京师。园内的建筑、雕饰、彩画、牌匾无不体现着期盼"长寿安康"之意,营造了浓郁的"祝寿"氛围。

1751年是乾隆的母亲60岁大寿,一向强调"孝治天下"的乾隆皇帝于1750年决定在西湖瓮山风景区建造一座园林,为母亲祝寿。他下旨在瓮山圆静寺旧址兴建大型佛寺"大报恩延寿寺",发布上谕将瓮山改名为"万寿山"。同时,他又下旨整治西湖水系,并改名为"昆明湖"。万寿山南麓沿湖一带的厅、堂、亭、树、廊、桥等成片的园林建筑也陆续破土动工。乾隆借《诗经·伐檀》中"河水清且涟漪"的诗句,将这座园林命名为"清漪园"。1764年清漪园全部完工,前后历时十五年。园内的各种建筑物和建筑群组共计101处。此外,还有园林小品、碑碣、摩崖石刻、桥梁等。整座园林从构思、布局到装饰细节无不体现了祈福祝寿的美好愿望,如从空中鸟瞰,万寿山山体形似蝙蝠,昆明湖水面形似寿桃,寓意着"福山寿海";而昆明湖中三座岛屿象征着"蓬莱""瀛洲"和"方丈",自古以来便是人们追求长生不老的仙山;还有建筑彩画中无以计数的"福寿"吉祥图案等。乾隆皇帝后来在《万寿山昆明湖记》中,也明确表达了祝寿是建造清漪园的主要意图之一(此外还有治水的目的)。

在1860年后,慈禧重修清漪园,改名为颐和园。今天的听鹂馆饭庄背靠万寿山,面向昆明湖,它是以黄鹂鸟的叫声比喻戏曲音乐的优美动听而得名。光绪十八年(1892)后,这里又成为慈禧太后宴请外国

慈禧太后在颐和园的画像

使臣,及宠臣、宫廷女眷们看戏、听音乐和饮宴的重要场所。

在听鹂馆的院落里,感受最深的是处处洋溢着的"福寿文化"和中国传统的孝道文化。世人皆知,乾隆非常孝敬自己的母亲,他曾为母亲办了五旬、六旬、七旬、八旬四次"整寿"的大庆,每逢圣寿,先进寿礼九九,亲制贺寿诗文,贡献如意、佛像、冠服、簪饰、金玉、玛瑙、水晶、珐琅、瓷器、花果、外国珍品等,无不具备。乾隆曾在听鹂馆戏台表演节目,为他母亲庆祝生日。在听鹂馆福寿厅,有乾隆为他母亲庆寿时的题诗一首,描述了当时在听鹂馆过生日时的盛大场景。听鹂馆有大小八个餐厅,都以"寿"字命名。

听鹂馆门口正上方的匾额"金支秀华",由慈禧太后亲笔所书,四个字的意思是指装饰得非常华丽、高雅的乐器,表示这里是演奏宫廷乐曲的地方。匾额上面的三方印章,中间的那枚是"慈禧皇太后御笔之宝",这是慈禧署名的印章,另两方属于"闲章";左边的是"和平仁厚与天地同意",意思是其胸襟如同天地一样,平和仁爱宽厚,以深厚的德泽养民育物;右边的是"数点梅花天地心",这句诗选自宋朝诗人翁森《四时读书乐》里《冬读》中的"读书之乐何处寻?数点梅花天地心",指读书的乐趣该到哪里去寻找呢?且看那寒冬雪地之间,那几朵盛开的梅花,我们从中能体会出天地孕育万物的灵性啊!这一组印玺被称为"三方佛爷宝",是慈禧太后题写匾额的惯用形式,听鹂馆内的其他三块匾额都盖有"三方佛爷宝"。

1949年以来,颐和园听鹂馆被辟为国家政事外交场所,以宫廷寿膳接待了毛泽东、周恩来、邓小平等100多位领导人和200多个政府代表团,末代皇帝溥仪的胞弟爱新觉罗·溥杰先生为听鹂馆题字"宫廷寿筵"。

颐和园听鹂馆寿膳厅面积有233平方米,坐北朝南,面向戏台,是听鹂

爱新觉罗·溥杰给听鹂馆题字

馆规格最高、最为豪华的餐厅，可以同时容纳八十人就餐。当年慈禧就是在这个餐厅看戏和举行宴会。餐桌后的这面屏风是"百鸟朝凤"，由红木雕刻而成，做工精良，寓意慈禧太后有着凤凰一般无上的尊贵。新中国成立后，周恩来总理曾在寿膳厅宴请外交使者和民主人士，现在这张桌子就是当年周恩来总理宴请贵宾的餐台，现命名为历史名人专桌。

屋顶上方有四块匾额，匾额大小一致，用洒金蜡笺纸书写，字体均为宫廷中惯用的馆阁体。这四块匾额上有七首诗，其中一首《冷泉亭》是元代诗人所写，其他六首是唐诗。七首诗文中有一首描写了杭州灵隐寺著名的冷泉亭，三首描写了皇家盛宴和宅邸的宏大场面，两首描写桃花盛开、雪花飞舞的美好景色，还有一首是送别诗。

听鹂馆寿膳制作技艺的传承和特点

颐和园是慈禧太后晚年的颐养之地，在晚清国家政治、外交、宫廷生活中发挥着重要的作用。因风景秀丽、气候宜人，帝后的万寿宴常选在颐和园举行，因此而留下了全套的宫廷寿膳制作技艺和庆寿场所。据北京市地方志编纂委员会编著、北京出版社出版的《北京志·世界文化遗产卷·颐和园志》记载，"慈禧60岁、63岁、68岁、69岁、70岁万寿庆典，光绪皇帝万寿节等"均在颐和园举行。

听鹂馆寿膳制作技艺是对清朝帝后寿诞宴制作工艺和流程的继承与发展的成果结晶。光绪朝之后，颐和园内设寿膳房与御膳房。清朝统治结束后，园内御膳房和寿膳房予以解散，尔后在颐和园内成立了听鹂馆励志招待社和万寿山食堂，部分御厨因生计选择继续在颐和园内工作，其中有王宝山、刘德俊、陈泉山。王宝山为寿膳房名厨，他善做"抓炒"，被称为"四大抓"——抓炒里脊、抓炒鱼片、抓炒腰花、抓炒大虾。他们在烹饪制作过程中沿用宫廷寿膳的制作技艺，并收徒传艺，使寿膳制作技艺得以有序传承。具体传承谱序为：第一代传人王宝山、陈泉山、刘德俊；第二代传承人黄恩顺、德永顺、冯万顺、王福友、赵德民、刘志堂等；第三代传承人李晓静、周桂福、左丰收、赵志强、

1949年前的听鹂馆老职工合影

韩银超；第四代传承人崔勇、徐维国、宋国亮、陈建刚、郑涛等。

听鹂馆宫廷菜传承自清代紫禁城御膳房，最大的特点是浓汤厚味又不失软糯清雅、绿色健康。清代的宫廷菜有下面三个来源：一是继承了明代御膳房的菜肴，其中大部分是山东菜；其次是满族、蒙古族特有的风味菜，如饽饽、火锅等；还有一部分是从各地民间传进宫廷，经过精雕细刻的民间菜和风味小吃，如豌豆黄、芸豆卷和小窝头。概括来说，宫廷菜有三最，一是最健康，宫廷菜少辛辣，原料考究，做工精细，少用油盐；二是最中庸，宫廷菜兼容博采，取各大菜系之所长，烹调技法全面，风格庄重大气，符合不同地域客人的口味，非常契合京城包容厚德的文化氛围；三是最人性，为方便食用，很多菜品都以茸状肉类原材制成，吃起来软糯清香、入口即化。听鹂馆寿膳制作技艺于2009年被列入北京市非物质文化遗产保护名录。

颐和园听鹂馆寿膳制作技艺的特点是采用炖、焖、煨、蒸、煮、熬、

听鹂馆厨师长研究菜品

炒、炸、烧、扒、煸、焗、炝、拌、汆、烘、酥、焙、堆、拼、淋、蜜汁、羹等多种烹饪方法，在造型手段上主要是用"围、配、镶、瓤"等技艺。"围"是以菜围荤，以小围大，主料制成后，在外围上时令菜蔬；"配"是指成菜的原料由两种以上主料搭配协调合制而成；"镶"是将一种经过加工的原料点缀在另一种原料之中；"瓤"是将原料加工成茸、泥、丝、粒等，抹在或装在成形的原料托子内，使菜肴饱满鲜亮。

以颐和园听鹂馆寿膳制作技艺烹制而成的代表性宴席有：万寿无疆席、福禄寿禧席、延年益寿席、吉庆有余席、普天同乐席、江山万代席、万年如意席、福寿万年席、膺寿多福席等，还有全鱼宴、全鹑宴等。其中以"万寿无疆席"最具特色和代表性。万寿无疆席是由"万""寿""无""疆"四个字打头的四道主菜誉名，即"万字燕菜卷""寿字人参鸭""无字散花鱼""疆字闹海虾"，辅以其他热菜以及干果、鲜果、蜜饯、面果、冷荤、宫廷点心、宫廷小吃等。不仅营养美味，更契合了人们追求福寿安康的美好愿望。

听鹂馆寿膳代表作品赏析

听鹂馆寿膳中，有几道经典的宫廷菜肴悠远流传至今，宫门奉鱼、红娘自配、生片鱼锅、宫廷小吃都各有各的故事和传说。

宫门奉鱼据说是当年乾隆皇帝做寿，宫门大开，宫灯高挂，热闹非凡，一个渔夫打鱼归来路过宫门口，得知是皇帝做寿，就从自己打捞的鱼中挑了一条最大的鱼奉献给皇帝，御厨精心设计，把这条鱼做成一鱼两吃，两头干烧，中间做成清淡可口的溜鱼片，呈给皇上，乾隆爷知道了鱼的来历后，便赐名为"宫门奉鱼"。

关于红娘自配，相传清朝同治年间，宫廷内规矩重重，其中一条就是：每年选一批宫女，同时要"遣散"一批超过25岁的超龄宫女。当时，慈禧太后身边有四名超龄宫女，御厨梁会亭的侄女梁红萍时年已经26岁了。慈禧使用梁红萍得心应手，执意不放其出宫。梁会亭心想，侄女这么大了，再不离宫岂不误了终身大事。于是，梁会亭根据《西厢记》中的一段故事情节，做了一个"红娘自配"的菜奉敬慈禧，意欲打动慈禧太后的心，使之快点放走超龄宫女和自己的侄女。慈禧是有心人，她边吃边琢磨，最后成全了四名宫女，从此，"红娘自配"这一名菜便流传民间。

生片鱼锅是给慈禧太后过寿时上的最后一道汤菜，其中包括鱼肉、鸡肉、虾肉、粉丝、鸡蛋酥、青菜。纯铜打造的鱼锅周身镂空，迸发出的火苗非常旺盛，祝福客人的生活事业如这火苗般红红火火、蒸蒸日上。

豌豆黄、芸豆卷的故事也颇有趣味，相传一天，慈禧在北海静心斋的院子里纳凉，忽听墙外传来一阵敲打铜锣的叫卖声，慈禧便问她身边的侍女，外面是干什么的，侍女告诉她是做小买卖的，卖的是豌豆黄、芸豆卷。慈禧听后感到很新奇，便立即叫她身边的宫女给她买一些尝尝，当时天气很闷热，慈禧吃了买来的豌豆黄、芸豆卷，感觉非常适口、清爽，香甜细嫩，入口即化。第二天她便把做小买卖的请进宫中，专为她制作豌豆黄、芸豆卷。豌豆黄和芸豆卷成为慈禧非常喜欢的一种小吃。

相传八国联军进攻北京时，慈禧在外逃西安的途中饥饿难忍，随员找来窝头，慈禧一会儿就吃没了，感觉很好吃。回到宫中，她又继续过上衣食无忧的生活，时间长了就不知道吃什么了，一天，忽然想起了在逃难的路上吃的窝头很好吃，于是下令让御膳房的厨师给她做，御厨心想，如果仍按百姓人家做法，慈禧肯定难以下咽，于是把面磨得很细，里面加上鸡蛋、桂花、白糖，做成非常小巧的窝头，慈禧吃后微微点头，好像和逃难时吃的窝头味道差

2008年8月20日服务员搀送萨马兰奇和夫人

不多，以后这种小窝头便留在宫中，作为她调剂口味的食品。

圆梦烧饼的故事更具梦幻色彩，相传慈禧在颐和园乐寿堂睡觉时做了一个梦，梦见吃了一种夹肉的芝麻烧饼。可第二天清晨醒来发现是自己做的一个梦，正当她回忆梦境时，厨师奉上早餐，一看正是她所梦到的点心，慈禧尝了之后觉得和梦中吃的烧饼味道一样，感到非常高兴，说是圆了她的梦，于是问是谁做的，当差的说是赵永寿，慈禧一听"永寿"二字，暗合心意，当即下令赏他尾翎和二十两银子，从此圆梦烧饼也出了名。

宫廷寿膳是清代宫廷中规格最高、传承至今的帝后寿诞筵席，而颐和园听鹂馆寿膳制作技艺是我国"寿"文化的重要组成部分，是皇家园林颐和园文化内涵的重要组成部分。颐和园听鹂馆在历史上和现在均承担着重要的政治接待和文化传播功能，是国人孝敬老人、生日聚会、祝寿的理想选择。颐和园听鹂馆宫廷寿膳制作技艺是历史留给后人的宝贵财富，集中体现了中国饮食文化的精髓，宫廷寿膳更是作为国宴招待了多国首脑政要。

健康长寿是人之期盼，人之体福，寿膳则是国人敬老孝亲、祝寿传统的

伊丽莎白女王二世在听鹂馆

百岁寿星在听鹂馆亲切交谈

听鹂馆老经理与新班子

方法和最佳形式。因此，颐和园听鹂馆寿膳制作技艺的传承具有深厚的历史文化底蕴和服务现实的功能。听鹂馆的大门永远向来自五湖四海的朋友们敞开，欢迎国内外的朋友来到颐和园听鹂馆领略这其中的文化与魅力。

（北京市颐和园管理处）

小吃大艺
——护国寺小吃店的流金岁月

京城餐饮业久负盛名的护国寺小吃总店创建于 1956 年，现位于护国寺大街 93 号，建筑面积 400 余平方米，与北京人民剧场隔路相对，目前是聚德华天控股有限公司所属的护国寺小吃龙头企业。护国寺清真小吃制作技艺先后入选西城区和北京市非物质文化遗产名录。

历史溯源

说到护国寺小吃店的店史，还得从老北京护国寺庙会说起。据史料记载，护国寺始建于元代，为元丞相托克托故宅，初名崇国寺（北寺），明宣德四年（1429）更名为大隆善寺，明成化八年（1472）赐名大隆善寺护国寺，共有大殿九层。旧时，每月阴历初八有庙市，曾为京城西庙会之冠（旧时称，东有隆福寺，西有护国寺），汇集了京城有名的绝活小吃摊商。他们精美的小吃颇受达官显贵和黎民百姓的赞赏，吸引了京畿四九城的食客。因此，护国寺庙会小吃延续不衰，盛名传遍京城。护国寺庙会从兴起到"闭会"约有 300 年的历史。几百年间庙会盛况不衰,做买卖、耍手艺的,热闹非凡。庙会上的小吃、茶食等是最受欢迎的食品。年糕、灌肠、扒糕、凉粉、爆肚儿、茶汤等小吃品种在食摊上应有尽有。护国寺庙会在 20

护国寺小吃总店门脸

世纪 30 年代十分热闹。逢每月阴历七八号,各式京味小吃食品在此争奇斗艳,各展风姿。

　　1949 年前后至 1956 年公私合营前,北京几乎没有专业小吃店。小吃存在形式有摆摊儿、推车卖、背柜、提篮等,以流动式经营小吃摊点为主,有字号的小吃店铺极少。经营小吃的摊贩们适逢庙会时,会集中赶庙会,因而形成较为固定的摊群,形成了庙会小吃。20 世纪 50 年代中期,政府为恢复市场繁荣,在大力宣传"发展生产,繁荣经济,劳资两利,城乡互助"政策的同时,以贷款、减免税收解决资金不足问题;通过签订劳动合同,解决劳动争议;整顿小商贩,淘汰部分条件较差的食品挑子和提篮叫卖的商贩;对条件稍好的摊贩进行整顿归入市场,固定于街道。这些小吃摊群在公私合营时变流动摊商为坐商。1956 年,政府部门将庙会上颇具名气的茶汤英(英国元)、扒糕年(年德水)、白薯王(王吉福)、经营羊双肠的张大户等十多位摊商组织起来,开办了护国寺小吃店。主要以经营粘货为主,有细馅元宵、清真汤圆、艾窝窝、豆面糕、芝麻年糕、果料年糕、豌豆黄、蜜麻花、糖耳朵、开口笑、豆汁儿、焦圈儿等数十个品种。

从 20 世纪 50 年代末至 1978 年，护国寺小吃业发展缓慢，惨淡经营，处于历史的低谷。1987 年 7 月，北京市物价局、北京市饮食服务总公司发布了《北京市饮食行业价格管理暂行办法》的通知，规定：除油饼、油盐烧饼、馒头、花卷等 18 种大众化食品执行统一售价，包子、饺子、面条执行统一毛利率外，其他小吃品种价格全部放开，由市场进行调节。自此，小吃行业有了转机。

新时代的新发展

餐饮业作为最早实行改革开放的行业之一，市场发展迅速。20 世纪 90 年代，国外洋快餐、全国各大菜系纷纷进入北京餐饮市场，竞争日益激烈。而多年以服务百姓生活为宗旨，靠"毛儿八分"食品当家的小吃店，难敌这汹汹餐饮潮的冲击，遭遇空前的生存危机。

1997 年，舒乙先生为护国寺小吃总店题词　　　　　胡絜青女士品尝护国寺小吃

为了应对日益严峻的餐饮市场竞争挑战，1996 年，护国寺小吃总店的上

— 小吃大艺 —

级单位北京华天饮食集团公司实施改革，从抓"形象工程""早点工程"等入手，对所属护国寺小吃店全面进行了装修改造。1997年，公司领导提拔在小吃行业有丰富管理经验和制作经验的马国华担任护国寺小吃店经理。在公司的帮助支持下，护国寺总店进行了翻修改造，并于同年6月28日开业。乘着装修改造的东风，马国华经理及时调整了经营思路：一是经营思想和观念适应新形势；二是出售的食品既保持老北京风味，又要适应现代人口味变化的需求。为此曾多次拜访老北京小吃的专家胡絜青及舒乙等前辈，并请他们进店指导。特聘请老技师杨伯儒进店传授技艺，将原来傻、大、黑、粗、糟的食品改变为小巧玲珑的精美小吃。虽然环境改变了，但经济实惠、为百姓服务的宗旨没变。护国寺小吃店在经理马国华的带领下，发动职工研究新品种，在保持传统风味的基础上，又增添了奶油炸糕、玛拉糕、小豆糕、佛手酥、苹果酥、寿桃、寿面、姜汁排叉、麒麟酥等品种，还研制了京味小吃宴，使宾客一饱口福。由于就餐环境整洁，小吃质量上乘，品种繁多，吸引了大量的中外食客。在大家的共同努力下，护国寺小吃店的收入和利润如芝麻开花节节高，经济效益持续走红。

　　马国华经理从事小吃行业30年来，始终没有放弃过学习与探索。他不但掌握了清真小吃制作技艺的精髓，而且通过努力将它发展到了一个新的高度。他的拿手绝活有江米炸糕、蜜麻花、螺丝转、枣卷果、松肉、面茶、豌豆黄、艾窝窝等。他不但主动积极地传承这些清真小吃的制作技艺，还带出了不少优秀的徒弟，现都成为企业各岗位的技术骨干，如护国寺小吃店的李秋华、李秀云已经成长为高级面点技师，并走上企业的经理和厨政管理岗位。1999年春节，马国华经理率领4名技术骨干应邀参加了1999年新加坡"春到河畔迎新年"活动，亲自制作了100个驴打滚儿端上了新加坡总理吴作栋的国宴，轰动狮城，自此护国寺小吃登上了大雅之堂。2005年，马国华经理荣获"北京市劳动模范"称号。

1999年，时任新加坡总理吴作栋品尝护国寺小吃

2001年，护国寺小吃店进一步装修改造，突出老北京风格特色，让顾客在品尝老北京小吃的同时，领略老北京风情。将店内房顶四周装饰了绿瓦房檐，墙壁挂上了护国寺庙会画框，屋内四柱挂有小吃典故和名人照片，专设了老北京面人张的面塑展框，老北京小吃文化特色更加浓郁。2011年，护国寺小吃总店进行了翻修扩建，店内经营环境和硬件水平都上了一个新台阶，经营布局更为合理，经营面积扩大近

2006年4月28日，全国政协常委、中国伊斯兰教协会会长陈广元大阿訇为护国寺小吃题词：北京清真小吃第一店

小吃大艺

70平方米，厨房设备更加节能环保，进一步降低了能源消耗，降低了生产成本，促进了企业经济效益大幅增长。如今，护国寺小吃总店已成为北京市著名的小吃店。2006年，是护国寺小吃店建店50周年的庆典，中国伊斯兰教协会会长陈广元大阿訇，亲笔以阿拉伯文题写了"北京清真小吃第一店"的题词。

现在的护国寺清真京味小吃，以庙会经典品种为主。经过多年的发展，品种也有很多变化，日常经营的品种有艾窝窝、豆面糕、芝麻年糕、果料年糕、豌豆黄、蜜麻花、开口笑、薄脆、焦圈儿、豆汁儿、小豆粥、杂碎汤、鲜豆浆、杏仁豆腐、莲子粥等近百个。护国寺清真小吃制作技艺是纯手工工艺，尤其是一些象形食品和一些具有历史典故的小吃是民间技艺和宫廷制作工艺相结合的产物。小吃的制作技艺比较复杂，通常是蒸、炸、煮、烙、烤几种制作方法综合运用，如枣卷果，它是先蒸后炸再炒。有些食品要经过面的发酵再制作，要保证质量很不容易，需要掌握各批次面的不同点和不同季节的吸水发酵情况，所以制作要精心。特别是蜜麻花、江米炸糕，掌握不好面的发酵火候就会影响质量。豌豆黄的制作工艺更加精细，先煮后过箩再炒定型，火候非常关键。所以小吃的制作技艺是一个经验总结积累的过程，是一个需要不断摸索提高的过程。

面茶，是护国寺清真京味小吃的特色品种之一。过去一般在下午售卖。有诗说："午梦初醒热面茶，干姜麻酱总须加。"喝面茶很讲究吃法，吃时不用筷、勺等餐具，而是一手端碗，沾着碗边转圈喝，非老北京人恐无此吃法。馓子麻花则是其精品之一，工艺流程繁杂，先将碱、红糖、糖桂花等放在盆内用温水溶化，再将面粉倒入和均匀，和好后搓长条盘起来饧一会儿，然后揪成40克一个的小剂；将麻仁用开水拌起来，将小剂子粘上拌好的麻仁，搓成 10 厘米长的小条码在盘中，码 3 至 4 层再饧着。饧好后，拿起两小条用手搓成均匀的长绳条 2 根，对头折两个来回变成 8 根，两头捏在一起，成两头尖、当中大的枣核形或扇形状，用油炸熟即成。炸时锅内花生油五成热，拿着馓子麻花的捏头处，将坯子下入油锅来回摆动使其定型，待坯子稍硬挺后，整个入油中炸，炸成棕黄色即成。馓子麻花的质量特点是颜色棕黄、质地酥脆、香甜可口。

　　北京人喝豆汁儿，始于清乾隆十八年前后。最初，豆汁儿是清宫御膳的一种饮料。虽味道特别，但有保健功效。夏天可消渴解暑，冬季能清热温阳，四季喝它，益于开胃健脾，去毒除燥。喝豆汁儿有讲究，得配上焦圈儿、咸菜丝儿。1997 年 8 月，在国内贸易部、中国烹饪协会等组织的首届"中华名小吃"认定活动中，护国寺小吃的豆汁儿被认定为"中华名小吃"。

　　护国寺清真小吃是最具代表意义的京味饮食之一。针对过去传统小吃品种过甜、过干而咸口味的品种不足的情况，店里新增加了白水羊头、牛羊酱货、爆肚儿、咸卷果、炒疙瘩、炒饼、牛肉面、松肉、炸素丸子、牛肉饼、糊塌子等品种，形成了有着上百个品种、制作精细、口味丰富的老北京清真小吃体系。为了传承和弘扬民族小吃技艺和文化，展示老北京饮食风情，护国寺小吃店独家创制了集小吃精品和清真特色美食于一宴的"小吃宴"。小吃宴以品种丰富、宴式别致而著称。席间艾窝窝、驴打滚儿、豌豆黄、姜汁排叉、糖火烧、糖耳朵、爆肚儿等风味小吃，选料精细，造型美观，技法多样，蒸、炸、煮、烙俱全，或绵软或酥脆，或咸鲜香甜，秉承了百年北京宫廷和民间小吃的精华。护国寺小吃宴具有三大特色。一是文化底蕴深厚。著名作家舒乙先生将护国寺小吃称为"小吃大艺"。那品种丰富的各色小吃，其中就隐着皇城的事儿，朝代更迭的影儿，肩挑肩卖的市"景儿"和走板挂韵的吆喝声，这正是京味小吃与别家不同的特色。二是品种丰富，有上百种之多。三是制作手法多样，讲究造型。除传统小吃外，还精选了芫爆散丹、它似蜜等清真特色菜肴点缀。护国寺小吃宴曾荣获"北京市精品宴席"称号，被京城名人雅士和市民百姓所喜爱，成为京城饮食界的一朵奇葩。除小吃宴外，为满足生日文化的需求，护国寺小吃店又推出了旨在祝寿送祝福的寿桃提盒，让北京小吃有了新的发展，成为大艺之作。

艾窝窝，是北京一款用糯米制作的清真风味小吃，其特点是色泽雪白，质地粘软，口味香甜

驴打滚儿，是老北京传统小吃之一，因其最后制作工序中撒上的黄豆面犹如老北京郊外野驴撒欢打滚时扬起的阵阵黄土而得名

技艺传承

目前在护国寺小吃店担任总厨的是 53 岁的李秀云大师，她是"护国寺清真小吃制作技艺"这项北京非物质文化遗产的代表性传承人。李秀云的爷爷是当年护国寺庙会有名的"切糕李"。15 岁那年，李秀云跟随爷爷的脚步入了行，而且在护国寺小吃店一干就是 38 年。每天凌晨 3 点多，当大多数人都还在熟睡之时，李秀云已经出门了。家住朝阳公园的她，骑电

动车来到工作的护国寺街，要花 40 多分钟。这种披星戴月的生活，每周除了例行休息一天，其余六天都是如此。凌晨 4 点，李秀云已经换好工作服来到了二楼的后厨，一天的工作正式开始。她端出冰柜里的大铁盘，翻过来往案板上"咣"地一磕，金黄细腻的豌豆黄就从铁盘中脱离出来。做豌豆黄的豆馅儿都是前一天糗好的，凉一晚上第二天用。糗豆馅儿火候可有讲究了，火候过了会糊，火候没到水分会太多，豌豆黄就粘在这盘子上了，磕不出来。这一大块豌豆黄足有 6 斤多，李师傅用娴熟的刀工把它切成了 48 个小块，又放回了铁盘中，通过电梯送到一楼，供其他师傅装盘装盒。在护国寺小吃总店，李师傅切出来的这一小块豌豆黄每块要卖两块钱，生意很火爆。一天下来，李师傅光切豌豆黄就要切四五十盘。

以前的豌豆黄，外表普遍比较粗糙。李师傅经过研究，在糗完豆馅儿后又加入了过箩这一步骤。现在李师傅做出来的豌豆黄，外表光滑细腻，吃起来豆香满溢，口感细致。除了工艺翻新，李师傅也会时不时研究一些新产品，比如绿豌豆糕、红小豆糕。其实她早已经到了退休的年龄，但因为对店里的感情和对手艺的热爱，后来又返聘回了小吃店。2015 年底，李师傅被中国烹饪协会评为首批资深级注册中国烹饪大师。但比起响亮的名头，李师傅更看重的还是传承。李师傅的团队有 30 多人，其中正式拜在李师傅门下的徒弟有 4 个。"等我干不动的时候，希望他们能把这门手艺延续下去。"李师傅说。

清晨 5 点，距开门营业还有半小时，李师傅已切好了将近二十盘豌豆黄、绿豌豆糕和红小豆糕，还要继续做芝麻糕、椰蓉卷、切糕等其他糕点。假期的客流比往常多，她也做好了准备："平常规定是下午两点下班，过节一般得加班到傍晚吧。不过干得多说明客人来得多，店里收入也就能多一

小吃大艺

护国寺小吃总店李秀云大师教授萨其马制作技艺

护国寺小吃参加2004年澳门第四届美食节现场

护国寺小吃总店接待海峡两岸学子到店参观

2005年7月,护国寺小吃公司承担西门子公司庆典活动

点,辛苦一点也是值得的!"李秀云师傅先后获得第四届全国清真烹饪大赛特等奖、北京清真烹饪大赛金奖,被中华人民共和国劳动部和社会保障部授予"全国技术能手"称号。她为全国两会代表提供小吃服务已有17年,并为2008年奥运会服务,制作老北京小吃,还为2014年亚太经合组织北京峰会制作老北京小吃。曾参加澳门第四届美食节、宁夏清真美食节、台湾美食节进行献艺。

如今护国寺小吃在继承发展中已扬名海内外。它曾为北京外国语大学、中国农业大学举办小吃节;为西门子、新华印刷厂、肯德基举办的庆典活动添彩；先后在第 21 届世界大运会、澳门第四届美食节、每年全国两会、党的十七大和十八大、台湾两岸春节庙会等重大活动和重大任务中频频亮相，展示风采，赢得了广泛赞誉。目前，在全体护国寺小吃人的共同努力下，护国寺小吃借力连锁经营，依托护国寺小吃配送中心，共发展了 57 家连锁店，已成为京城餐饮业有较大影响力的老北京小吃知名品牌。

（北京聚德华天控股有限公司）

博采众长　锐意进取
——京菜老字号柳泉居展新时代风采

柳泉居饭庄建于明隆庆年间（约1567），迄今已有451余年的历史。早年以经营自酿黄酒起家，主营北京风味菜肴。2007年和2009年，柳泉居京菜制作技艺先后入选西城区和北京市非物质文化遗产保护名录。

柳泉居饭庄最新门脸

柳泉居历史故事

据史料记载，柳泉居店址最初位于西城区护国寺西口路东，由山东人出资开办，店铺前边是三间门脸的店堂，后边有一个宽敞的大院。当年大院内有一棵硕大的柳树，树下有一口泉眼井，井水清冽甘甜，店主用这口井里清澈的泉水酿制黄酒，其酒味道醇厚，醇香四溢，人们赞称"玉泉佳酿"。清代《陋闻曼志》一书中有这样的记载:"故都酒店以'柳泉居'最著,所制色美而味醇,若至此酒店,更设有肴品如糟鱼、松花、醉蟹、肉干、蔬菜、下酒干鲜果品悉备。"

北京黄酒,味道、口感好于山东黄酒。北京黄酒又以柳泉居酿制的最有名,历史悠久。由于黄酒生意好,柳泉居店主在清光绪年间,在崇文门外茶食胡同路北开了仙露居黄酒馆。柳泉居当年也自酿一种对风寒腰腿疼有一定疗效的"木瓜北京黄"的药酒,其酒色如琥珀,酒味香醇。柳泉居、三合居、仙露居"三居"以酿造京味黄酒而闻名。当年还有诗句赞道:"饮得京黄酒,醉后也清香。"还有"京城三居共同,清香醉神仙"的美句。

民国后,柳泉居生意渐衰。1940年后,柳泉居改为饭馆。柳泉居经营黄酒馆这段历史,旧京时有《竹枝词》写"柳泉居":"刘伶不比渴相如,豪饮惟求酒满壶。去去且寻谋一醉,城西道有柳泉居。"

四百年老店的新发展

1949年后,柳泉居迁入新街口南大街217号经营,主营京味菜,以北京地方菜和改良的山东菜为主要特色。柳泉居曾一度易名平安食堂、永进食堂。1978年恢复原字号,著名书法家贾松阳先生为柳泉居题写了牌匾。老舍先生的力作《四世同堂》《正红旗下》,均以此馆作为素材和背景。1980年2月14日,著名作家老舍的夫人胡絜青女士在《人民日报》发表了《记柳泉居》的文章,文章中写道:"我万没想到,在打倒'四人帮'以后,年过古稀的时候,又欣喜看见社会繁荣的新气象,更看到久已湮没的'柳泉居'老

博采众长　锐意进取

酒馆竟然在原地址斜对面修整门面，重新开起张来。什么包办酒席，集体聚餐，各种小吃，准备齐全，地面宽敞，布置许多座位，向首都广大人民和来北京游览的外宾充分供应，实在值得向它致喜致贺！"

1984年柳泉居饭庄装修扩建，变为二层楼结构，营业面积由225平方米曾至450平方米。一楼经营大众食品，可同时接待180人就餐；二楼设三间雅间和一大厅，承接聚餐宴会。溥杰先生题写的"即寿而康""琼楼胜境"和胡絜青女士题写的匾额使其熠熠生辉。

20世纪八九十年代，柳泉居的老经理杨兴儒身先士卒、勤恳敬业，从

柳泉居饭庄老门脸

柳泉居饭庄一楼大厅

柳泉居饭庄聚贤厅

胡絜青女士为柳泉居题词

厨 40 余年的特级技师王德福及其徒弟特级技师张铁元领灶主厨，带领干部员工，以其风味特色菜点、周到礼貌服务，为企业带来了稳定的经济效益。2001 年，在经理屈德森的带领下对柳泉居重新进行装修改造，就餐环境得到了改善，一楼大厅经改修后变得更人性化。重张之际请来漫画大师李滨声，特作《民俗四画》致喜。画中有大酒缸、醉八仙、旧京喜堂、寿堂等。有人在《醉八仙》图上写"顶针儿"句曰："京城柳泉黄，黄酒醉人香；香惹八仙醉，醉倒神四双。"二楼由原来的三个雅间改造成"聚贤厅""福寿厅""醉仙厅""和禧厅""溢香厅""柳音厅"六个雅间。

改造后的柳泉居不仅在形象上焕然一新，还在菜肴的结构上重新进行了调整。新添了部分菜品，如蛋黄炒雪蟹、万福肉、葱烧辽参、炸烹虾段、炒鳝鱼糊、扒白菜等，并重新恢复了黄酒生意，有特制"柳泉黄"、圆坛绍兴老酒、花雕、十年陈酿、女儿红、状元酒。与黄酒配套的酒菜有醉蟹、酥鱼、京豆酱、茴香豆、水晶肉、芥末墩儿等。柳泉居经过几百年的发展，成为经营北京风味菜肴的特色饭庄，不少社会名流常常光顾。

2005 年柳泉居饭庄因北京城市改造工程暂时停止营业，柳泉居原大部分骨干力量在屈德森经理的带领下承接了国办餐厅的餐饮保障任务。此后，公司领导始终为恢复柳泉居饭庄而不停地奔走呼吁，积极寻找重张网点。在西城区领导的高度重视和大力支持下，重张网点选在原址对面即新街口南大街 172 号和 178 号。历经 11 年的风雨洗礼，2016 年 8 月 28 日柳泉居饭庄正式重张开业，柳泉居京味菜制作技艺薪火相传，后继有人，不断发扬光大。开业以来，在经理屈德森的带领下，柳泉居饭庄干部员工戮力同行，与时俱进，不断创新，企业经营一路高歌猛进，取得了当月开张当月盈利的优异业绩，当年实现利润 177 万元，企业经营蒸蒸日上，成为公司新的经济增长点。

柳泉居饭庄重张以来，不惜重金聘请技术能人，及时调整厨师团队，严格把好原材料进货关、加工关，在菜品质量上努力做到原汁原味，体现老字号的工匠精神。在屈经理的带领下，柳泉居技术团队积极推广健康饮食的理念，对蛋黄炒雪蟹、爆三样、焦溜肉片、全家福等传统菜品不仅减少盐、油、糖用量，而且在器皿上进行创新，让广大顾客吃到赏心悦目、最正宗的老字号营养健康美味。屈经理作为京菜技艺的代表性传承人，他不断吸取众人烹饪技术所长，采用鲁菜的烹饪技法制作出淮扬名菜响油鳝糊，别有一番风味，深受广大顾客的欢迎。

柳泉居的经营特色及技艺特点

在服务上，柳泉居饭庄创新服务理念，严格要求服务人员改变刻板的服务方式，主动转换角度，把顾客当成自己的家人、亲人对待，用心、用情关照顾客，让顾客感到比在家里更舒适、更方便、更有人情味，着力打造餐饮服务的亲情文化。在服务中，他们做到了四勤（嘴勤、眼勤、手勤、腿勤）、三轻（说话轻、走路轻、操作轻）和四个见到：见到顾客或者同事要主动问好（礼貌热情的表现）；见到地面有垃圾要主动捡起来（保持良好的卫生习惯）；见到不安全因素要立即报告（树立安全意识）；见到客人有困难要主动帮助（表现出服务人员的体贴和爱心）。此外，针对各种突发情况，强化现场服务管理，一是要求服务人员走动式服务，及时斟茶、倒酒和清理台面，促进翻台率的提高；二是现场示范、以身作则；三是公开鼓励、公开表扬；四是个别批评、个别警示。

他们针对不同类型的消费群体，提供了个性化的服务体验：对商务宴请的宾客，主推色香味俱佳的菜品，让主、宾都能感到备受重视和礼遇，服务员在上第一道菜品时，会将柳泉居悠久的历史向各位来宾予以简要介绍，既宣传了企业文化，又增加了宾客的用餐情趣；对家宴消费的顾客，主推经济实惠的菜肴，在不影响家庭团聚、和谐气氛的前提下，会由服务领班带领2—3名服务员一起向家宴顾客送出体面、恰当的祝福，在弘扬老字号品牌传统特色的同时，还为顾客增进了家宴祥和、喜庆的氛围，带来了意想不到的惊喜。诸如为过生日宴、寿宴的顾客提前布置场地、挂拉花、摆气球、张贴寿字、唱生日歌、送长寿面等都是如此，都是将一项完善的餐饮服务转化为一次难以忘记和充满回忆的消费体验，不断为顾客带来意外惊喜，用消费体验提升了服务的价值。

北京菜在北京都市文化的发展史上占有重要的历史地位。柳泉居经过几百年的发展，已成为经营北京风味菜肴的特色饭庄，不少社会名流常常光顾，溥杰先生、老舍先生的夫人胡絜青等都为该店题写牌匾，使老字号文化底蕴更加深厚。在王德福、杨兴儒、张铁元、屈德森等一代代大师的经营培

柳泉居京菜制作技艺传承人屈德森（中）师徒切磋厨艺

博采众长　锐意进取

柳泉居牌匾

育下，柳泉居的京味菜工艺不断规范，具有技艺的延续性，具有承载京菜发展历史，记录、展示北京菜烹饪手法的重要意义。柳泉居的北京菜的主体部分是改良了的鲁菜和北京地方民间菜。其烹调特点：一是选料讲究，制作精细。选料广泛，精于刀工，讲究造型，烹饪手法以爆、炒、熘、烧、焖为擅长。二是菜肴四季分明。北京人讲究尝鲜及节令饮食，喜爱享受当令饮食，老北京人讲究吃喝，饮食讲究令节、四季，到什么时候吃什么。因此，柳泉居传统菜肴富于变化且四季分明。春季有炒合菜、炸香椿鱼、烧茭白、豆苗鸡脯；夏季有西瓜盅、拔丝莲子什锦果冻、杏仁豆腐；秋季正值肥蟹上市的"全蟹宴"；冬季有坛子肉、辣油驼掌等。日常经营的菜品还有火爆腰花、酱爆肚仁等。三是调味适宜突出本味。调味讲究甜咸适口、南北均宜，因北京为南来北往的人员交流荟萃之地，它的调味不会重辛、重咸、重甜、重酸，口味中和、鲜美可口，讲究原汁原味。

柳泉居京菜的代表菜品有：爆炒腰花、拔丝莲子、酱爆肚仁、万福肉、玉黍鳜鱼、蛋黄炒雪蟹、柳泉居豆沙包。此外，柳泉居饭庄还有多种传统京味菜肴，如：炸烹虾段、醉蟹、全家福，等等。其特点制作精美，口感极

柳泉居饭庄特色名菜——拔丝莲子　　柳泉居饭庄特色名菜——爆三样

柳泉居镇店名菜——蛋黄炒雪蟹　　柳泉居镇店名菜——炸烹虾段

佳，营养价值高，很多来就餐的顾客对其菜品评价很高，在京城老百姓的心目中占有一定地位。

（北京聚德华天控股有限公司）

初心不忘　薪火相传
——爆肚冯爆肚制作技艺传承中的那些人和事

2014年12月29日，做了一辈子爆肚儿的冯广聚老爷子，不得不放下了他那份难以割舍的夙愿，安详地离开了爱着他的人们，享年82岁……

爆肚冯爆肚制作技艺第三代传人冯广聚

代代承袭，锲而不舍

在京城，提起小吃爆肚儿，许多人脱口而出的就是"爆肚冯"。冯家做爆肚儿，那可不是十年八年的事了。

据史料记载，北京人拿羊肚儿、牛肚儿当吃食，在明代就有了。清乾隆年间，乾隆赏赐地方官员五十多种食物，其中就包括肚制食品。

京城的爆肚儿，起始有"爆肚王""爆肚石""爆肚满"等二十多家，爆肚冯之所以能在京城做得风生水起，还得从山东陵县人冯立山在鼓楼附近的后门桥经营的爆肚儿摊儿说起。

早在清光绪年间，爆肚冯的爆肚儿摊儿就已经闻名于世了。冯立山跟谁学做的爆肚儿，现在不得而知了，可冯立山做出的爆肚儿，料精、活儿细、脆而不生、熟而不烂，北京人的话叫作"有嚼头儿"，再蘸着特制的调料，质地鲜嫩，口味香脆，在鼓楼一带，甚至是在当年的京城，成为"叫好儿"的回族小吃，自此，"爆肚冯"的名字就叫开了。

光绪末年，手艺传到冯立山的侄子冯金河手里，他在经营中潜心钻研，精心制作，选料精、投料准、佐料全，使爆肚儿味道更加浓厚，深受宫内画匠、太监以及旗人的偏爱。后经太监的推荐，爆肚冯的爆肚儿成为清宫御膳房的特供点，直至清宣统退位。

1935 年，爆肚冯独资在门框胡同北段开设爆肚冯饭馆，但没经营两年，1937 年七七事变爆发，爆肚冯饭馆不得不关门歇业。之后的爆肚冯与豆腐脑白、年糕杨、厨子杨、爆肚杨、豌豆黄宛、年糕王、复顺斋酱牛肉老店、奶酪魏等十七家小吃在门框胡同各自摆出摊位，由此形成了门框胡同小吃街。北京城各界名人也时常到门框胡同小吃街来品尝各种小吃，1937 年到 1956 年是门框胡同小吃街最风光的时代。

1932 年出生的冯广聚，十岁起跟随父亲冯金河学制作爆肚儿的手艺，能够独立掌勺后，在门框胡同的小吃街上渐渐有了名气，父亲冯金河也就把爆肚冯的经营权交给了冯广聚，从此，冯广聚就成了爆肚冯的第三代传人，这一干，就干到了 1956 年。

1956 年公私合营后，爆肚冯被并入了门框胡同的同义馆饭庄（即现在的同义轩饭庄），由于合营后的同义馆饭庄还是由原来的手艺传承人继续负责各种小吃的制作，继续赢得电影界、梨园界、曲艺界的偏爱，成为他们品尝

——— 初心不忘　薪火相传 ———

20 世纪 50 年代爆肚冯家庭合影。中间年长者为爆肚冯第二代传人冯金河，后排左起第二人为爆肚冯第三代传人冯广聚

真正北京风味小吃的重要场所。第三代传人冯广聚被分配到仪表机床厂做了一名车工，冯广聚的妻子刘凤文却进入了同义馆饭庄，作为资方代表继续负责爆肚儿、涮肉工作直至 1985 年退休。

虽说冯广聚进工厂当了工人，可并没有荒废了手艺。1982 年，一位从澳大利亚归国探亲的华侨老人，勾起了冯老那颗"不安分"的心……

国家实行了改革开放政策后，旅居国外的华侨相继回国探亲。有这么一位澳洲华侨，1984 年回到国内，专门来到了门框胡同，想吃到正宗的爆肚冯爆肚儿，不曾想却扑了个空。经多方打听，找到了冯广聚。冯老听说后，很是感动，在同义馆找了五个羊肚儿，亲自到老华侨的家中下厨，为这位老华侨做了一席爆肚儿。据冯老回忆，老华侨品味着，吃得那叫一个香，连声说："真棒，真棒，真棒！还是那老味道！"老华侨还深有感触地说："这些年了，就是想回到北京，吃上一口这地道的北京小吃啊！今天，算是如愿啦！得嘞，今儿这几盘儿我一人儿全包了，你们以后还能吃着，我可就难啦！"老华侨问起冯老，为什么不继续做爆肚儿的营生了？冯老惭愧地说，咱已经进入工人队伍了，就不干这个了。再说，要干这个营生，资金、店面都是问题啊。老华侨慷慨地说，资金我来解决，店面，我家在廊房二条有个门脸，您先用着。咱这老北京的味道不能断啊！

老华侨的慷慨，让冯老深受感动，可毕竟"无功不受禄"啊，万一经营出现闪失，对不起人家啊。再说，要是再给扣上一个"小业主"的帽子，这辈子就没出头的日子啦。一辈子讲求安分做人、安稳度日的冯老犹豫了。

一直陪在冯老左右的八儿子冯云亭听见了，还真是满心的欢喜，背着冯老还真操持起这事儿来了。找资金、起执照、置办桌椅炉灶、进原料，一通儿的忙活，1985年，这"爆肚冯"的招牌还真挂起来了。到了开张的前一个月，才向老爷子提起这事。老爷子知道后也急眼了，跟八儿子说不通，每天像有心事儿一样惴惴不安。

开张那天，不曾想，北京市当时的副市长也来了，为老北京的"老字号"重张喝彩来了。老爷子听副市长讲了党的改革开放政策和对恢复"老字号"的鼓励，高兴得一个劲儿地笑，连声说是党的政策好，给了老手艺人干事儿的底气。开张后这些天，可忙坏了冯老爷子，洗、切、爆全活，老爷子一人包了，一天下来，竟卖出去几百盘爆肚儿，门口还有排着队的。儿子老八冯云亭说，甭说是切肚儿、

爆肚冯爆肚制作技艺第三代传人冯广聚

爆肚儿了，我这个端盘子的那两天胳膊都是肿的。

爆肚冯在京城又火了！一传十，十传百，店面门庭若市，食客络绎不绝，每天到了饭点儿，食客都要排队等座。冯老的儿子们点着流水，开心地笑着，可冯老心里，却开始琢磨起更大的事情了……

爆肚冯牌匾

一花独放不是春，百花齐放春满园

冯老感到，虽说这老北京的小吃"不起眼儿"，可这也是咱老北京的文化啊！食客们吃的是小吃，可品出来的是咱老北京的家乡回忆啊！这光一个爆肚冯哪行啊，当年的廊房二条、门框胡同，一共二十家，可不是只有爆肚冯一家啊。要想吃出老北京的文化，得想法子让那些老北京小吃的手艺都亮出来啊！可失散了这些年了，哪儿找去啊？

找！想尽办法也得找，要让门框胡同老北京小吃手艺人都回来！冯老下定了决心，骑上车子便四下打听去了。

功夫不负有心人。经过多方打听，许多老手艺人还都让冯老给找到了！可真跟老朋友们聊起出山做小吃的事儿，这问题又来了。

有的老手艺人已然过世了，后代也没学出个"真喳儿"来；有的手艺人虽然还在，但都有各自的工作，谁也不愿撇下"铁饭碗"，"下海"端这"泥做的"；还有的手艺人倒是想开店，但资金、门面都是问题……冯老爷子又犯难了。

门框胡同的小吃

咋办？冯老一家人都知道，凡老爷子下了决心要干的事，八匹马都拉不回来。没钱，咱出钱支援想出来干的；没地儿，咱帮着找。只要是想恢复咱这老北京小吃的，咱一定帮。老爷子就这样，一家一家地谈，一家一家地劝，一家一家地解决困难。

经过多年的努力，"羊头马""年糕钱""豆腐脑白""奶酪魏""茶汤李""户部街老月盛斋""门框胡同褡裢火烧""俊王烧饼"和一些牛街风味小吃等都被老爷子"搜罗"出来了，有些老字号在他的张罗下又在门框胡同重新开张了。

这些年，老人致力于寻找老北京小吃的后人，找到后，还要出钱出力，老伴儿和儿子们很不理解："管好自己家的事儿就足矣，还要管这么多人和事，你管得过来吗？"不管家里人怎么说，他有他自己的主意，做老北京小吃，如果食客们来了，既能吃到爆肚冯的爆肚儿，又能吃上年糕钱的年糕，还能吃上羊头马的白水羊头肉，这不是一件乐事儿？久而久之，这北京小吃的人气自然就旺了，大家就都能赚上钱了。家里人拿他没辙，只能说"老头子太犟，说不动"。时间久了，家里人也慢慢认同了。

九门小吃城

老人寻思着，既然是我把他们

找了出来，就应该负责任。老爷子带着这些小吃参加"中华名小吃"评比，有三家的小吃获得"中华名小吃"的称号。新中国成立五十周年时，他带着这些"老字号"去钓鱼台国宾馆在招待会上做小吃，在各国政要参加的财经会议上做，外国使馆的新年招待会，也都邀请过他们。

2006年2月，他们在后海又开了"九门小吃城"，开始了新的打拼。看着老北京小吃又渐渐红火起来，冯老爷子又有新的盘算了……

传艺要精，要对得起祖宗

说起冯老爷子对自己的手艺的讲究，用"苛刻"一词一点儿都不过分。

爆肚冯制作爆肚儿的原料，要选用内蒙古草原出产的无污染草料喂养的牛羊。这种牛羊的脂肪少、瘦肉多。屠宰要经过检疫，由阿訇下刀，经分割后取出爆肚儿的主料。

制作爆肚儿的主要程序包括：选料、清洗、裁切、水（油）爆等，再一个就是佐料的调制。选料要选取2到4岁的牛和羊的肚子，羊肚选整肚儿，牛肚儿选牛百叶、牛肚领两部位。清洗肚子分粗洗和精洗两步。粗洗是将肚皮表面的草料残渣和没有消化完的饲料经反复搓洗几次后还原肚子本来面目，然后转入精洗。精洗是将粗洗后的肚子泡入清水池中，再反复荡洗肚子的表面，这要注意不要揉搓、不能过力、不要拧，以免影响肚子的质量，这步不允许使用醋、碱、花椒水等，以防影响肚子本身的活性。然后将清洗后的肚子在清水中进行浸泡，使肚子能吸收清水，泡出残留在肚子内部的细微沉淀物。

裁切分为裁和切。羊肚的裁法，主要是分出部位。即葫芦、肚板、大草芽、食信、蘑菇、散丹、大肚领等七个部位。裁时先裁肚领，使肚子的肉丝顺过来，再裁散丹、蘑菇、食信，余下肚板、葫芦等部位。羊肚的切法，因爆羊肚子的部位不同，口感也不同，有老一些的肚葫芦、食信、肚板、蘑菇，较嫩的有散丹、蘑菇头及又嫩又脆的羊肚领撕去皮的肚仁儿。羊肚板去皮较脆，羊肚的各部位老嫩不同，刀口也不同，葫芦、肚板、散旦、肚板仁要切成条状，牛肚仁切成片状，羊肚领、肚仁与蘑菇、食信切寸段。肚蘑

牛百叶　　　　　　　　　　　　牛肚仁

羊葫芦　　　　　　　　　　　　羊散丹

初心不忘　薪火相传

菇、食信切成寸段则越嚼越香。

牛羊肚的水爆法，由于牛羊肚各部位的肉质不同、肥瘦不同，肚的老嫩也不同，因此水爆的时间是不同的，掌握这一技艺，一是用眼看成色，二是凭感觉和经验，查看水的温度，计算肚子入锅的时间。爆肚儿，从词意上讲，火候冲，水爆开，肚爆出锅，这才能得到出盘的成品似金银花。

老食客们都知道，爆肚冯的爆肚儿讲究的是"爆肚儿鲜嫩清脆，色香味形俱佳"。这"色"和"香"，取决于选料和加工工艺。这"味"，可就全凭佐料的调制了。食客吃爆肚儿时用的佐料调制大致有以下几种原料：酱油、醋、麻酱、香菜、虾油及各种提味配料。爆肚冯的佐料有自己的祖传秘方，除了上面提到的几种原料外，还有部分养生的中药药材作为配料。但有一点，过去手工生产作坊生产的原料和现在工业化工厂生产的原料从配料到口味是不一样的。爆肚冯的佐料原料想要始终保持"原汁原味"，一是要在众多的原料中寻找口味相近的原料，二是要根据食客的口味变化进行一些改变。在当今社会发展的形势下，佐料成分一成不变是不可能的。所以爆肚冯采取了在不同的季节配制不同的佐料的方法，使爆肚冯爆出的肚儿，始终保持鲜嫩清脆、色香味形俱佳的品相和味道。

爆肚儿的整个制作流程看似简单，其实里面的道道很多。制作手法的每一招、每一式，都是祖上传下来，且经过多年实践最合理的招式，容不得一丝一毫的大意。爆肚冯第四代传人，冯老爷子的大儿子冯秋生，是最早学习爆肚儿手艺，也是学得最全的传人，经他手爆出的肚儿少说也得上百吨了。但在冯秋生学艺的时候，冯老爷子对其要求也是极为严格的。冯秋生回忆道："我学艺时切的肚仁和百叶稍不均匀，老爷子见了，二话不说，'咣当'就是一脚：'你想糊弄谁啊？'到了晚上，送走最后一拨儿食客，老爷子压

老字号 新故事

2014年12月，爆肚冯爆肚制作技艺被列入北京市级非物质文化遗产代表性项目

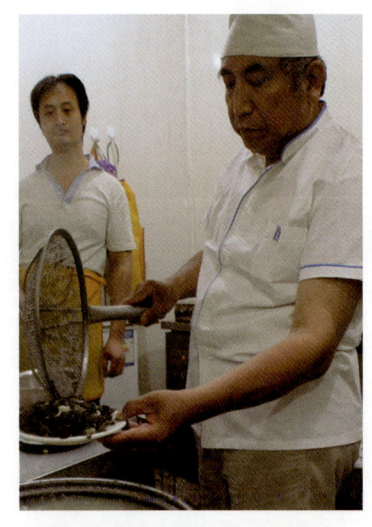

爆肚冯爆肚制作技艺第四代传人冯福生（右一）

低了嗓子对我说：'你是学徒，不是公子哥。要干，就要干得有模有样才行。'"

冯老爷子一进厨房，那就更较真儿了。老爷子握着锅柄，有时连着两三个小时一盘接着一盘不停地接过徒弟切好的肚仁往锅里放。有时徒弟偷个懒，随手抓一把原料放进盘子递给老爷子，冯老爷子手一掂，眉头马上皱了起来，扭过头瞪一眼，把盘子塞了回来："去，重新称去！"徒弟一看，得，分量不对！

冯老爷子常对儿子们说："咱这个营生，之所以能传这么久远，老百姓之所以喜欢吃咱们家做的这一口，投料精、分量足、佐料够味，不欺瞒顾客、讲究诚信是咱们的根基。生意做成什么样，就能看出你人品什么样。"老爷子就是以这样的情感和要求，潜移默化地教会儿女和孙子辈做人、做事。

冯老爷子八个孩子，六儿两女，只有老大、老二和老八三个儿子传承了老爷子的手艺。2009年6月，"爆肚冯爆肚制作技艺"被列入北京市宣武区级非物质文化遗产代表性项目，2014年12月被列入北京市级非物质文化遗产代表性项目；第四代传承人冯秋生、冯云亭于 2015 年 6 月被列入北京市西城区级非物质文化遗产代表性项目"爆肚冯爆肚制作技艺"代表性传承人，2015 年 9 月，冯秋生被列入北京市级非物质文化遗产代表性传承人。

爆肚冯爆肚制作技艺第四代传人冯秋生
（左一）

爆肚冯爆肚制作技艺第四代传人冯云亭
（右一）

规范经营服务，心系薪火相传

1997 年 7 月，"爆肚冯"在国家商标总局注册成功，之后，在香港、澳门和台湾地区也进行了商标注册，这为爆肚冯日后的规范化经营服务的开展打下了基础。

1999 年 8 月，"北京市爆肚冯饮食服务有限责任公司"正式挂牌成立了。冯老爷子的八儿子冯云亭成为公司的法人，从此，爆肚冯结束了"碰头食"和摆摊儿经营的时代，走上了规范管理、规范经营、规范服务的轨道。爆肚儿的原料有了自己的进货渠道和生产基地，质量得到了保障，服务得到了提高。公司先后在大栅栏、厂甸、西四、菜市口和九门小吃城开设了门店。

2000年，爆肚冯被中华人民共和国商务部授予"中华老字号"称誉；被中国烹饪协会评为"中华名小吃"；爆肚冯的"肚仁三品"被中华人民共和国商务部评为中国名菜。

2010年，爆肚冯被中华人民共和国商务部认定为"中华老字号"。2012年8月，冯云亭被中国商业联合会中华老字号工作委员会授予"中华老字号传承创新优秀掌门人"称号。2014年，爆肚冯被北京市商务委员会和北京市老字号协会认定为"北京老字号"。2016年4月，爆肚冯被北京烹饪协会评

2000年爆肚冯被中华人民共和国国内贸易部授予"中华老字号"

2012年8月冯云亭被中国商业联合会中华老字号工作委员会授予"中华老字号传承创新优秀掌门人"称号

1999年8月"北京市爆肚冯饮食服务有限责任公司"正式挂牌成立了

2010年，爆肚冯被中华人民共和国商务部认定为"中华老字号"

为 2015 年度北京餐饮十大品牌之一。

这些成绩的取得,是爆肚冯爆肚制作技艺的传承者兢兢业业、团结一心、积极进取的荣誉,当然也是公司规范化运作的结果。

说起老八冯云亭,人们都说他是个精明的人,公司的进货渠道、公司原料的生产基地、公司的日常管理,甚至是公司人员的招聘,没有他不操心的,事事较真儿,处处精打细算,人们都说他在这方面还真得到了冯老爷子的"真传"。冯老的大儿子冯秋生、二儿子冯福生和八儿子冯云亭做了分工,老大、老二主抓爆肚技艺的传承、制作和人才培养,老八选择了做经营,三人各司其职。冯云亭说,随着社会的进步,老一辈"碰头食"和"摆摊位"式的经营在当今社会已然不能持续下去了,社会在发展,人们的观念也在变化。尤其是饮食行业,童叟无欺、诚实信用要讲,规范化管理、经营和服务更是必不可少的,要将爆肚冯做得更具活力,就必须将老字号纳入现代化管理的渠道。

跟老八接触深了,人们渐渐感觉到,这人实在,讲信誉和义气。跟他合作过的商户说,虽说他对原料要求苛刻,可他从不赊账。跟他做买卖,小心的是你的货要绝对保真,放心的是他不会亏欠你的货款。

老八认为,店里的服务员是最辛苦的一群,迎来送往、抹桌招待,每天都得走个几公里,还要对顾客笑脸迎送、端盘递水,遇到个别不讲理的顾

2016 年 6 月,爆肚冯被北京市工商行政管理局命名为北京市著名商标

客，还得忍气吞声。所以老八除了给足工资外，还特意提醒店堂的经理，每逢遇到服务员有过生日的月份，都要有一个小"惊喜"。多年来他坚持这样做，小服务员们都拿他当大哥，有什么不顺心的事儿，也愿意跟他叨叨。

在老八心里，大事小情无不挂念。就拿传承人这事说，他始终记着老爷子的话："我希望的是要有传宗接代，这是北京小吃的一个传统。"冯秋生的儿子冯博在2009年辞去了教师的职业，遵从冯老爷子的愿望，成为爆肚冯第五代传人，在老爷子的言传身教下，掌握了爆肚冯的绝技；冯福生的女儿冯磊大学毕业后也跟父亲学起了爆肚冯的绝技；冯老爷子的六儿子冯冬生之子冯硕大学毕业后也做起了爆肚儿。这些年轻人的担当，使冯家老一辈感到欣慰，但老八作为公司的总经理，还是盘算着怎样才能将爆肚冯做得尽善尽美，怎样才能把老祖宗留下的手艺完整地传承下去，不辜负老爷子一辈子的心血和愿望……还有就是冯老爷子生前的那个"不大不小"的愿望——将北京小吃办成"小吃宴"。

在北京人看来，小吃就是小吃，是北京人当零食吃的。可如果将小吃集合在一起，爆肚儿、年糕、豆腐脑儿、白水羊头、褡裢火烧、奶酪……每种都来上一口，这也能抵一顿正餐的量了，况且营养价值还颇高。尤其在当代人讲究养生饮食习惯的今天，这种按照食客意愿和科学膳食进行的合理搭配，不仅是一种均衡饮食的好方法，更能使食客吃出老北京的文化来。其实，老八的想法可不止这些。

冯老爷子走了，带走的是他一身的绝技，留下的是对未来的希望，还有他一身的正气。

附：爆肚冯爆肚制作技艺传承谱系

代别	姓名	出生年月	文化程度	传承方式	学艺时间
第一代	冯立山	不详	私塾	创始	光绪初年
第二代	冯金河	1888年	私塾	叔侄	光绪年间
第三代	冯广聚	1932年	高中	父子	1942年
第四代	冯秋生	1952年	初中	父子	1985年
第四代	冯福生	1954年	高中	父子	1988年
第四代	冯云亭	1964年	大专	父子	1985年
第五代	冯博	1983年	大学	父子	2005年
第五代	冯硕	1988年	大学	父子	2008年
第五代	冯磊	1994年	大专	父女	2013年

（北京爆肚冯餐饮服务有限责任公司）

百年经典　传承坚守
——记小肠陈卤煮火烧制作技艺的历史沿革

小肠陈是京城家喻户晓的百年老字号。其始于清光绪十二年（1886），至今已有130多年的历史。1998年，中华人民共和国国内贸易部认定小肠陈卤煮火烧制作技艺为"中华老字号"，2012年小肠陈被中华人民共和国商务部再次认定为"中华老字号"，2014年被老字号协会认定为"北京老字号"。小肠陈卤煮火烧制作技艺是祖传的手艺，现已传至第五代。2007年，小肠陈卤煮火烧制作技艺被收录于宣武区（现西城区）非物质文化遗产名录。2014年12月29日，小肠陈卤煮火烧制作技艺被收录于北京市非物质文化遗产代表性项目名录。

小肠陈卤煮火烧制作技艺被收录于北京市非物质文化遗产名录

小肠陈被中华人民共和国商务部认定为中华老字号

—— 百年经典　传承坚守 ——

历史渊源

卤煮火烧（卤煮小肠）是由一道宫廷御膳"苏造肉"演变而来。乾隆四十五年（1780），清高宗乾隆南巡，曾下榻于扬州官员陈元龙家中。陈府家厨张东官揣度皇帝的口味，为乾隆爷精心设计并炖制出一道荤菜，乾隆食后大加赞赏。张东官也因此随驾进京入了御膳房。这道新菜取名为"苏造肉"，煮制肉的汤叫"苏造汤"，意为苏州大厨所制。后传入民间，加入火烧同煮，便成为大众化的风味小吃了。《燕都小食品杂咏》中有诗云："苏造肥鲜饱老馋，火烧汤渍肉来嵌，纵然饕餮人称赞，一衿膏油已满衫。"

清光绪年间，北京东边三河县一些农户在农闲时就卖苏造肉。旧社会用五花肉煮制的苏造肉价格贵，劳动人民吃不起。他们就尝试着改用廉价的猪下水，特别是以猪肠为主要原料代替五花肉，其风味更加独特，由此"苏造肉"演变为"卤煮小肠"。卤煮小肠口味浓厚，且价位低廉，既充饥又解馋，颇受老百姓的喜爱。光绪十二年，小肠陈的祖上陈兆恩、陈世荣父子在农闲季节卖起了这一吃食，此后传承至第三代陈玉田。陈玉田从小学艺，子承父业，把这卤煮小肠制作的更加地道了。

陈玉田制作的卤煮小肠——肠肥而不腻、肉烂而不糟、火烧透而不粘，汤浓厚而醇香，故因此扬名。当年陈玉田的卤煮摊儿就设在现在的珠市口大街丰泽园饭庄旁，原华北楼戏院前。陈老爷子经营卤煮，童叟无欺，待人极为和善，有钱没钱的，只要来到摊儿前，都能吃上一口，落下了一个好人缘儿。食客络绎不绝。曾有众多梨园名角如梅兰芳、张君秋、谭富英、新凤霞等，都在唱罢大戏后来一碗卤煮当夜宵。越来越多的京城百姓认可陈老爷子制作的卤煮，"小肠陈"的雅号由此叫响。

1958年公私合营后，陈玉田在南横街的燕新饭馆专门制售卤煮火烧，一干就是30多年。好吃这口儿的老北京都知道南城有个"小肠陈"。当时只是到晚上饭点才营业，可下午三四点钟就有人拿着锅、盆到店门口排队。其中有远道而来的食客，也有附近的邻居百姓，那时成为当时南城一景。

第三代传人陈玉田在燕新饭馆制售卤煮火烧

面临失传，勇续香火

当年陈玉田到了退休年龄，但还没有找到合适的接班人。《北京晚报》在报道了小肠陈的事迹后，为他公开寻找接班人。当时来了几个徒弟，可后来终因活脏、累、热、苦，都相继离去。陈玉田不得不在国营餐馆干到75岁才退休。他退休后，小肠陈卤煮火烧技艺也面临失传。可陈玉田老爷子一直心有不甘，难道干了一辈子的手艺就这么丢掉了吗？他实在离不开那口大锅，离不开喜爱这一口儿的京城百姓啊。

1989年，改革开放的春风为小肠陈吹来了新的机遇。陈玉田的女儿陈秀芳在面临卤煮技艺失传的情况下，为了让老父亲安心，毅然辞去了国营"铁饭碗"，接过传承的重任。父女俩在南横街中段重新亮出了"小肠陈"的招牌。过去风俗讲究家传手艺"传男不传女"，陈秀芳能有幸学习卤煮制作的

百年经典　传承坚守

技艺，原因之一是这项技艺面临失传，迫在眉睫；原因之二是陈玉田认为，她的脾气秉性与自己很像，待人和气，做事认真、严谨，责任心强，丁是丁卯是卯。陈秀芳原来在印刷厂做质检，不合格的产品绝对不能出厂。陈玉田说，"这样做人做事的风格，把手艺传给她放心"。

小肠陈南横街老店原址

陈秀芳三十多岁才开始学艺，从小的耳濡目染也让她受益匪浅。以前的小肠陈只是一个小作坊，为了使小肠陈卤煮火烧得以传承发展，她下定决心，刻苦学艺，不畏艰辛。她随父亲陈玉田学艺十年，掌握了这门手艺。初学时需要从100℃以上的沸汤中捞取原料切制，卤煮汤非常烫，手要被烫掉一层又一层的皮。她能吃苦，学习时还经常像父亲那样站在大锅前操作，一站就是几个小时，也不敢喝水，怕让客人等，甚至半天都不去一次厕所，那种艰辛只有她自己知道。而这种吃苦也带来沉重的代价，有一段时间她得了尿血的毛病。大夫告诉她一定要注意身体，不能太劳累，否则会出大问题。即使是这样，她也依然坚持着。在父亲精神的鼓舞下，她挺过来了。她说："为了传承这门技艺，既然我选择了它，我就要为之付出努力，不会惧怕困难，即使再脏、累、热、苦的活儿，我也能

第三代传人陈玉田（右）向女儿陈秀芳（左）传授技艺

213

战胜它。"

　　创业时期,无论春夏秋冬,风霜雨雪,在取货的路上都会出现陈秀芳的身影。由于商品匮乏,下水产品购货困难,她一大早就要赶到肉联厂,等着刚下屠宰线的新鲜货,不管时间多晚立即趁鲜加工。有时伙计走了,白天制作售卖,晚上还要自己加工收拾下货。如此不畏酷暑,不辞辛劳,图的就是要把小肠陈卤煮这项技艺传承下去。

　　经过几代人的不懈努力,本着诚信经营和对质量的执着,小肠陈卤煮得以传承发展。

小肠陈卤煮火烧传承人名单及谱系

代别	姓名	出生	文化程度	传承方式	从艺时间
第一代	陈兆恩	不详	不详	创始	不详
第二代	陈世荣	不详	不详	父传	不详
第三代	陈玉田	1911年	初小	父传	70年
第四代	陈秀芳	1954年	大学	父传	30年
第五代	张莹	1980年	研究生	母传	学习中

风味特色,百姓青睐

　　小肠陈卤煮火烧(又称卤煮小肠)以猪肠、肺、豆腐、火烧等为原料加多种调料和十几味药料炖制而成的老北京特色小吃。1997年,小肠陈卤煮小肠被中国烹饪协会认定为"中华名小吃"。2017年,小肠陈卤煮火烧被中国烹饪协会认定为"中国地域十大名小吃"。小肠陈以正宗的风味、合理的价格，赢得了广大消费者的好评。

小肠陈卤煮火烧为什么如此招人喜爱呢？小肠陈卤煮火烧既有浓郁的地方特色，又经济实惠，是一种饭菜合一的吃食。其制作工艺复杂、讲究，要经过选料、清洗、加工、炖制、切配等多个环节。每个环节都自有其诀窍，一是取料新鲜；二是清洗精细、干净，没有脏气味；三是炖制的火候适度。

小肠陈传统大碗卤煮

小肠陈卤煮火烧最大的特点是明案操作。门口一口大锅，卤煮食材在滚开的大锅里炖制着，诱人食欲。顾客们站在锅边儿看着卤煮师傅切制，看得清楚，吃得明白。爱吃肥的、爱吃瘦的、爱吃火烧透一点儿的、不爱吃猪肺的，都可以随时跟切制的师傅说。而且，食客根据自己的食量点要菜底和火烧，丰俭由人。可以说，每一碗卤煮都是根据食客的需求而定制的。

小肠陈卤煮火烧的切制也非常讲究，是一门特殊的技艺。许多食客大老远来小

明档操作制售

肠陈吃传统的卤煮火烧，不仅仅是光想解解口头福，还想借机观摩欣赏手艺人传统制作。只见卤煮师傅不慌不忙"徒手"直接从滚开的大锅里捞出主料、辅料置于案头，火烧井字落刃，炸豆腐切三角块，肺头切片，小肠切块。于片刻之间片是片、块是块地装在碗里，舀上一勺热气腾腾的卤煮汤，随即淋上醋蒜汁、辣椒油。一碗香喷喷的卤煮就端上来了。这手绝活儿简直就是一种表演，给人以美的享受。而且让您消费得心明眼亮，体现出小肠陈的诚实可信和童叟无欺。

顾客用餐场景

老北京人都知道，到小肠陈吃卤煮，店堂里坐定，先要上一个菜底儿，要上二两白酒，菜底儿下酒。最后再要上两个火烧当主食吃，花上三十几元钱，既当菜又可当饭，既解馋又解饱，既经济又实惠。食客三五相约，边吃、边喝、边侃，全不耽误，好不惬意。还有不少食客用锅、盆等用具将卤煮买回家吃，有的还放点新鲜的蔬菜，一家人花不了多少钱，香喷喷、热乎乎的吃得十分满意。

小肠陈卤煮汤料的制作更加的讲究，加入了多种有益于人身体的调料和药料。这些药料按照春、夏、秋、冬四季的不同节气，用不同的数量配制。经过多道工序的加工，长达三个多小时的炖制，小肠陈卤煮火烧不但去除了猪肠的脏气味，而且做到肠肥而不腻，肉烂而不糟，火烧透而不粘，汤浓厚而醇香。它不但味道独特，营养也非常丰富，根据中医以脏补脏的理论，小肠陈卤煮火烧还是人们补益脏腑的好食品。

小肠陈卤煮火烧是地地道道老北京的吃食，尤其在南城，家喻户晓。小肠陈卤煮火烧价格便宜，非常大众化、平民化。在20世纪五六十年代解决了不少南城普通百姓吃饭难的问题。改革开放后，人们的生活水平不断提高，京城百姓、外地的朋友乃至外国友人以品尝京味特色吃食为追求，从中了解京味文化，"小吃大艺"，小肠陈也逐渐成为首都传统特色小吃的"金名片"。

开拓创新，连锁经营

小肠陈在南横街重新亮牌经营。一时间，南横街店真可谓门庭若市，车水马龙，生意很是红火。

20世纪90年代初，一个背井离乡多年的老华侨，思念家乡，思念家乡的美味卤煮……回国后，指名点姓要吃小肠陈卤煮，就来到了南横街店。当时小店的条件有限，地方小，陈秀芳借用隔壁邻居家的房子热情招待了这位老华侨。这件事情之后，陈秀芳在想："为什么不能把店开大一些呢？"虽然小肠陈重新亮牌经营，无奈店就巴掌大的地儿，常令店客两家作难。由此陈秀芳萌发了开设大店和连锁发展的想法，经过长时间的思考和探索，在保持传统的基础上，陈秀芳为小肠陈注入了很多新的元素，大胆创新，走连锁经营之路，使老字号小肠陈从小门小户中走出来。

1992年，陈秀芳注册了小肠陈商标，并于1996年成立了"北京小肠陈饭庄"。同年，在永定门外革新里开了一家面积几百平方米，可同时容纳200人就餐的卤煮大店。由过去的快餐式经营，向多元化经营转变。整洁宽敞的店堂和备有空调设备的雅座单间，为宾客提供了舒适的就餐环境。经营品种也由单一经营卤煮，创新形成了卤煮系列，包括卤煮砂锅、卤煮什锦火锅等，满足更多顾客群的需要。

陈秀芳遵循传统，精心研制推出的卤煮什锦火锅既是创新，又是恢复传统做法。她听老父亲讲过，过去卤煮也不是单一的猪肠、猪肺加豆腐火烧，其他的下水品种也有。"卤煮什锦火锅"不仅将以前的卤煮进行了还原，还将大锅卤煮以火锅的形式搬上了餐桌。可谓独具匠心，造型仿宫廷样式，古色古香。锅内肠、心、肝、肚、肺、五花肉、炸豆腐及火烧等八种原料一应俱全。看上去宛如一盆盛开的菊花，既赏心悦目又浓郁开胃。卤煮什锦火锅继承了卤煮必须热吃的特点，在火锅下面加固体酒精保温，家人、朋友围坐在一起聚餐，其乐融融，十分惬意、舒坦。同时锅内还可以加涮些青菜，满足了客人的不同要求。用火锅形式吃传统小吃，不仅有效地提高了卤煮的保热程度，而且增强了亲朋相聚的就餐氛围，让人们品尝卤煮美味的同时，共享快乐时光。在2000年，陈秀芳独创的"卤煮什锦火锅"被中华人民共和国国内贸易部认定为"中国名菜"。

陈秀芳创新的卤煮什锦火锅

继卤煮什锦火锅、砂锅之

后，陈秀芳又结合人们的不同口味、不同需求和当下流行的烹调技艺，创新推出独具特色的百余种下水风味菜肴，"椒盐腰花""大蒜肚条""脆皮肥肠""焦熘肥肠""酱爆猪肝"等，形成独树一帜的风味特色，受到顾客的认可和追捧。

焦熘肥肠

此次改革创新把卤煮这一传统名吃推上能够接待宾客、大摆宴席的大雅之堂。北京晚报将此次创新报道为小肠陈"鸟枪换炮"。1998年，小肠陈被中华人民共和国国内贸易部认定为"中华老字号"，由此，小肠陈开拓了"老字号"继承传统、创新发展的一条新路。

坚守信念，传承发展

随着店面的规模逐渐扩大，陈秀芳觉得自己要提高，需赶紧去学习新东西。于是，她白天忙于饭庄的经营管理，晚上则拿起书本，俯首灯下，学习工商管理、烹饪专业知识及有关餐饮业的方针政策、法律法规。她整天忙忙碌碌，有时工作、学习到凌晨，非常辛苦。经过这样的磨炼，她终于系统学习了工商管理的所有课程并获得了大学文凭。将学到的理论知识和饭庄的实际相结合，学以致用。她从工艺流程、操作规范到饭庄的管理，建立、完成了一系列规章制度，将饭庄纳入现代经营管理的轨道。

为提升企业品质，陈秀芳提出"视质量为企业的生命"，以实现"工作

陈秀芳（左二）严格要求卤煮制作人员

规范、服务到位"的经营方针。建立了加工配送中心，坚持下水原料统一自行购进清洗加工、豆腐自己炸、火烧自己烙，坚决不要送上门的便宜半成品。加工过程中坚决不使用添加剂，保证菜品的食品安全和原汁原味。2014年，小肠陈卤煮被评为"原汁原味北京老字号最具代表性产品"。

　　陈秀芳深知传承靠的是什么，要把小肠陈很好地传承下去，让小肠陈在百姓心中永远被认可，就要保证卤煮质量的一致性，让顾客什么时候来，吃到的卤煮都是一样的好，一样的满意。她完善了公司各项规章制度、岗位责任制、工作流程，计量标准、原料的储备、半成品的腌制、加工保质期限等各工序的监督检查都有明确的规定并制度上墙明示。让员工随时了解并遵守。她重视人员培训，从新员工进店开始，制定了一整套的培训资料，不断提高员工的个人素质，并针对性地开展技术练兵、技术比赛，提高员工的业务技能，使员工在短时间内符合企业的需求，更好地为顾客服务。

　　为了保证卤煮质量，陈秀芳制定并建立一整套的卤煮操作工艺、流程、规范、标准。从原料的选择、清洗、加工，续锅，调料的配比，煮制时间，大小火的掌控到卤煮的切配，都进行了严格的规范。一碗卤煮计量要准确，刀工要符合要求，摆放要美观，加汤量要合适，每一碗里的油要均匀，不能忽多忽少，醋蒜要适度。卤煮讲究烫嘴吃，原料必须从大锅里捞取，一次切配不得超过三碗，以免造成卤煮热度不够。卤煮操作人员更是要经过严格的选拔、培训、考核,才能较好掌握卤煮的制作技艺。

随着连锁店的发展,为了保证卤煮火烧的汤、料的一致性,陈秀芳在坚持传统工艺操作,原料统一加工配送的基础上,又将卤煮调料研磨打碎制成酱料,与原料和水量化配比。通过反复研究、实验,保证了各分店不同时段的卤煮质量和汤的一致性。为小肠陈卤煮火烧制作技艺的传承和小肠陈的发展壮大奠定了基础。

在服务上,陈秀芳倡导"态度亲切、服务周到"的个性化、规范化京味服务。由于公司大部分员工来自外地,对老北京的风俗礼仪不是很了解。她一方面组织培训,从称呼、礼貌用语、服务规范,甚至是眼神、肢体语言都要有老北京的感觉。要求各分店做到客人进店有迎声,客人问话有答声,客人叫有应声,做不到位有歉声,客人帮忙有谢声,客人走有送声。努力营造京味儿的经营氛围,赢得了良好的口碑。

同时公司还建立了总店巡回质检制度,通过各部门下店来监督落实的效果。从菜品到服务,从经营到管理等全方位地对各分店跟踪监督检查。这些措施有效地提升了各个环节的品质,有效保证了菜品质量和服务质量。

小肠陈的传承发展贵在积年累月、持之以恒的付出,难在坚持不懈地始终把好质量关,形成了"讲究原料品质、保持传统制作工艺"的小肠陈突出的经营特点。陈秀芳通过自身的努力,带领团队扩大了小肠陈的经营规模,在南横街老店的基础上,先后发展了方庄店、草桥店、旧宫店等多家直营连锁店。由20世纪80年代末至今,把一个经营面积仅30多平方米的小店铺发展成为拥有多家直营店和一座加工配送中心的连锁餐饮企业。其连锁经营面积达近千平方米,企业已由过去的几个人经营的小作坊发展成为拥有近100名职工的连锁经营企业,可容纳几百人就餐,小肠陈逐渐形成了有一定规模的连锁经营老字号餐饮企业。

不断攀登，与时俱进

为了适应餐饮市场的变化，老字号也需要不断学习新经验、新思想、接受新事物。陈秀芳在经营上不断调整，在保留方庄旗舰店的基础上，相继将南横街老店、草桥店恢复传统经营售卖形式，进行转变提升。进门一口卤煮大锅，吧台点餐，自助取餐，与客人之间"零距离"接触，让客人心明眼亮地用餐、消费，传承了小肠陈"诚信仁和、童叟无欺"的经营理念，受到顾客们的喜爱。

随着市场的变化，越来越多的年轻人改变了消费习惯。如何解决许多企业"酒香也怕巷子深"的困惑？为了提高小肠陈品牌在年轻群体中的影响力，顺应当前网络发展迅速、影响力大的特点，利用现代化互联网的方式吸引年轻人。2004年小肠陈就建立了官方网站、2017年又进行了改版升级。小肠陈先后建立开通了企业微博、微信，与电视台、报纸、杂志、网络直播等媒介合作宣传，并与大众点评、美团、百度等知名的网络公司合作，通过网络外卖等新的销售形式，使用网络关键字推广、代金券、团购等方式达到宣传品牌的目的，让更多年轻人接触、了解、喜欢小肠陈。

公司也非常重视网络上的品牌声誉，安排专人管控互联网上的动态和不良信息。每天关注大众点评网上客人的用餐留言、评价，根据网评进行分析、总结、改进，减少差评的发生。其中包括日常经营中对于客人个性化的服务，减少不满意的事件发生。同时利用出现的网评与店面经营挂钩，有奖有罚，达到让客人用餐满意的经营目标，打造品牌，提高小肠陈的知名度和美誉度。

正宗京味，百姓追捧

经过近 30 年的传承发展，小肠陈已经成为服务大众的京城老字号连锁企业的一个绿色品牌，深受百姓喜爱。

南横街老店自打拆迁重张以来，每天都是顾客盈门，上午十点半营业，有的顾客九点一开门就早早来到店堂里等。不管刮风下雨，店堂内每天都排着长长的队伍。一聊天，就餐的客人中不乏老街旧坊、名人名家、歌星大腕儿，也有外省市、其他区县等不同区域、不同阶层、不同职业的食客、朋友们。当代知名人士像赵忠祥、王铁成、梁天、马晓晴、李琦、吴京、李成儒、孟凡贵、师胜杰、李菁、郁钧剑、谭正岩、孔令辉、张怡宁等也多次光临就餐，有很多人留下亲笔签名，拍照留念，还有很多朋友给小肠陈题词写诗，那份热爱和执着令人为之感动。

说到老食客、老朋友，不得不提到一个与小肠陈非常有渊源的人——何振先。他是著名书法家，业界人称"何半仙"。小肠陈门店里悬挂的牌匾

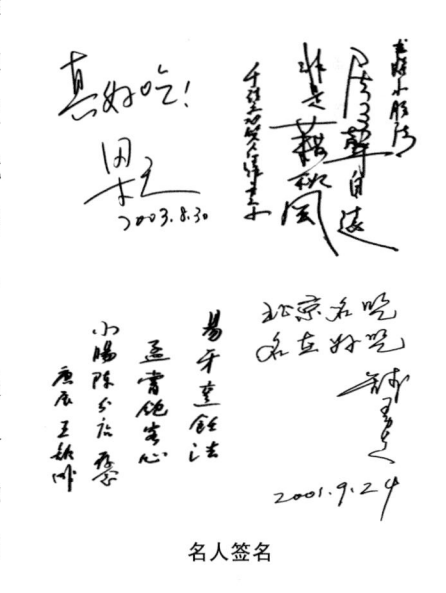

名人签名

就是何振先所写，"小肠陈"三个字刚劲有力、美观大方，食客们到小肠陈就餐时都会夸奖。当年他还担心他的书法代表不了"他心中的小肠陈"。这表达着一个书法家对小肠陈的深爱。他与小肠陈第三代传人陈玉田既是街坊，又有交情。陈秀芳延续了这种交情。再后来，何振先为深爱着的小肠陈书写"京城卤煮第一家"的匾额，体现了小肠陈在老食客心中的位置。

另一位老食客郭庆瑞为了抒发对小肠陈的情感，在《诗画京华老字号》一书中写道："小碗火烧白透红，肠肥肉烂卤汁浓，陈年美味家传好，记述京城几代情。"这是一首藏头诗，字字有韵味，句句现真情，充分体现了老食客对小肠陈的情谊。

还有老食客自撰《沁园春·卤煮》来赞美小肠陈："北京风光，千家饭店，万种菜肴。望长城内外，不屑啥好，唯卤煮想到，顿喜眉梢。小肠陈饭店，人人知晓，溯源正宗，无人能超，大锅里，看食料丰富，火烧环绕，肥肠五花肺头，沸腾之中老汤跳。香味绕梁飘，食欲出窍，舌尖满意，夸赞滔滔。百年传承，独领风骚。雄风重振老字号。俱往矣，数各种美食，卤煮最俏。"

2008年北京奥运会，小肠陈卤煮火烧被编入《北京欢迎你：漫画歌谣展览作品集》，书中写道："北京卤煮小肠陈，天天围着人一群。杂碎火烧炸豆腐，汤汤水水香死人。醋蒜辣油香可口，红红绿绿一碗春。香味能传三五里，北京卤煮欢迎您。"

经过多年的努力，小肠陈得到了社会的认可，取得了卓越的成绩。在私营企业中，小肠陈是首家被认定为"中华老字号"的餐饮企业，被评为"北京老字号"、"全国绿色餐饮企业"、"中国特色风味餐厅"、"中国餐饮名店"、市级非物质文化遗产和"最受市民喜爱的餐馆"。连续多年被评为市、区"双信单位""守信企业""文明单位"。2006年至2018年,小肠陈被评为"北京市著名商标"。2010年又荣获"中华老字号最具影响力品牌企业""中国餐饮业十佳特色名店",2015至2016年小肠陈被授予"中华老字号传承创新先进单位",荣获北京市残疾人联合会颁发的"爱心企业""2016年度百年功勋企业""2016年度中华老字号二十大经典产品""2017年度北京餐饮十大老字号品牌"等荣誉。

小肠陈取得的成功,首先源于陈秀芳总经理的人格魅力,她不仅继承了小肠陈第三代传人陈玉田老爷子"老老实实做人,踏踏实实做事"的优秀品质,更继承了小肠陈历代传人"顾客是我们的衣食父母"的朴素经营理念。时至今日,小肠陈的经营管理思想中无不渗透着陈秀芳及几代传人的经营理念和精神,始终坚持、坚守着……

作为小肠陈的传承人,陈秀芳说:"我会不忘初心,肩负使命,为老字号的发展,为小肠陈品牌的发展,努力创出更多的辉煌。"她用热心温暖着每一位四面八方的来客。小小一碗小肠陈卤煮火烧,它不仅包含着北京浓浓的风土人情,也寄托着北京百姓的缕缕情思,蕴含着小肠陈特色文化的历史渊源。

(北京小肠陈餐饮有限责任公司)

用真心酿造甜蜜　用甜蜜温暖人心
——红螺食品故事

红螺食品简介

北京红螺食品有限公司（以下简称"红螺食品"）始于1909年，是一家具有悠久果品生产历史，集产供销于一体化的中华老字号企业，是农业部等国家九部委认定的农业产业化国家重点龙头企业、全国农产品加工示范企业、北京市高新技术企业。

1915年，红螺食品前身聚顺和生产的北京果脯荣获"巴拿马万国博览会金奖"；2012年，红螺食品茯苓夹饼荣获第16届世界食品科技大会"世界食品工业大奖"；2015年1月，公司被中国商业联合会中华老字号工作委员会授予"京城果脯第一家"荣誉称号；2014年11月，红螺食品申报的"北京果脯传统制作技艺"被列入市级非物质文化遗产名录；2017年，聚顺和茯苓夹饼传统制作技艺，被列入西城区非物质文化遗产保护代表性项目名录，红螺食品被中国食品工业协会授予"中华百年传承品牌"荣誉；2018年，红螺食品被中华人民共和国农业部授予国内唯一的"国家果脯加工技术研究开发中心"荣誉。

红螺食品主要生产果脯、羊羹、茯苓夹饼、板栗、薯仔、老北京休闲特色小吃及地方特产等七大系列，400 余种包装规格的各类特色休闲食品。在全国各大商场、超市设有 300 多个销售专柜，7000 多家零售批发网点，在北京地区设有多家专卖店，建立了网上独立商城和电子商务销售平台，产品行销全国 20 多个省、市、自治区，出口欧美等 15 个国家，在同行业中占据较大市场份额，拥有良好的知名度和美誉度。

　　红螺食品坚持"人诚品真，以义取利"的诚信原则，以"用真心酿造甜蜜，用甜蜜温暖人心"的经营态度，不断传承创新，持续发展，将"营养、健康、安全、绿色"的特色休闲食品，奉献给广大消费者，用诚实、诚心、诚信和服务回报社会。

红螺食品大门

北京果脯的历史与故事

北京果脯的历史沿革

　　北京果脯又称"京味果脯"，其传统制作技艺历经上千年的演化与发展，在明清两朝经过宫廷与民间多次融合改良与提升，制作技艺被固定、传承下来。其做工细腻、风味绝佳、鲜亮清透、酸甜适中、爽口滑润、回甘芳香、果味浓郁，是宫廷与民间食文化有机融合形成的、独具北京特色的地域特产。

清末，掌握北京果脯制作技艺的果脯老字号开始崛起，其中最负盛名的是位于大栅栏西口的聚顺和。

据现可查档案记载，北京果脯著名商号聚顺和设立于1905年。1909年，聚顺和在大栅栏西口的铺号开业，最初创办聚顺和的资东是从山西文水来京的任百川（字汝江），在北京先后开设了三家店铺，分别是大栅栏街路北西口电话南局940号（西口第二家）的聚顺和南货店；现煤市街144号的聚顺和栈南货老店；地安门外鼓楼大街东门牌239号的聚顺和加工厂（兼有铺号），其中以大栅栏西口的聚顺和南货店为总店，最负盛名。当时，聚顺和字号十分著名，有"果脯大王"之称，年产果脯30万斤，趸批世界各地，在国内国际获得过多项荣誉。1915年为庆贺巴拿马运河开通，美国在旧金山举办"巴拿马太平洋万国博览会"，聚顺和制作的北京果脯被送到巴拿马参会，五颜六色的果脯装在绿釉的粗陶罐子里，看上去略显土气，可是国际裁判品评结果，认为这些果脯"富蕴果香，有东方食品的高雅朴素风味，品尝后齿颊留香"，被大会授予金质奖章。在1936年出版的《北平旅行

2008年9月聚顺和栈南货老店新貌，煤市街144号

用真心酿造甜蜜 用甜蜜温暖人心

指南》中,就有聚顺和刊登的宣传材料和连环画广告。

1951年起,政府开始筹划组建公私合营北京市果脯厂(简称"北京市果脯厂"),至1955年底基本完成。除聚顺和外,还有几家老字号都参与了合营,果脯制作技师在政府统一管理下,对北京果脯传统制作技艺加以总结,将各种果脯制作通用的八大步骤、二十九道工序记述传承下来。2006年企业改制成功,成立北京红螺食品有限公司,北京果脯传统制作技艺传承至今。

北京果脯传统制作技艺,其生产精严、讲求细节,果脯发酵采用的"果浆",糖制过程中的"糖液"均为特殊配制而成;生产技艺纯熟,化糖讲究"勺提一条线,勺舀不粘连",制作好的果脯要"不流糖、不定糖"。北京果脯成品色香味俱佳,最大程度地保持了原果营养和风味。在制作过程中,还原糖占比高,营养丰富且容易被人体吸收、利用。这些精严技艺的保留,是红螺人对北京果脯传统制作技艺传承与保护的结果,也正是有了这样的精工细作与不断代传承,才保持了北京果脯正宗的百年风味和特色,也使得北京果脯所蕴含的甜蜜亲情和节日喜庆文化深入人心,北京果脯在传统年节、社会交往,甚至外交领域都发挥了不可替代的作用。在京城消费者心中,北京果脯不仅仅是美味、健康、营养的食品,更代表了人际间的亲情、温暖和甜蜜。

1963年国庆节兼中秋节,北京市民在蜜饯果脯摊前(刘鹏提供)

作为北京传统饮食文化的代

表品牌，北京果脯与京城百姓的生活息息相关，是亲情的符号，是甜蜜生活的象征，是京味文化密不可分的一部分。作为北京果脯传统制作技艺保护单位的红螺食品，将再接再厉，在传承弘扬中华民族优秀传统文化方面加倍努力，立足京味文化土壤，满足百姓需求，将北京果脯传统制作技艺的匠心精神体现在红螺食品的每一个方面，使果脯所蕴含的传统文化历久弥新，将果脯营造的亲情符号传向世界。

果脯的故事

唐鲁孙笔下的果脯（摘自唐鲁孙随笔录《酸甜苦辣咸》）

早些年南方朋友到北平办事或观光，离开北平前，总要带点北平的特产土产回去送送亲友，买文具多半是铜锁尺、电镀墨盒、细镂精雕各式印钮的铜图章，买点心少不得是大小八件、卷酥、菊花饼、小炸食、萨其马，如果想买点可口零食，十之八九要到干果子铺买几样果脯，用匣子装好，带回家乡送人，那是最受欢迎的北平土产了。

北平的干果子铺，最早是以卖果脯为主体的，所以叫干果子铺，果脯有桃脯、杏脯、梨脯、苹果脯，还有金丝蜜枣，去核加松子核桃等。果脯是什么朝代开始有的，现在已经漫无可考，老北平人说：明朝末年就有人发明做果脯了。后来有人考证古籍，发现唐朝天宝年间就有了，唐明皇的宠妃杨玉环爱吃蜀地荔枝，是众所周知的，每年五六月间荔枝成熟，唐明皇就派专使，骑了驿马兼程飞取。杜牧诗里有"一骑红尘妃子笑，无人知是荔枝来"之句。到现在南国所产荔枝，还有一种叫妃子笑的呢，足证当时实有其事，否则不会把名

用真心酿造甜蜜　用甜蜜温暖人心

种荔枝取名妃子笑的。

　　荔枝是一种水分多、糖度高、不耐久藏的水果，长安距离蜀地，虽非千里迢迢，可是驿马急促，递呈到御前后宫究竟是什么样的荔枝，简直不敢想象，《经史类编大观草本》有这样的记载："福唐岁贡白暴荔枝，并蜜煎荔枝肉……"

大栅栏的聚顺和干果店

白暴是荔枝干，蜜煎就是蜜饯，那就是说在一千三百多年前的唐代，就有果脯蜜饯一类制品了。再往前推溯，按《三国志》的记载，果脯蜜饯的出现就更早了。《吴志·孙亮传》记载："亮后出西苑方食生梅，使黄门至中藏取蜜渍梅蜜中。"照此看来，岂不是一千七百多年前，我们就会蜜渍水果甜食了吗？至于原始的果脯是什么样子，有人说和生果同样，不剥皮不去核，只是滤去水分，能够久藏，不致霉变而已，自从时代进步，果脯由御膳房成为上方玉食之后，才成为细品甜食的。

　　1915年，巴拿马举行国际商品赛会，北平隆景和干果子铺的少东家，头脑很新颖，他想把自己柜上腌制的果脯送去赛会，可是老掌柜过分保守古板，说什么也不愿意，逼得这位少老板没办法，于是跟前门外大栅栏聚顺和干果子铺打商量，他把聚顺和做的果脯每样拿了几斤，以聚顺和名义，亲自送到巴拿马会场去比赛，装果脯的坛子是绿釉的粗陶罐。跟万绿丛中一点红漂亮商标的"台尔蒙"确头产品、日本喜笑颜开像弥勒佛的标贴"福神渍"酱菜摆在一块，粗劣笨拙不说，还带点土气，可是国际裁判品评结果，认为展出的果脯，除了清新蕴含果香外，还饱含东方食品的高华风味，吃完之后齿颊留香，令人难忘。当时中国果脯立刻成为世界公认的一种珍贵食品，聚顺和误打误撞，因此也得了大会颁给的金质优胜奖章，隆景和老掌柜后悔也来不及了。从此中国果脯畅销日本、东南亚一带，直到现在世界上还没有哪一个国家能制出像中国这样不加防腐剂而能久不霉变的果脯来。

据说欧洲有一个国家的食品公司曾经派专人到中国来学习果脯渍制方法，但是一直没有成功。是欧洲的温度、湿度有问题，还是咱们敝帚自珍，秘不传人，就不得而知了。

北平一般住户，大都十分守旧，一到冬天家家都得生火御寒。虽然装上烟筒、烧块煤的炉子既安全又洁净，可是十有八九都宁可生煤球炉子也不肯装"洋炉子"（北平当地这样称呼装烟筒烧块煤的）。因此，在烧煤球炉子的环境中，如果时常吃点蜜饯，不但清心润肺，同时也不觉得口干舌燥了。

蜜饯又可称为"蜜煎"，虽然是用糖汁腌制的果肉，却是中国精制食品艺术上的一大创造，另有诀窍，不是人人都会做的。蜜饯制品最主要使用的原材料是山楂、温朴两种带酸性的果子，此外就是海棠果、山里红了。北平卖水果的除了设摊营业外，稍具规模的叫"果局子"，所有蜜饯食品都是由果局子出售。果局子长条案上，陈列着三尺左右白地青花的大海碗，上边一半盖着红漆木盖，一半盖的是玻璃砖，殷红柔馥，琥珀澄香，随便装上两罐，走亲戚、看朋友带两罐蜜饯，老少欢迎，不丰不俭，固甚得体，留为自用也颇适宜。

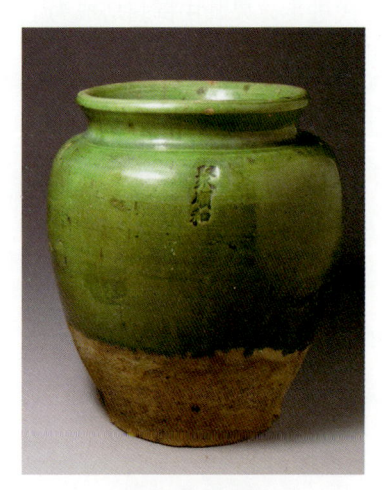

聚顺和绿釉陶罐

当年金融界大亨周作民、谭丹臣两位，冬天请客，一定有蜜饯温朴拌嫩白菜心下酒，脂染浅红，冷艳清新，好看好吃兼而有之。后来连协和医院几位洋大夫也都学会到饭馆小酌时先点温朴拌白菜丝喝酒，说是开胃去火，您说绝不绝。

北京果脯传承人和技艺特点

传承人

红螺食品北京果脯传统制作技艺的传承人代表李效华，1980—1984年在新疆石河子大学园林专业学习，毕业后分配到新疆果品公司工作，从事食品深加工工艺分析及研究，以及各类食品的贮存条件、营养成分、加工性状及制作工艺的研究。

2003年，李效华到红螺食品工作，开始了北京传统食品制作技艺的学习与研究。为了全面掌握果脯等传统制作技艺，李效华师从果脯制作第五代传人李玉祥，他虚心学习，认真研究果脯传统制作技艺。在深入学习的基础上，先后总结提出了果脯工艺流程及工艺技术参数。从基地到原料选择→备料→生产加工→烘烤→整形→包装→检验→入库及物流等，都进行了规范，结合现代人健康需求标准，对传统的各项指标进行了适度调整，对原辅料的理化、卫生等指标进行了规范化和标准化。

果脯成品

李效华（左三）工作中带徒　　　　　李效华（右一）传授徒弟制作技艺

为了更好地继承传统，李效华每年抽出大量时间到全国各地的传统食品生产基地进行调查研究，了解全国各地的传统食品分布及地域性果品加工工艺，同时广泛接触全国大中专院校的果品深加工科研部门，在传统果脯制作技艺的基础上，根据现代人的健康需求，对果脯含糖指标等进行技术攻关，研制出果脯冷制法和低糖果干系列，满足了不同消费者的个性化需求。

作为果脯制作技艺的传承人和红螺食品的掌门人，李效华认为不论是北京果脯传统制作技艺还是"中华老字号"，非物质文化遗产和老字号商业文化的核心价值在于传承延续千百年的中华民族优秀传统文化（包括技艺）。虽然随着时代和科学技术的变化，文化的具体内涵在日新月异，但是文化的核心价值是不变的。比如匠人精神的核心在于"匠心"，"匠心"的传承才是"非遗"和老字号商业文化的核心价值所在。因此，李效华除了在培养传承人队伍和建立传承人机制方面做了很多工作，还将更多的精力和时间用在企业品牌文化传承和弘扬推广上，使红螺食品所承载的文化价值在社会上、在国内外得到广泛的弘扬，红螺食品的产品取得了国内外的各项殊荣。

红螺食品现有生产员工200余人，直接掌握和接触制作技艺的人员有72人。通过对掌握果脯等传统制作技艺的老技师的技术考察，以及根据过去的

红螺果脯　　　　　　　　　　　红螺枣脯

师徒传承关系，确定当代企业技艺传承人代表为李效华、房刚等，根据实际情况又培养直接传承人25人，使之成为车间技术骨干。公司每年给予技艺传承人一定的奖励，同时，在企业具有高等学历的工程师中选拔技艺优良、人品正直、吃苦耐劳的人才，组织传帮带等拜师传授仪式，使传统制作技艺得以从形式到内容完整的传承。同时，不断深入挖掘、整理、研究传统技艺理论，为传统技艺的传承与保护提供扎实的基础。

技艺特色

相对于其他产品，红螺果脯在制作技艺上保持了北京果脯原汁原味的工艺特点，主要体现在以下四方面：

一是选料严格精细。

红螺果脯选料严格精细，如苹果脯特选着色鲜艳、无斑点、无水锈、无虫害、含糖量高、口感脆鲜的怀柔特产国光苹果，选用"4个头"（一斤4个）大小的原料；青梅果脯特选农历小满后的青杏，这时的青杏果肉细腻、口感爽脆、外形美观，加工时易脱核；等等。

红螺青梅果脯　　　　　　　　　　红螺海棠脯

二是工艺配方独特。

经百年实践探索，红螺果脯加工过程中形成了独特的工艺配方，如清洗护色规定用 0.5% 的盐水清洗，用此浓度的盐水配合清洗时间，既能防止果品氧化达到护色目的，同时又不会破坏果品的天然风味；"果浆"配置要加入不同制果脯环节形成的糖液，按照一定比例与一定品种的果料相混合，而配置的具体比例与选料则是果脯制作的重要秘方，对于果脯制成的鲜果味道保留与风味提升具有直观重要的作用。

"糖液"中饴糖的制作也是果脯制作中的秘方，配置好的"糖液"熬制时间以及火候由富有经验的老技师掌握，熬制好的糖液讲究"勺提一条线，勺舀不粘连"，此时能够保证还原糖比例占到总糖比例的 50% 以上，易于浸入到果脯中且被人体吸收；此外，对于不同品种、不同季节的果脯制作，在发酵、煮制、浸泡、烘制等方面都有严格的时序和时间要求，以保持产品质量标准恒定。

三是加工工具独特。

红螺果脯在加工过程中，在不同工艺环节采用独特的缸、灶、锅、刀、勺、铲等加工工具，不同工艺流程和工序搭配不同工具，以保障独特的使用效果。如在煮制过程中采用红铜整体铸造的大铜锅，目的是防止果坯褐变。炉灶采用专门的"抽风灶"，具有高效对流、节能环保、泄渣简便的特点。

四是加工工艺严谨。

红螺果脯严格遵循传统工艺要求，工艺一丝不苟，如去皮讲究"去净外皮不带肉"。打入凉糖液要求分三次打入，第一次在整锅均匀沸腾15分钟后打入，目的一是通过"热胀冷缩"的原理使果坯充分吃糖，二是起到冷却作用，避免翻锅时果坯破碎。第二次打入凉糖液使甜酸适度，果坯完整。第三次打入凉糖液，使糖色均匀，外形饱满。又如在移果过程中，严格要求每出一锅一"掏缸"，既排除热气，又避免果坯在浸泡过程中窝气褐变，影响外观。对果脯制成品，按照完整度、吃糖饱满程度进行严格分级，一级果脯要求块形完整、色泽鲜艳、果料润泽、不黏不干。

（北京红螺食品有限公司）

老字号 新故事

百姓最爱　京味小吃
——北京小吃的古往今来

北京是拥有3000多年建城史和860多年建都史的历史文化名城。悠久的历史、丰厚的文化积淀使得北京的餐饮文化博大精深，既孕育保留了丰富的百年餐饮老字号，也形成了众多特色鲜明的北京传统小吃。北京传统小吃凭借其精湛的技艺、独特的风味、深厚的文化内涵，与北京的长城、故宫、四合院等一道成为代表北京形象、展现北京风采的历史文化符号和金名片。它的故事更是脍炙人口，散落民间。

北京小吃的故事源远流长

根据史料记载，北京小吃的历史至少可以追溯到元代。北京作为辽、金、元、明、清的都城，作为全国政治、经济、文化中心的历史长达千年，聚居了很多民族，他们带来了各自的饮食习惯和烹饪技术，大大丰富了北京原来的小吃品种，从而使北京成为中国饮食的荟萃之地。

如史籍记载，元太医忽思慧在他所著的《饮膳正要》中就对北京小吃

百姓最爱　京味小吃

有许多描述：例如当时流行的回族茶饭"秃秃麻食"（又名"手撇面"），维吾尔族人祖先的茶饭"搠罗脱因"，以及西夏后裔唐兀族人的"河西米汤粥""河西肺"等。当时的"大都"（今北京）小吃多达几十种，如素馅烧麦、水晶角儿、软肉薄饼、酥烧饼、硬面烧饼等占据了当时小吃品种的十之三四，这些食品融合了中原的烹饪技法，逐步形成别具风味的北京小吃。

明代刘若愚的《明宫史》记载："二月初二，各家采用黍面枣糕以油煎之，或以面和稀摊为煎饼，名曰'薰虫'。"明人史玄撰写的《旧京遗事》中记载："京朝官端午赐食粽，重阳赐食糕。"

特别是清中叶，北京百业兴旺，商贾云集，北京小吃由于博采各地小吃之精华，又融合了汉、回、蒙、满多民族风味小吃以及明清宫廷小吃特色，不断推陈出新，北京小吃内容更加丰富、特色突出，并且形成了汉民小吃、清真小吃、宫廷小吃共同发展的格局。

清中叶之后，北京小吃更加繁荣。居住在北京城的皇室、贵族、官员、商贾的"一饮一食莫不精细考究"，为了迎合这种"吃"的需要，不仅各种饭店、酒楼林立，各家小吃也蜂拥而起，相继出现了许多专营某一产品的名家或名号。在清代潘国陞所撰写的《帝京岁时纪胜》"皇都品汇"中曾这样记载北京小吃品种：太和楼的"一窝丝清油饼"，聚兰斋的"桂花糕"，土地庙的"香酥鹅油饼"，孙胡子的"扁食包细馅儿"（饺子），马思远的"糯米元宵""玉叶馄饨，名重仁和之肆；银丝豆面，品出妙手之街"。由此可见，当时众多北京小吃以其特色闻名京城。

乾隆年间，诗人杨米人在《都门竹枝词》中生动地描写了北京小吃丰富和独特的民俗特征："月斜戏散归何处？宴乐居同六和局。三大钱儿买好花，切糕鬼腿闹渣渣。清晨一碗甜浆粥，才吃茶汤又面茶。凉果炸糕糖耳朵，吊炉烧饼艾窝窝。叉子火烧刚卖得,又听硬面叫饽饽。烧麦馄饨列满盘,新添挂粉好汤圆。爆肚儿炒肝儿香灌肠,木樨黄菜片儿汤。"这首词不仅生动反映了北京小吃品种丰富,而且使人身临其境地感受到庙会的繁荣景象。从诗中提及的这些品种我们也看到,清代的小吃对当代影响深刻,直至今日许多受欢迎的品种也多是从那时流传下来的。例如"茶汤李"始创于1858年,清咸丰年间,"茶汤李"第一代传人李金祥曾为清宫慈安、慈禧制作茶汤等食品;"小肠陈"是京城家喻户晓的百年老字号,也始于清光绪十二年;再如"爆肚冯"创立于清光绪年间,其间经宫内当差的太监推荐,"爆肚冯"成为清宫御膳房肚子特供点。再有北京豆汁儿历史更为悠久,相传在辽宋时期就是民间大众化食品。有史料记载的是清乾隆十八年,有人曾向朝廷奏本称:"近日新兴豆汁一物,已派伊立布检查,是否清洁可饮,如无不洁之物,着蕴布募豆汁匠二三名,派在御膳房当差。"此后,源于民间的豆汁儿传入宫廷成为御膳品种之一。

民国初年到20世纪50年代,北京小吃呈现集群式发展,表现比较突出的是前门外门框胡同小吃、老天桥小吃还有老北京庙会小吃,形成三个比较著名的北京小吃集散地。至于沿街叫卖各种小吃的更是布满整个北京城。庙会则以厂甸、护国寺庙会最为热闹,这些地方曾经留下许多名人的身影。

总之,北京曾作为金、元、清等少数民族统治的政治中心,流传下来不少民族食品和小吃的故事。南人北人五方杂处,政治、经济、军事、文化互相融合交流,更促成食品的多元发展。最终形成了以豆类、米面类等北方粮食为主要食材,以蒸、炸、煮、烙、烤为主要加工方式,以咸、香、甜、糯为主要口味,以及由牛、羊、猪肉和下货等肉食组成的丰富多彩、极具地域特色的北京小吃及传统习俗。

—— 百姓最爱　京味小吃 ——

北京小吃的魅力令人叫绝

流传至今的北京经典小吃每一道都经过了无数风浪冲击，带着穿越时空遗留下的历史印迹，除展示了令人精湛叫绝的制作技艺外，还形成了诸多令人惊诧叫绝的北京地方传统习俗。这种根植在人们心中的"文化心理"，饱含着深厚的民意与民情。

北京小吃"绝"在制作技艺上

北京小吃在制作上颇为讲究，说道繁多，这种讲究的核心就是真材实料、精工细作、货真价实，让人看着就觉得值。如：锦馨豆汁店做豆汁儿讲究用京东八县的绿豆，炸出的焦圈儿讲究一摔成八瓣；护国寺小吃店做切糕讲究用北京郊区的密云小枣；"茶汤李"精选茶汤原料是高寒地区糜子米面，是我国最古老的五谷之一，颜色鲜黄、质地细腻，色香味俱佳；"爆肚冯"的爆肚儿选料精细到将牛或羊的胃，细分成食信、肚板、肚领、肚仁、蘑菇头、（羊）散丹、（牛）百叶等十几个部位，切法则有寸段、薄片、骨牌块、韭菜丝等多种规格，做羊头肉讲究用"四六口"的羊；等等。

北京小吃有着自己独特的制作方法和技巧，归纳起来，其主要技法有擀、包、裹、抻、捏、卷、切、叠、盘、揉、揪、扯、搓、削、拔、捣、剔、压、拽等二十几种之多。而每一种技法又会根据不同的民族以及不同的原料、不同的品种采用不同的技法，有时制作某一种小吃会先后用到几种甚至几十种技法。做小吃讲究小吃大做，清代的《研读小食品杂咏》用这样的诗句描写"艾窝窝"："白粉江面入正蒸锅，什锦馅儿粉面搓，浑似汤圆不待煮，清真唤作艾窝窝。"北京小吃处处讲求"精到"，即原料要精选，加工要精细，外观要精致，口味要精美，被人们赞为：小吃大艺。要说小吃技艺上最讲究的还得数北海仿膳饭庄。北海仿膳饭庄始建于 1925 年，是一家以经营宫廷风味菜肴为主的中华老字号饭庄。当年的御膳房管事赵仁斋找来御厨赵承寿、孙绍然、陈增贵、王玉山等人，合伙在北海公园北岸五龙亭附近租了几间平房，开办了一个茶社（是为仿膳饭庄的前身），定字号为"仿膳"。其制作的小吃始终保持着皇家的风味，如豌豆黄一定要选上等的豌豆，制作时需要先将豌豆煮烂，再经"马尾罗"筛过，然后要经过炒泥、冷却、切块等多道工序，制成的豌豆黄，颜色金黄、块形小巧、香甜细腻、入口即化，被称为"食中上品"。又如小窝窝头，《北京风俗杂咏续编》中收有一篇夏仁虎写的《旧京秋词》，专门对其进行过介绍。他生动地写道：北海的仿膳，往日是皇家御厨，制作的点心非常精美。蒸菱粉做成花式菱角糕；以新磨的蜀黍粉仿照贫民日常所食，制成窝窝头，只有手指头大小，吃起来甜美无比，很受食客欢迎。

再如南来顺和护国寺小吃做的清真小吃糖卷果，其技艺最见功夫，山药、枣、果料等原料搓揉成泥，用豆皮裹成卷，然后再蒸、切、炸，用糖

艾窝窝　　　　　　　　　　　　　驴打滚儿

炒，工序相当繁杂，口感相当好。

有人曾把北京小吃的特点归纳为四条：一是味儿，即咸甜分明，味觉刺激明显；二是质地，要么酥脆可口，要么软滑顺口，少有皮的、塌的；三是温度，有的吃起来烫嘴，有的入口冰凉，绝没有不凉不热、温温吞吞的；四是色彩，称得上是五彩斑斓、花团锦簇。北京小吃色、香、味、形俱全，能给人以味觉、视觉的双重享受。

糖卷果

北京小吃讲究货真价实，讲究传承的技艺、正宗的品味，好吃不贵，在百姓中有很好口碑。

北京小吃"绝"在吃法习俗上

历史上的北京小吃，街头巷尾、廊下屋前、市井庙会等都是它生存的地方。它不需要楼堂馆所的富丽雅致，唯一的要求就是要与百姓的生活贴切、融合。北京小吃虽"兼收并蓄而又自成风格，多味并存而又独具特色"，除了在制作上有诸多讲究外，在吃法上也形成了许多民间习俗。现在许多年轻人都不知道了。如北京豆汁儿是北京独有的小吃名品，当你到锦馨豆汁店转一圈，就能看到年老北京人和年轻北京人喝豆汁儿的区别，喝豆汁儿时不能像喝汤一样用勺舀，而是用手指托着碗，一边晃动一边转着喝，喝完之后讲究碗光、手光、嘴光。喝豆汁儿时讲究吃焦圈儿就咸菜，这种咸菜也有讲究，都用的是水疙瘩（芥菜）丝儿。还有"茶汤李"现场制作茶汤，使用传统的龙嘴大铜壶冲茶汤，配着青花小兰碗，吃时用小铜勺顺着碗边切着吃，

焦圈儿、豆汁儿

让人回味无穷，流连忘返。"茶汤李"的绝活是"扣碗茶汤"，堪称小吃一绝。冲好的茶汤即使将碗倒扣过来也不会撒出来。

又如北京小吃中的粥，在搭配上也有讲究：早点喝粳米粥得配烧饼；午后喝小豆粥得配蜜麻花；盛夏喝荷叶粥得配豌豆黄；寒冬喝大麦粥，得配芸豆饼。再如豆腐脑儿，讲究味道浓厚，汤汁较多，就着锅饼、火烧适合作早点；而吃老豆腐，因汤汁较少、相对清淡，配个焦圈儿，适合作为下午的闲食。此外还有许多特殊的讲究，如吃卤煮火烧不能放香菜；吃豆腐脑儿不能放辣椒糊，得放辣椒油；吃煎灌肠不能用筷子，得用牙签等。这些讲究，北京的老年人差不多还都记得，许多年轻人就不太清楚了。

北京小吃在不同的环境中有不同的吃法，在特定的情境中，那个氛围、那个环境、那个热闹劲儿所形成的感染力，叫人欲罢不能，先吃而后快。如捋胳膊挽袖子蹬着凳子吃烤肉的，坐长板凳围了一圈喝豆汁儿的，庙会上端着碗站着喝面茶的，即使红头涨脸、脖子流汗，也会觉得洒脱痛快、酣畅淋漓。如果把小吃拿到家去，四平八稳地一坐，就完全不是那么回事了，这就是小吃环境所形成的独特魅力。

北京小吃的另一个吃法就是顾客直接参与烹饪制作过程。比如老北京义聚成的炙子烤肉，不是大师傅在后厨把烤肉烧好了再给食客端出来，而是食客们围在炙子烤盘前用长筷子自己翻动。愿意吃"嫩"的，您可以见好就夹，愿意吃"老"点的，您就多烤一会儿。这就形成具有独特韵味的小吃氛围。

北京小吃"绝"在揽客方式上

北京小吃属于街头食品，也叫"碰头食"。因此传统的北京小吃都没有固定的销售摊点，大多是走街串巷，车推肩挎，摆摊儿挑担，往往是赶到哪儿算哪儿，碰见才能买到。其招揽生意的方式也同其他游商一样，大多采用叫卖的方式，只有小有名气并积累一定资本之后才会设摊销售。因此北京小吃需要使用"声、香、色"等手段来招揽顾客。其中"声"是最主要的，叫卖就成为北京小吃传统习俗中的重要内容。旧时北京的街巷里，几乎从早到晚都会听到各种抑扬顿挫的叫卖声，甚至午夜都有小吃卖家在沿街叫卖。如卖元宵吆喝"个儿又大，色儿又白，扔到锅里飘起来"，包子下屉了吆喝"刚出锅来，热的吃……来"，买切糕的吆喝"嫌块儿小您就自己切来……"如深夜出售夜宵小吃"硬面饽饽"，制作人沿街叫卖"硬面饽饽"的声音，透过冬夜的寒风，传到百姓的院里、房间里，有着特殊的韵味。有人曾用诗形容："饽饽沿街运巧腔，余音嘹亮透灯窗，居然硬面传清夜，惊破鸳鸯梦一双。"各色小吃也有自己独特的叫卖时间和方式。据张江裁先生的《燕京民间食货史料》中记载："每晨各大街小巷所叫卖之杏仁茶、豆腐浆、茶汤、切糕、豆腐脑，下午所叫卖之豆渣儿糕、蒸云豆、豆汁粥、老豆腐，夜间叫卖之硬面饽饽、茶鸡子、炒豆腐之类，其制法新奇，亦惟此土所独有耳。"北京小吃也有的不用嘴去叫卖，而是用小吃制作过程中独具特色的响动来招徕生意，如烙烧饼的擀面时，用响亮的"摔山子"（在案板上摔面）或"打花杖"（用擀面杖在案板上按照一定的节奏击打）的声音来吸引路人。这些略带夸张和炫耀的叫卖，不仅表达出小吃制作者对自己产品的自豪和欣赏，也能引起路人的注意，达到售卖小吃的目的。

现在的北京小吃都是设摊销售，沿街叫卖的揽客方式已经不多见了。

北京小吃"绝"在顺应节令上

北京小吃在历史上有鲜明的节令色彩，什么节气吃什么小吃有许多讲究，要依着节气时令，应时应景地吃。其目的在于感应自然变化、讲究天人合一，显示了北京小吃与节令的密切关系。

杏仁豆腐是北京小吃中的夏令食品，洁白如玉的杏仁豆腐经过冰镇盛在碗内，兑入冰镇过的桂花糖汁，点缀红绿樱桃及葡萄干等。盛夏时在南来顺或护国寺小吃来一碗杏仁豆腐，红绿果料，清淡雅丽，甜蜜醉人，食后冰凉的感觉沁人心脾；豆䊓（chǎi）糕则是老北京的冬季小吃，它以两层江米面夹一层豆沙馅儿，似白玉玛瑙，上面再均匀地撒上煮熟的白芸豆䊓，像粒粒宝石，具有古风幽香。还有年糕、艾窝窝、芸豆卷等小吃，每到春节前在南来顺、锦馨、锦芳、护国寺小吃等老字号企业的门前，总是排起长长的队伍购买年货。豌豆黄是典型的春令食品，一般从春季上市一直要卖到春末，做得最好的还是仿膳和听鹂馆。立秋之日则要吃羊头肉，正如《燕都小食品杂咏》中记载的："十月燕京冷朔风，羊头上市味无穷。盐花洒得如飞雪，薄薄切成与纸同。"还有过年时要吃年糕，取"年年高"的美意；正月十五吃元宵，象征着一年到头"团团圆圆"；立春时吃春饼，取迎新之意。此外，农历三月初三为上巳，居民多食豌豆黄。农历四月玫瑰花盛开时节要吃玫瑰饼；五月端午节要吃粽子；八月中秋节吃月饼；九九重阳节要吃花糕，等等。

百姓最爱　京味小吃

北京小吃"绝"在情感寄托上

一方水土养一方人，一方饮食体现一方文化。北京小吃作为北京地方饮食文化的载体，既记载了老北京社会生活的历史信息，也是老北京人对尘封记忆的情感寄托。尤其是曾在北京生活现已远离故土的老北京人，在品尝北京小吃的同时，其中往往寄托了很多的个人情感和历史记忆；一些已经留居海外的华人也会在品尝北京小吃的同时生出浓烈的思乡之情。

1949 年以前，前门门框胡同小吃群曾经留下许多名人流连的身影，如著名文学大师鲁迅、巴金、老舍、丁玲，电影明星韩兰根、陈燕燕、白杨，梨园界名角儿金少山、裘盛戎、荀慧生、尚小云、李万春、谭富英，相声大师侯宝林、王世臣，军界少帅张学良等，描写北京小吃的故事更是甚多。这些都表达了人们对北京小吃的一种真情。

北京人爱喝豆汁儿，并把喝豆汁儿当成是一种享受，一碗烫嘴的豆汁，几个酥脆的焦圈儿和一小碟咸菜，几乎成了北京小吃独特的印记。有记载京剧大师梅兰芳在抗战期间曾居住上海，留须不出以明其志，其弟子言慧珠自京赴沪演出，特地用大瓶子灌满豆汁儿带到上海，以敬师长。

一次北京电视台为重阳节做一期访谈节目，当主持人询问 85 岁的北京人艺老演员蓝天野"儿时的记忆中什么内容印象最深刻"时，蓝老先生回忆起 5 岁时在街头买"甑儿糕"的情景，并说此后再也没尝过这种小吃了，这显示了北京小吃虽小，但给人留下了深刻的印象。

南来顺深受党和国家领导人、各界知名人士，以及众多普通百姓的关心和厚爱。全国人大原委员长万里、副委员长田纪云曾到店考察并题词"宾至如归"。著名戏曲家、曲艺家侯宝林、张君秋、尚小云等是这里的常客。著名作家老舍夫人胡絜青生前酷爱喝南来顺的豆汁儿，1993 年，她 88 岁高龄

老字号新故事

时曾应邀为北京小吃题词"寻腔觅味品小吃",表现了侨胞们探亲访友、寻根怀旧的那份情思。

许多来小吃店的顾客,已经不单单是为品尝各式小吃,而是想通过品尝来寻觅北京小吃带给人们的情思和情意。台湾作家林海音在其文章中写道:"南来顺是北京风味小吃最多的地方,舒乙(老舍先生之子)给点全了,各种小吃一样样上来,闹不清有多少种。当一碗热豆汁儿端到我面前,我眼睛亮了,我可有四十多年没喝到这玩意啦,我连喝三碗,不好意思再喝下去。"末了,她深情地说:"我是喝豆汁儿长大的呀。"中国现代文学馆馆长舒乙先生在南来顺品尝小吃后,欣然提笔写下"小吃大艺",对京味小吃给予了高度的评价。

2013年12月28日中午,习近平主席在事先没有做出任何安排的情况下,来到了位于北京月坛的庆丰包子铺,他以普通顾客的身份在庆丰排队自费用餐。当天,习主席点了二两猪肉大葱馅儿的包子、一碗炒肝儿、一盘芥菜,一共消费了21元。他将餐盘亲自从窗口端到了餐桌,并亲切地与店内服务人员、周围群众进行了交谈。虽然主席极为低调,他那亲切的面容很快被细心的顾客认了出来,大家喜出望外,纷纷拿出手机拍下了这一难忘的瞬间。

这件事很快就通过网络传播到了祖国大地和世界各国,不仅使

庆丰包子

——— 百姓最爱　京味小吃 ———

人们深深感受到了习主席的亲民品格，而且也反映出习主席对北京小吃的喜爱。

北京小吃文化在北京的对外交往中也发挥着独特的作用，具有很高的社会价值。20 世纪 60 年代，周恩来总理曾多次请"馄饨侯"的师傅到人民大会堂等处去包馄饨招待外国政要；1999 年春节，北京护国寺小吃应邀参加在新加坡举行的北京民俗展会，新加坡总理吴作栋在参观展会时当场定制 100 个"驴打滚儿"上国宴；1990 年北京亚运会组委会曾推荐 123 个品种北京小吃；2008 年的北京奥运会，北京风味小吃更是受运动员们欢迎的食品；2011 年 8 月和 2012 年 2 月，美国副总统拜登、加拿大总理哈珀分别在访问北京期间慕名品尝北京风味小吃，受到中外媒体的关注。

北京小吃之所以有这样令人叹为观止的技艺、习俗，固然与老北京的古都地位有关，这使京城百姓的口味、习惯也变得讲究和挑剔起来，但正是这种独特的饮食习俗，展示了老北京独特的宫廷文化、商务文化和市井文化，体现了老北京多样化、个性化的人文色彩，也反映了北京人严谨精细、尊重传统文化的生活态度及美好的精神追求。

北京小吃的传承生生不息

北京小吃制作技艺，是由不计其数的北京小吃制作者、北京老字号的掌门人一代代生生不息传承下来的，从清末民初以来，北京小吃制作技艺的社会传承主要经历了三个阶段：

第一个阶段：公私合营前。这个阶段的传承主要依小吃的单品和字号进行，每一种小吃、每一个小吃字号都有自己独立的，呈微观状态的传承谱系。

第二个阶段：公私合营到改革开放时期。由于历史的原因，原有的单品小吃都合并到公有或集体所有的小吃企业中，因此这个阶段的传承，主要以"师徒传承"的方式进行，小吃企业的原单品小吃制作者，已经不是只专门制作单一小吃品种，而需要学会多种小吃制作手艺。

第三个阶段：改革开放以后。随着国家政策的调整，个体私营经济再次回归社会，出现了国营小吃企业、股份制小吃企业与私营小吃企业并行发展的局面，虽然许多拥有深厚历史传统和影响力的单品小吃重新受到人们的青睐，但国有控股的小吃企业仍然占据着市场的主导地位。

北京现存的小吃老字号企业有："护国寺小吃""南来顺""锦馨""锦芳""庆丰包子""天兴居""爆肚冯""爆肚张""奶酪魏""小肠陈""茶汤李""通聚兴""白魁老号"等，保持宫廷风味小吃的饭庄有"听骊馆""仿膳"等，这些企业不仅传承了老字号的品牌和技艺，而且汇聚了北京小吃绝大部分品种，在北京小吃市场上具有强大的影响力。

下面仅举几例具有代表性的北京小吃品牌，叙述其各自不同的传承脉络。

如护国寺小吃，缘起老北京的护国寺庙会。据史料记载，护国寺始建于元代，明成化八年赐名大隆善寺护国寺。旧时每月阴历初八有庙市，汇集了京城有名的绝活小吃摊商。20世纪30年代护国寺庙会的小吃渐成品牌。如今护国寺小吃店能追溯的最早传人名叫年得水，人称"扒糕年"，另一人名叫英元才，人称"茶汤英"。1956年公私合营，政府将在护国寺庙会上颇有名气的"茶汤英""扒糕年""白薯王"等十多位摊商组织起来，在紧邻护国

百姓最爱 京味小吃

寺的93号现地址（人民剧场对面）开办了护国寺小吃店，聚集了艾窝窝、豌豆黄、豆面糕、蜜麻花、豆汁儿、焦圈儿、面茶等100多种京城传统小吃。第二代传人为杨伯儒，师从年得水。第三代传人为马国华，第四代传人为李秀云，护国寺小吃现在隶属于聚德华天控股有限公司，目前已在北京发展了60余家连锁店。

再如"锦馨豆汁"，据口传，清朝末年一位姓丁的回民在北京卖豆汁儿出了名，后由其子继承父业，而后又传给第三代丁德瑞，并留下了"豆汁丁"的雅号。1958年1月，北京饮食业的摊商实行合作化，丁德瑞进入位于蒜市口的锦馨豆汁店，负责豆汁儿的制售。"豆汁丁"去世后，该店跟随"豆汁丁"学习的厨师们接过了豆汁儿绝活，将豆汁儿制作技艺以"师徒传承"的方式继续传承下去。其第四代传人为刘汉平，师承丁德瑞，第五代传人为史学慧。可见，北京小吃的制作技艺有着很清晰的个体传承的特点。

北京小吃的另一个特点：单品小吃由于制作技艺高超，拥有独特的风味，而被百姓冠以"品名＋姓氏"的称谓，以示其特殊的影响力。至今"爆肚冯""奶酪魏""小肠陈""爆肚张""茶汤李"等都属于这一类。

如"爆肚冯"创立于清光绪年间，由山东陵县冯立山在北京后门桥经营爆肚儿。1919年其侄子冯金河投奔冯立山学习爆肚儿手艺，后冯立山因病回了山东老家，冯金河继承了家业。其间经宫内当差的太监推荐，爆肚冯成为清宫御膳房肚子特供点，直至清帝逊位。后冯金河迁址到前门外廊房二条，与爆肉马、烫面饺马等五家共建小吃店，当时被誉为"小六国饭店"。1935年在门框胡同北段路东开设了爆肚冯饭馆，与"豆腐脑白"、"年糕杨"、"厨子杨"、"爆肚杨"、"豌豆黄宛"、"年糕王"、复顺斋酱牛肉老店、"奶酪魏"等形成了门框胡同小吃街。第三代传人冯广聚是冯金河之子，10岁起随父亲学习爆肚儿制作，在原料精选、佐料配制上下功夫，使爆肚的色、香、味俱佳。1956年公私合营时，爆肚冯合并到门框胡同同义馆，冯广聚去了工厂，其妻进入同义馆，负责爆肚儿、涮肉一直到1985年退休。同年，业已退休的冯广聚携子冯秋生、冯福生、冯云亭于1985年在前门外廊房二条24号恢复了爆肚冯的字号。1997年，冯云亭作为第四代"非遗"传承人将"爆肚冯"注册为商标，并成立了爆肚冯饮食有限公司，冯云亭任总经理。2017年，爆肚冯的"肚仁三品"被北京烹饪协会评为中国京菜名菜。2018年5月，爆肚冯被北京烹饪协会、《北京商报》评为2017年度北京餐饮十大地方特色美食品牌。

"小肠陈"始于清光绪十二年，至今已有130多年的历史。小肠陈卤煮火烧制作技艺是祖传的手艺，现已传至第五代。卤煮火烧（卤煮小肠）是由一道宫廷御膳"苏造肉"演变而来。光绪十二年，小肠陈由第一、二代传人——京东三河县（现河北省三河市）农户陈兆恩、陈世荣父子创立，卤煮火烧口味浓厚，且价位低廉，既充饥又解馋，颇受老百姓的喜爱。第三代传承人陈玉田从小学艺，子承父业，把这卤煮小肠制作得更加地道了。当年陈玉田的卤煮摊儿就设在珠市口大街，原华北楼戏院前。曾有众多梨园名角如梅兰芳、张君秋、谭富英、新凤霞等都在唱罢大戏后来一碗卤煮当夜宵。

爆肚儿

百姓最爱　京味小吃

越来越多的京城百姓认可陈老爷子制作的卤煮，小肠陈的雅号由此叫响。当时小肠陈只是晚上饭点才营业，可下午三四点钟就有人拿着锅、盆到店门口排队了。

陈玉田将第四代传承人的重任交给了自己的女儿陈秀芳，父女俩在南横街中段重新亮出了"小肠陈"的招牌。陈秀芳三十多岁学艺，随父刻苦学习十余载，深得真传，2014年，小肠陈卤煮火烧制作技艺被收录到北京市非物质文化遗产代表性项目名录。2017年，小肠陈卤煮火烧被中国烹饪协会认定为"中国地域十大名小吃"。目前，第五代传承人张莹也在学习中。

"门框爆肚"是由山东厨人宋满创办于清朝末年（1910），在小贩云集之地的大栅栏门框胡同落脚设摊儿，当时招牌字号是"宋记爆肚"。由于其做生意讲究货真价实，加之练就的一手精湛的爆肚儿火候把控绝活及独特的爆肚儿配料，渐渐得到了众多食客的青睐。后来人们为便于记忆，便以胡同名称替代了"宋记爆肚"的称谓，直接称之为"门框爆肚"。据说曾有一清朝大官吃了宋记爆肚儿后，非常满意，主动为其题字"其趋一也"，这块牌匾至今还一直保留在老门框方庄店。

1943年宋满先生在位于门框胡同廊坊二条19号的一间约三四十平方米的铺面，开了第一家店，牌匾书写的字号就叫"门框爆肚"。第二代传人是宋满先生的儿子宋显文。宋显文大胆地对爆肚儿的佐料进行创新和改良，逐渐形成了十三种不同口味的爆肚儿。

1956年由于公私合营，宋氏族人关闭了"门框爆肚"店面，回到了山东老家。1978年，宋显文为完成父亲心愿，继续传承父辈的技艺，毅然回到北京，于1979年5月再次在"宋记爆肚"的旧址门框胡同廊坊二条19号重新开业，牌匾字号仍为"门框爆肚"。

门框爆肚第三代传承人为宋洪生，经过他的苦心经营，生意更加兴旺。20世纪90年代，时任国务委员的宋健先生还亲自为"门框爆肚"题字"老门框爆肚"，自此，"门框爆肚"正式更名为"老门框爆肚"。"老门框爆肚"陆续搬迁过三次，现在落户方庄南路苇子坑。"老门框爆肚"的第四代传人是宋军，他大胆地把涮肉添加到了"老门框爆肚"的菜谱里，使企业规模不断扩大。2017年企业被评为"中国清真十大品牌""十大火锅品牌"，成为中华餐饮名店。

"茶汤李"至今已有160余年的历史。第一代传人李金祥在北京首创茶汤李，第二代传人李贵林，第三代传人李秉忠将茶汤李迁至天桥，驰名京城。第四代传承人李跃，继承传统，开拓创新，使百年老店"茶汤李"焕发勃勃生机。现任掌门人李跃带领弟子多次代表北京小吃企业参与中外国际交流活动。"茶汤李"分别荣获"中华名小吃""京菜名菜""中国名点"等称号，列入北京市非物质文化遗产代表性项目名录。

"锦芳回民小吃店"原名叫"荣祥成"，其与锦馨豆汁儿现在同隶属于北京便宜坊烤鸭集团有限公司。1926年由山东德州人满乐亭在崇文门外大街路东创建，以经营清真京味小吃、元宵和月饼名满京城。锦芳自产的元宵是北京元宵中的名品。每逢元宵节，锦芳门前就会排起长龙，成为老北京一景。锦芳元宵最大的特点是好煮易熟，开锅即浮于水面，熟后涨个，皮松馅儿软，黏韧适宜，香甜

元宵

不腻。自 1986 年起连续被评为"北京市优质产品",1997 年被中国烹饪协会认定为"中华名小吃"。

"北京天兴居炒肝店"原名"会仙居",现隶属于北京便宜坊烤鸭集团有限公司。于清朝同治元年（1862）在前门外鲜鱼口开业,创始人刘永奎,经营酒菜,后增添自制的酱肉和火烧。1900 年,刘永奎之子刘宝忠兄弟三人开始经营"白水杂碎",后来改良成"炒肝儿",名噪京城。

1933 年,洪瑞和沙玉福二人合伙在会仙居斜对面开设了天兴居,专营炒肝儿。由于经营得当,天兴居的炒肝儿质量和销售量很快超过会仙居,原会仙居的老主顾也逐渐转向天兴居。

1956 年公私合营时,会仙居与天兴居合并,由原天兴居掌柜沙永福的后代沙德亮任经理,原会仙居做炒肝儿技术最好的老师傅司德印掌灶。首次设立了专门洗肠子的车间,由专人负责洗肠子,并博采两家优良的传统制作方法,使北京炒肝儿这一特殊风味得到了继承和发展。如今,北京人吃炒肝儿仍首选天兴居,因为这里的炒肝儿始终保持了"肝香肠肥,味浓不腻,稀稠适度,吃蒜不见蒜"的特色。现在炒肝儿制作技艺传承人是天兴居前门店的店长郑建华。天兴居也获得原北京市商务委员会颁发的"特色名小吃"称号。

"南来顺饭庄"隶属于北京翔达投资管理有限公司。南来顺创办于 1937 年,曾以爆、烤、涮闻名于京城。南来顺最早的掌柜石昆生本是卖爆肚的,人称"爆肚石"。他最初在天桥公平市场开了家小饭店,起名"南来顺",开始只有三间门脸、十来个人,出售十几样小吃和家常菜肴。这些小吃大多祖辈相传,制作不传外人,口味独特,很难仿造,渐渐创出了牌子。1961 年,政府决心重振北京小吃,在菜市口骡马市大街 286 号修建饭店并起用"南来

清真小吃宴

顺"名号,并调入小吃名家"羊头马""切糕米""焦圈王"以及"馅饼周"等人,使南来顺更具特色,开业后,南来顺恢复了不少传统食品,还挖掘整理出200余个小吃品种。其中"炒麻豆腐"获得"全国风味名牌产品"称号。现年86岁的北京小吃专家陈连生就曾在南来顺担任过28年的总经理。20世纪80年代初,陈连生在南来顺组织力量精心研制出更为精致小巧的小吃精品,推出"小吃宴"。他还曾先后与多位名家合作出版了《北京小吃——京汁京味说讲究》(2009)等多本清真小吃读物。2010年被中国烹饪协会授予"终身成就奖"。

北京小吃的品种极为丰富

北京小吃的品种极为丰富。据不完全统计,历史上的北京小吃曾多达两三千种。据档案记载，在清末民初发展高峰时，北京小吃的品种也有 600 种之多。

主要品种

总体上看，北京小吃的品种在一定程度上处于逐步减少的状态。据《北京志·商业卷·饮食服务志》提供的数据，截至 1995 年底，北京小吃品种有 300 多种：其中北京清真小食店经营的小吃品种有 200 多种，汉民小吃的代表性品种有数十种，以北京仿膳和听鹂馆为代表的宫廷小吃有 80 多种。

为摸清北京小吃品种的数目，2011 年 7 月至 2012 年 7 月，北京市商委安排北京老字号协会进行了较大规模的北京小吃调研。通过调研，使北京小吃的品种数进一步清晰。北京小吃现主要包括清真小吃、汉民小吃和宫廷小吃。从数量上看，北京小吃现存 350 余种，其中 70% 均为清真小吃。北京小吃按制作技艺（烹调技法）划分，可分为烙烤类、蒸煮类、煎炸类、烩氽炒类等四大类。

其中北京小吃的代表性品种大约有 70 种，其不仅具有丰富的文化内涵，有故事传说、有古老传统、有年节习俗，而且制作技艺考究，色、香、味、形俱佳，是北京小吃的经典和文化名片。如清真小吃中的豆汁儿、焦圈儿、驴打滚儿、艾窝窝、爆肚儿、面茶、杏仁豆腐，汉民小吃中的卤煮火烧、炒肝儿，宫廷小吃中的豌豆黄、小窝头、肉末烧饼等，都是小吃中的名品，享有很高的社会声誉。中国品牌认证委员会也曾组织过三届"中华名小吃"认定，其中北京小吃 56 个品种获得"中华名小吃"称号。

品种特征

首先，北京小吃里有无处不在的宫廷文化的影子。例如最接地气的卤煮火烧、麻豆腐，如果追根溯源，都和御膳房有着千丝万缕的联系。有些从民间传到宫里，经过精雕细琢成了北京风味小吃，像豌豆黄、肉末烧饼等，是宫廷小吃和民间小吃的相互融合，共同发展。

其次，北京小吃的民族特色鲜明。这种特色无处不在，它汇聚了满、汉、回、蒙等族的美味，从源头上说，火烧、油饼、油炸果子是清真小吃，灌肠、豆面糕是满族小吃，而面茶是蒙古小吃，豆汁儿则是地地道道的汉族小吃。这也正是北京小吃品类繁多的原因。

最后，北京小吃讲究的是真功夫，本来是些简简单单的食材，却让北京人弄得这般繁杂、讲究，在细节上下足功夫，在美味上发掘到极致，原料精选，加工精细，外观精致，口味精到，这恰恰是北京小吃之风骨所在。

北京小吃的发展曲折起伏

北京小吃的发展在1949年以后也是曲折起伏，出现过三次振兴发展的时机：第一次是在20世纪60年代初，当时的主管部门北京市服务局提出恢复小吃传统品牌，振兴小吃市场，决定在东四、西四、菜市口、（原）崇文区创办四家大型小吃店，形成四个城区各有一个较大小吃店的格局；第二次是在改革开放初期，市政府决定引八方风味进京，同时把恢复北京老字号和振兴北京小吃提上了议事日程，使专业小吃店的一些传统品牌和断档品种得到了恢复。第三次是随着改革开放的深入和社会经济的发展，北京小吃市场

百姓最爱　京味小吃

呈现国有、股份制、个体小吃共同发展的格局。许多老字号品牌得以恢复，制作技艺得到保护和传承，连锁经营得到发展，互联网和电子商务应用得到支持。市政府各相关部门对北京小吃高度重视，由北京老字号协会打包申报的非物质文化遗产项目，先后列入西城区和北京市"非遗"名录，推动了北京小吃的传承创新和发展。

习近平总书记在党的十九大报告中指出"深入挖掘中华优秀传统文化蕴含的思想观念、人文精神、道德规范，结合时代要求继承创新，让中华文化展现出永久魅力和时代风采"。2017年商务部等16部委联合发布"关于促进老字号改革创新发展的指导意见"。原北京市商务委员会组织开展了"寻找原汁原味北京老字号"活动多年后，2018年7月经市政府同意，市商务委、市财政局、市人力社保局、市国资委、市质监局、市食药监局等六部门共同出台并联合印发了《关于推动老字号餐饮技艺传承、保持原汁原味工作方案》，2018年12月北京市政府办公厅又下发了《关于推动北京老字号传承发展的意见》，为北京老字号的传承发展绘就了蓝图，这一切更为北京餐饮业和北京小吃的全面发展创造了有利的环境，不仅推动了企业的品牌提升、产品提质、后继有人等各项工作的持续深入，而且引起了全社会对老字号，对北京小吃传承创新和发展的关注和支持。

都城美食，源远流长。百姓最爱，京味小吃。

北京小吃，是北京的自然和历史文化遗产的象征，是人民智慧和技艺的成果，是千年都城史的"活化石"，更是北京人的骄傲。2014年，北京老字号协会经过一年多的调研和申报，"北京风味小吃制作技艺"进入了第四批北京市非物质文化遗产代表性项目名录。为打造北京特色小吃品牌，在2017年，由北京烹饪协会主办、北京老字号协会协办了南来顺中国京菜北京小吃节，北京小吃协会组织有 35 家小吃企业参加了 2017 年北京园博小吃文化节，北京老字号协会率北京小吃赴德国参加科隆"中国节"等一系列活动；北京小吃还连续七届参加了北京台湾特色周活动。2019 年由北京市商务局主编的《老字号新故事·传承人篇》(第二辑)将《百姓最爱 京味小吃——北京小吃的古往今来》这篇文章收录其中，2019 年北京小吃又进入北京亚洲美食节。我们相信北京小吃的全面发展已掀开了崭新的一页。

（北京老字号协会）

百年技艺 匠心传承
——记正兴德清真茉莉花茶制作工艺非物质文化遗产代表性传承人王会明

正兴德茶庄历史沿革

正兴德茶庄创办于清乾隆三年,由天津著名"八大家"之一的回族巨商穆文英在天津北门外竹竿巷开设。穆家在天津以经营米面加工、粮食运输起家,后陆续开设了"盛兴号米铺""正兴号钱铺""长兴染房"和"大兴号洋货店"等。

正兴德开设之初名为"正兴茶铺",是只有一间门面的小茶叶铺,经销一些来自湖南、湖北的绿茶及安徽大叶茶,同时兼售鼻烟,后来研制出有自己特色的花茶,在天津一炮打响。天津人爱喝茶,回族人也有品茶的习俗。正兴德的生意越做越大,渐渐扩展了门面,开设了分店,在经营上有了自己的特色。清咸丰七年(1857)改名为"正兴德记茶叶铺"。

正兴德的经营方针是"大量生产,新法制作,直接采办,直接推销,货高秤足,薄利多销,包装坚固,装潢美观"。穆家第三代穆时荣请人设计了"绿竹"商标,在报纸广告中,宣传商标之意义——"竹性坚节,中虚能容物,枝干不曲不折,而行云之高洁,流水之不息,为国产始终服务之原则"。该店自设机器制罐部,邀请名师绘制绿竹、行云、流水图案,印制在罐上,使正兴德"绿竹"商标名噪一时。

为了扩大影响和经营范围,清光绪二十四年(1898),北京"正兴德茶庄"在邻近回民聚集区——牛街的菜市口开业,因其具有"清真"标志,颇受回族群众欢迎。1935年正兴德由穆家的后代穆秀林接管,他凭借独具匠心的经营理念,严格控制采购、生产、加工过程及质量标准,突出正兴德茶叶独有的色、香、味。正兴德茶叶销售市场迅速发展,覆盖华北、东北地区,成为华北、东北地区最大的茶叶批发销售企业,且成为百多年来京城独一无二的清真老字号茶庄。

1952年穆秀林将正兴德茶庄委托杨紫辰经营。1957年公私合营,北京正兴德茶庄由北京市宣武区副食品公司负责经营。符宝库被任命为茶庄新一代负责人。13岁起就进茶庄学徒的符宝库,拥有二十余年茶叶生产、加工、销售的经验。他自行加工拼配的茶叶,始终保持茶叶的原有品质特色,其茶味浓酽、杀口回甘。随着时代的变迁,北京正兴德与天津正兴德没有了隶属

正兴德老匾,书法家孟广慧题

关系。

2000年，张维杰、王会明作为正兴德茶庄跨入新世纪后的第一代领导人，致力于具有民族特色的茉莉花茶的研制，在继承传统的同时，在制作过程中挖掘茶叶的本质元素。在原料选择、初制、精制、窨花等工序上都有严格的标准和操作要求。正兴德清真茉莉花茶注重内质，以汤清、色重、杀口、耐泡、香味浓厚、茶味浓俨为特色，饮后令人爽心，回味无穷。正兴德茶庄经营的茉莉龙芽、茉莉云毫在2001年第三届国际名茶评比中，双双荣获国际名茶金奖。

2010年，王会明接任北京正兴德茶叶有限公司的经理，凭借她多年来对正兴德清真茉莉花茶的研究和经验的积累，在传承的基础上不断创新，为了更好地满足消费需求，适应市场新变化，不断研发茶叶新品种，如正兴飘雪、茉莉大方分别荣获2016年、2017年全国茶叶评比金奖，深受消费者欢迎。

正兴德清真特色茶，经过历代

北京正兴德1949年前门门面老照片

获得2016年全国茉莉花茶评选金奖产品：正兴飘雪

获得2017年全国茉莉花茶评选金奖产品：茉莉大方

人的艰辛研发，其特色代代相传，不断地提高和发展，创造出了中国独具特色的民族茶之精品，深受广大消费者的喜爱，是一个民族茶文化的象征。

正兴德清真茉莉花茶制作工艺

正兴德清真特色茉莉花茶是按传统工艺生产加工，经初制—精制—分级—窨花—拼配五个工序制成。初制是将鲜叶通过杀青—揉捻—解块—烘干制成毛茶。对高温杀青的温度、揉捻的时间与力度，都有不同的要求，以保证茶叶的条索紧结、吸香力强。精制过程是将毛茶通过筛分—风选—拣梗—分级—干燥制成不同等级花茶茶坯。在精制过程中严格控制茶叶的坯形、净度。

在茉莉花茶的窨制工艺中，窨花工艺最为关键。它直接关系茉莉花茶的香气、口感和滋味。正兴德始终遵循传统的茉莉花茶的窨制工艺，选用优质茶坯和茉莉茯花为原料，其窨制工艺为：茶坯处理→鲜花养护→拌和窨花→通花散热→摊堆续窨→出花分离→复火冷却→再窨与提花。即先将毛茶进行精制，为花茶的窨制提供优质茶坯。窨制前先烘干茶坯，使茶叶含水量降至4%—5%，然后自然冷却至30℃—33℃，按照茶、花的比例开始窨花。茶、花配比量依其品种、级别而定。如高档茉莉花茶，每100公斤茶叶配150公斤茉莉花。经重复窨花6—7次，最后经提花、出花及匀堆装箱等工序即为成品。

花茶加工技术要求高，必须抓住鲜花吐香、茶坯吸香、复火保香3个重要环节，并须满足窨制工艺过程中"干、凉、匀、快"的独特要求。正兴德清真茉莉花茶在制作过程中，每个环节都是严格按照传统的工艺流程来完成，依多年的制茶技艺，精心控制每一个细节，使茶味和花香有机交融。形成了独具特色的正兴德清真茉莉花茶。

北京正兴德清真茉莉花茶的独特品质

正兴德清真茉莉花茶选用福建闽北、闽东地区、天山山脉、彬山山脉和安徽黄山山脉、九华山山脉、海拔在600米以上的高山春茶为原料，茶园生态环境良好，土壤肥沃，有机物含量高达2%—2.5%。此地终年春雾常绕、光照充足、昼夜温差大，生产出的茶叶品质优良、叶片厚嫩、味爽甘甜、经久耐泡、香高味长。正兴德清真茉莉花茶不仅对原料产地有严格的要求，而且对原料采摘和初制加工时间都有严格的要求，茶鲜叶采摘必须在谷雨前完成，以保证毛茶内质。经精制分级后，选用优质茉莉茯花分级熏窨，制成品质上乘的茉莉花茶，它注重内质、讲究外观，以汤清色重，杀口耐泡，香味浓厚为特色，饮后令人爽心，回味无穷。正兴德清真茉莉花茶因其用料讲究，制作工艺独特，决定了其茶叶的内质及品质。

正兴德茉莉花茶：阳春白雪

坚持继承、发展、创新

改革开放后，老字号"正兴德茶庄"以弘扬民族茶文化为己任，继承发扬老字号的传统，在全国的优质产茶区建立了绿色无公害茶叶生产基地，按传统工艺加工制作。正兴德"清真茉莉花茶制作工艺"也被很好地传承下来。1999年被中华人民共和国国内贸易部认定为"中华老字号"。

2003年成立了北京正兴德茶叶有限公司，形成了集生产、加工、销售于一体化的老字号茶叶连锁经营企业。茶庄经营不仅突出清真茉莉花茶特色，而且经营品种齐全，经营的品种有：花茶、绿茶、乌龙茶、红茶、黑茶、白茶、黄茶七个大类几百个品种。2005年公司通过了国际质量管理体系认证，2006年被北京市商业联合会授予"北京商业名牌企业"。2007年被北京市商务局授予"优秀特色店"称号。此外，还获得了北京企业评价协会重质量守信用单位、诚信长城杯企业、北京市企业社会责任履行承诺单位、北京市诚信创建企业、北京市品牌企业等荣誉称号。2009年正兴德清真茉莉花茶制作技艺被纳入北京市非物质文化遗产名录，在商品质量、服务质量及管理规范等多方面步入了国内先进管理行列。

正兴德茶庄继承发扬清真老字号的传统，充分挖掘清真老字号内涵，不断扩大经营规模，在经营中坚持"以人为本、诚实守信"的经营宗旨，以及"质量第一、顾客至上"的经营方针，倡导"安全健康、绿色消费"的管理理念，引导健康消费的新潮流，目前正兴德茶庄正以崭新的面貌、勃勃的生机、不断发展壮大。我们将珍惜先人给我们留下的这一宝贵遗产，竭尽全力将其保护好、传承好并使其发扬光大，让正兴德清真茉莉花茶制作技艺这一非物质文化遗产造福更多的人民。

中华人民共和国国内贸易部颁发的
"中华老字号"牌匾

正兴德清真茉莉花茶制作技艺被列入北京市级
非物质文化遗产名录

百年技艺，匠心传承

传承谱系

穆竹孙（1715—1770），创始人

穆秀林（1916—1975）

刘开林（1946— ），16 岁学徒，学艺 14 年

林长金（1963— ），学艺 8 年

王会明（1966— ），从事茶叶加工、经营、管理 26 年

正兴德清真茉莉花茶制作工艺经过百年历史发展及穆竹孙、穆秀林、刘开林、林长金、王会明五代传承至今，已成为国内唯一冠以清真标志，具有显著民族特色的茉莉花茶制作工艺，深受京城消费者尤其是穆斯林消费者的青睐，并以"汤清、色重、沙口、耐泡、香味浓郁"闻名全国。

王会明 1993 年开始从事茶叶生产加工工作，2000 年起负责正兴德清真茉莉花茶的加工、拼配、质评工作，从师于林长金，她通过努力学习和实践，熟练掌握了清真茉莉花茶的制作技艺，并能准确对茉莉花茶的质量等级进行评审，王会明于2015年6月被列入第三批西城区区级非物质文化遗产项目代表性传承人。成为"正兴德"第五代清真茉莉花茶制作技艺传承人。

王会明同志通过多年对茶叶理论知识的学习和实践积累获得了北京市人力资源和社会保障部颁发的茶叶精制工高级技师、高级评茶师资格证书。她把工匠精神融入自己喜爱的茶叶事业之中，以工匠精神传承技艺，以精益求精的精神态度评审每一款茶叶，对清真茉莉花茶的加工、拼配、审评有较高的造诣，其既注重茶叶的外形、更注重茶叶的内在品质。她对茶叶的加工、拼配、审评工作认真细致、一丝不苟，对茶叶的外形、内质有着严格的要求，茶叶的外形要紧结、匀齐、显毫，色泽绿润，内在品质要保证茶叶的香气鲜灵持久、汤色黄绿明亮、滋味鲜爽甘醇。经她手拼配、审评的茉莉花茶保持了正兴德清真茉莉花茶汤清色重、杀口耐泡、香味浓厚、饮后回味无穷的特色品质。

在工作中她在继承传统技艺的同时不断创新，研发出了很多的新品种，如"茉莉大方""茉莉龙芽""正兴飘雪"等，受到消费者的青睐。在2005—2017年北京市举办的十三届茶叶评比中，有百余个茶叶品种获得中国茶叶流通协会、北京市商业联合会、北京市茶叶协会等六个部门颁发的质量合格、质价相符产品证书。

王会明作为正兴德清真茉莉花茶制作技艺区级非物质文化遗产项目代表

正兴德清真茉莉花茶制作技艺
代表性传承人王会明

性传承人，为了让正兴德清真茉莉花茶制作技艺"非遗"项目得到更好的传承、发展，坚持每年对正兴德员工进行茶叶专业知识培训，向员工们传授正兴德清真茉莉花茶制作技艺的理论知识和加工工艺的每一个过程，并于2014年6月26日正式收俞茜茜、马瑜楠为徒，向她们亲授正兴德清真茉莉花茶制作技艺的加工工艺、拼配、审评，经过师傅的培养，俞茜茜获得了北京市高级茶叶精制工技师、高级评茶师和茶艺师的资格，马瑜楠获得了北京市高级评茶师、茶艺师、茶叶中级检验工资格。王会明经理通过多年来的技艺传授，为企业培养了一大批茶叶专业技术人才，做到了"非遗"传承后继有人，为更好地继承和发扬正兴德清真茉莉花茶非物质文化遗产奠定了坚实的基础。

正兴德清真茉莉花茶制作技艺传承人王会明审评茶叶照片

正兴德清真茉莉花茶制作技艺传承人王会明和徒弟一起进行茶叶审评

正兴德牛街茶庄店

清真老字号品牌的传承与弘扬

进入 21 世纪后，正兴德茶叶公司得到了快速发展，重视清真老字号的品牌传承，始终以质量诚信、服务诚信促进品牌的影响力和知名度，继承发扬清真老字号的传统，以弘扬民族茶文化为己任，不断挖掘清真老字号的内涵，经过多年的质量诚信体系建设、服务诚信建设，提升了清真老字号品牌的知名度和影响力，目前正兴德茶叶公司成为京城唯一一家清真老字号茶叶企业，顾客遍及全国各地。在做好品牌体系建设的同时，公司领导把扩大老字号的经营规模作为重点发展的方向，正兴德茶叶公司由成立初期的一家门店，发展到现在的九家门店，年销售收入由原来的不足百万元，发展到了现在的几千万元。2018 年牛街正兴德在天猫商城正式上线经营，实现了线上线下融合发展。在商品质量、服务质量及管理规范等多方面步入了先进管理行列。目前正兴德清真老字号茶庄正以崭新的面貌、勃勃的生机不断发展壮大，百年老店焕发出新的生机与活力。

（北京正兴德茶叶有限公司）

动静结合　雅俗共赏
——北京宫廷补绣的传承与发展

北京宫廷补绣，俗称丝绫堆绣，是北京特有的传统手工技艺。2007年，北京宫廷补绣被评为北京市级非物质文化遗产保护项目。"非遗"技艺是中华民族的宝贵财富，北京工美集团有限责任公司工艺品厂（以下简称"北京工美工艺品厂"）作为宫廷补绣的传承单位，有责任将这项"非遗"技艺永久地传承并发扬光大，鞭策、激励"非遗"技艺创新，使之适应现代商业发展的需要，创造更大的社会效益和经济效益，激发国人的自豪感和民族自信心。

补绣源于"堆绫"和"贴绢"，后吸纳了刺绣技艺，是"堆绫"、"贴绢"、刺绣和"补花"技艺的结合与发展。这项独特的手工艺，运用天然植物纤维（棉、麻、丝）材料，其中主材料为凤尾纱。凤尾纱是由纯棉色纱织成的纱，五彩缤纷，系列成套，纱色由浅入深循序渐进，韵味无穷，像凤凰的羽毛一样美丽，故称凤尾纱。

宫廷补绣工艺品大多都用这种特有的原材料结合浮雕、编织、刺绣、缝缀、堆贴、抽丝等多种技艺，经过多年潜心研究，在传承的基础上创新发展，陆续开发出绘画、渐变色染织、激光雕刻、数码印花、电了卡纸等多种新工艺。它从传统走向现代，从民间传入宫廷，又从宫廷传播到民间，从贡品转成商品，使高贵的宫廷饰品成为融入大众生活的装饰品，使中华传统瑰宝焕发出艺术的青春。

北京宫廷补绣的历史传承和现代发展

北京宫廷补绣，起源于辽金时代，奠基于元朝，盛行于明清时期。早在南北朝时期，我国的荆楚一带就有了宫廷补绣这种工艺的雏形，在当地有一种风俗，每逢新春佳节，各家各户都会用五色的彩绸剪贴成花鸟图案，贴在屏风上或戴在头上，这种风俗在唐朝得到了充分的发展，形成了独特的手工艺，叫"贴绢"和"堆绫"。

"堆绫"是用丝绫或其他丝织物剪贴、堆叠而拼成多层次的图案，有的在图案中填充棉花或其他织物，使图样隆起成浮雕状，为图案增添立体效果，使形象更为生动鲜活；"贴绢"则是用单层丝织物剪成图案平贴，粘贴之后有的还要加线缝制。当时，荷包上装饰的"鸳鸯图""五色花"，旱烟袋上装饰的"禽鸟""如意图"以及佛堂饰品，都是用"堆绫""贴绢"这种手工技艺制作而成。唐代诗人温庭筠曾书《菩萨蛮》，形容利用拼贴装饰出的衣裙很漂亮，写道："新贴绣罗襦，双双金鹧鸪"；而后敦煌莫高窟发现的唐代丝织物中也有利用"贴绢"工艺做成的佛幡，这些都从侧面证实了"贴绢"和"堆绫"工艺在唐代的盛行。宋代以后，"堆绫"和"贴绢"与刺绣结合，形成了一种新的装饰手法，我们称之为补绣工艺。从历史上看，辽金之后，补绣技艺逐步由民间走向宫廷，之后历代宫廷都会设置专门机构组织绣品生产，如辽时皇宫和官方设有"燕京院使"，金时设有"纹绣署"，元代设有"纹绣总院"和"绣局",明代设有"御用监"等。据《明史·舆服志》记载,皇帝、皇后、太子、王妃及各级官员的服饰也用补绣工艺制作。清代,内务府所设的染织局中设有染作、衣作,清代乾隆年间(1736—1795)是北京补绣最繁荣的时期,无论宫闱还是民间,衣着服用皆喜补绣,每年所需绣品用量很大。在前门外草市一带,有专为皇室王府、贵爵服务的官办绣花作坊。

北京补绣工艺一向被历代帝王重视,宫廷造办处征召全国各地绣工名匠到京,专为宫廷制作龙袍、宫服、室内装饰用品等。其选料精致而贵重,用工细腻,制作不惜工本,使绣品豪华富贵,被人们誉为"宫绣"。《契丹国志》记述,燕京"锦绣组绮,精绝天下",可见当时补绣作品质量之高。清光绪三十三年(1907)还设置了京师工商部女子绣工科,以推广补绣工艺。当时,清宫里的宫妃们也盛行补绣,且经常有人托太监往宫外出售。《清宫诗词选编》中有诗词描绘"宫奴携向前门卖,刺绣盘龙一色新"。《帝京岁时纪胜》写"隆福寺里荷包,样自大宫描出",这表明补绣图案底样也从宫廷传到民间,对民间补绣业产生了影响。1976年妙应寺(白塔寺)在修缮时发现一件袈裟,就是用"补绣"、"贴绢"、刺绣等工艺制作而成,图案为梅、兰、竹、菊、桃、莲等,做工十分精致。在北京雍和宫永佑殿供奉的藏传佛教《绿度母补绣像》是用数千块花色不同,大小不一的锦缎堆贴而成,是宫廷补绣工艺的精品。妙应寺发现的袈裟和雍和宫供奉的《绿度母补绣像》均是清朝乾隆皇帝的母亲率宫女亲自制作。很多宫廷补绣珍品至今还收藏、陈列在故宫博物院。

千百年来,北京宫廷补绣只作为宫廷贵族的装饰品或佛堂的装饰品,典雅高贵,极少成为商品。在辛亥革命以后,补绣工艺逐渐发展演变,民间使用各种色布堆花进行装饰,形成补花、布贴工艺,由补绣演变成的补花、绣花产品逐渐成为商品。而用料高档、做工精细、技艺高超的宫廷补绣工艺却基本断档失传。1949年后，国家高度重视北京传统工艺美术的发展，1949年春，由北京市妇联生产部主持召开市区各区妇联会议，提出恢复挑补绣花生产的

挑花小组

倡议，并用一千斤大米、一袋白面作为基金成立了挑花小组。

当时，陈今言（著名漫画家方成的夫人）找到同是北京辅仁大学美术系毕业的同学崔洁（中国工艺美术大师、北京特级工艺美术大师、北京工美集团有限责任公司工艺品厂副局级离休干部），一起组织挑补绣花生产销售。

1950年初，北京市妇联挑补花工厂成立，先后在海淀镇娘娘庙、东单洋溢胡同、北海夹道恭俭胡同、东华门市妇联（东兴楼饭庄）内办公。为组织妇女走出家门、参与生产，解放妇女、提高妇女地位，出口创汇、支持新中国建设做出了贡献。在彭真、邓颖超等老一辈领导人的关怀、支持下，北京补绣业得到了恢复发展。1958年北京挑补绣花研究所成立，办公地点在前门外廊房头条西口路北小楼内，1964年迁入沙滩后街30号，后更名为北京市抽纱研究所，当时有35名职工。1965年北京市挑补绣花生产合作联社成立，并设立了设计研究室，办公地点仍在沙滩后街30号。1972年8月北京市挑补绣总厂成立，1973年更名为北京市抽纱工业公司，1986年撤销北京市抽纱工业公司，由北京市抽纱研究所、北京市挑花厂、北京市第二绣花厂、北京市机绣花边厂、北京市抽纱公司经理部、北京市抽纱科技劳动服务公司六

单位组成北京市抽纱工艺品厂，后更名为北京工美集团有限责任公司工艺品厂，并保留北京市抽纱研究所建制，办公地点由沙滩后街 30 号迁至朝阳区东土城路 13 号，北京宫廷补绣、挑补绣花技艺由北京工美集团有限责任公司工艺品厂传承。

北京宫廷补绣被评为北京市级非物质文化遗产保护项目

2007 年，北京宫廷补绣被评为北京市级非物质文化遗产保护项目。

宫廷补绣技艺的艺术价值、双重美感与两极特征

艺术价值：具有欣赏和使用的双重价值

北京宫廷补绣工艺品具有很强的艺术欣赏价值，同时又适合于家庭装饰，会议场所装饰，对于美化人民生活、提升人们的审美素养有着重要的使用价值。

艺术美感：同时具有静态与动态的两种美感

北京宫廷补绣工艺分为平补、棉补和辅助工艺三大类，其最大特点是涵盖在平补、棉补中的"拨花"工艺，"拨花"工艺要求花型图案的圆、团、齐，层次分明，花朵层层叠落，茎脉分割均匀，利用捏褶法，使层层花瓣彰显出娇嫩的形态，具有鲜明的静态之美；叶子轻薄繁茂，采用裱纱法剪贴工

艺，更加衬托出花朵的亭亭玉立；宫廷补绣中人物的塑造更是一大亮点，主体用蓬松棉铺垫赋予立体感，五官用柳绣、平绣、打籽、抽丝等技艺精雕细琢，使人物富有生动的动态之美。

艺术特征：平民化与精致化的两极特征

一是简单普及平民化，其简单的作品，用料简单，工具大众化，如剪刀、镊子、普通的布头、棉球、棉线等，经过艺人的剪拼粘贴，能成为一件精美的装饰品，很多老年人都可以制作，为作品赋予平民的特征。

二是高贵精致化，高档的宫廷补绣作品要有高深的艺术功底，经大师精心设计，选用昂贵的丝绸原料，经过繁多的制作工序，由众多有相当艺术修养和高级工艺技术的技师共同密切配合完成。制作人员要具备一定的艺术素养和审美能力，对绘画、美术、色彩、历史、典故、人物、民族特色等有广泛的了

拨针：把布的毛边拨掖的工具。

镊子：攒活时定位用的工具。

针：刺绣用的工具。

锥子：黏线用的工具。

铅笔：描图用的笔。

油画笔：攒活刷乳胶用的工具。

毛笔：叶筋笔、白云笔绘画工具。

板刷：染色及裱材料用的工具。

宫廷补绣过程中所用部分工具

解，对事物有一定的观察力，这样才能把个性体现在补绣创作中，创作的作品才能有较高的艺术性，给人以美的感受，使作品具有精致典雅的特征。

宫廷补绣技艺的历史贡献和积极意义

北京宫廷补绣工艺品厂制作了众多藏传佛教唐卡，为促进民族团结、构建和谐社会起到积极作用；宫廷补绣作品曾被作为国礼赠送给国际组织和国际友人，促进了世界文化交流。宫廷补绣作品多次参加大型文化展览并获得众多高级别荣誉，增加了大众对中华传统文化的了解。

1998年，各界专家召开了学术研讨会，在会上各位专家对补绣作品《清明上河图》中所呈现的技艺给予了高度评价，认为宫廷补绣工艺集中体现了中国历史悠久的工艺文化传统，它体现了我国人民的辛勤和智慧，对于研究中华民族的传统文化起着重要作用。

宫廷补绣作品还作为国礼登上了世界舞台。1997年1月7日，联合国粮农组织总干事雅克·迪乌夫先生，给我国农业部部长发函称："我荣幸地提及中华人民共和国总理李鹏阁下向粮农组织赠送的补绣《清明上河图》，这幅由宋代张择端制作的名画，以精湛工艺补绣制成。这一绚丽的堆绫屏风将使中国厅更加增色，富丽堂皇的中国厅已成为粮农总部装潢至臻完美之厅。特请您向李鹏总理及中国政府转达感激之情，此慷慨馈赠再次表明中国政府对粮农组织及其使命的鼎力支持。"

2008年奥运会期间，我国将大型宫廷补绣作品《唐女马球图》赠送给国际奥委会主席罗格先生。

北京宫廷补绣的传承人及其代表作

历史上北京宫廷补绣一直流传在宫廷、贵族、官宦等社会上流家庭，以家庭形式代代相传，没有系统的记载。根据已知资料记载，中华人民共和国成立后，几代传承人如下：

第一代传承人：李开泰、李雁宾

李开泰、李雁宾均生于19世纪末，于20世纪70年代故去。李开泰生于1889年，他14岁到北京"源聚茂"绣局做学徒，后又到"永聚"绣局工作，在补绣行被称为"辫子李"，他曾给皇宫绣过"正活"，还绣过王爷的官服，其作品以平、齐、亮为特点，以古朴、凝重、协调为基本要求，做工精细、图案规整、绣面平展、针脚细密、洁净光亮，具有浓郁的官绣风格。除此之外，他还曾为袁世凯制作过"龙袍"。1958年至1960年与李雁宾合作制作了九幅花鸟制品，现在北京抽纱研究所保存。

第二代传承人：崔洁、刘震

崔洁，生于1924年，中国工艺美术大师，从1949年开始从事补绣工作，曾任北京工美集团有限责任公司工艺品厂抽纱研究所（以下简称"抽纱研究所"）副所长，曾在北京大学、北京工艺美术学校任教，他是新中国补绣工艺的奠基人，对补绣的发展做出了重要贡献，他为恢复发展补绣工艺做出了极大努力，创作出众多精品。

1996年，崔洁大师带领抽纱研究所人员设计制作了宫廷补绣座屏《清明上河图》。此作品将北宋画家张择端的画作《清明上河图》放大四倍，每段长 22 米，宽 1 米，采用高档丝绢，运用高超的宫廷补绣工艺及刺绣工艺的多种针法，为作品赋予清雅而含蓄、靓丽而恬淡的色彩。他将传统补绣工艺与绘画巧妙结合，创造了浮雕拨、硬拨、抽丝法、贴线法、掐褶法等多种技艺，运用众多新老技法描绘出北宋末期徽宗时代首都汴京（今河南开封）郊区和城内汴河两岸的建筑与民生。作品以长卷形式，采用散点透视的构图法，将繁杂的景物纳入统一而富于变化的画面中。画中人物衣着不同，神情各异，其间穿插各种活动，注重戏剧性，构图疏密有致，注重节奏感和韵律变化，笔墨章法都非常巧妙。

1996 年 12 月，补绣《清明上河图》第六段虹桥被时任国务院总理李鹏同志选中，作为国礼赠送给联合国粮农组织。此段作品讲述的是北宋时期的漕运枢纽、商业交通要道——汴河码头。从作品上可以看到人数众多，仓船云集，人们有在茶馆休息的，有在饭铺进餐的。河里船只往来，首尾相接，或纤夫牵拉，或船夫摇橹，有的满载货物，逆流而上，有的靠岸停泊，正紧张地卸货。横跨汴河上的是一座规模宏大的木质拱桥，其结构精巧优美，宛如飞虹，故名虹桥。有一只大船正待过桥，船夫们有用竹竿撑的，有用长竿钩住桥梁的，有用麻绳挽住船的，还有几人忙着放下桅杆，以便船只通过。邻船的人指指点点，像是在大声吆喝着什么。船里船外都在为此船过桥而忙碌着。桥上的人，也伸头探脑地看过船的情景。这里车水马龙，熙熙攘攘，是一个水陆交通的会合点。作品展现在眼前，样样俱全，形形色色，有各色人物，牛、马、骡、驴、车、轿、船等。房屋、桥梁等也各有特色，体现了宋代建筑的特征。1997 年，此作品被评为北京市工艺美术珍品。

刘震，生于 1936 年，高级工艺美术大师，原抽纱研究所副所长，于 2005 年故去。

动静结合　雅俗共赏

第三代传承人：贾大双、李福强、蒋崇愚、项伟、刘金华、赵伟

贾大双，生于1957年，北京市二级工艺美术大师，师从崔洁大师，曾担任抽纱研究所副所长，肩负着对后代传人的教学重任。从艺三十年，设计制作大量补绣精品，著有《北京抽纱图稿》《丝绫补绣技艺教程》，在补绣创作及补绣教育上多有建树，为补绣技术的传承、发展和普及做出了重大贡献。

李福强，生于1963年，1981年参加工作，现任抽纱研究所所长，北京市工艺美术学会堆绣专业委员会秘书长，北京工艺美术行业协会会员。由他主持并参与设计的宫廷补绣作品多次在全国和北京市荣获金奖、银奖等。其中，2001年，为北京雍和宫复制了国家一级文物《绿度母补绣像》，再现了这件国家瑰宝的神韵，与原作几可媲美。目前复制的《绿度母补绣像》已供奉于雍和宫永佑殿（原作已入库）。2008年奥运会期间，他所制作的《唐女马球图》被作为国礼赠送给国际奥委会主席罗格先生。2011年，补绣《清明上河图》由北京市政府收藏，在他的参与下，成立了北京工艺美术学会堆绣专业委员会，并多次组织举办教学展览。例如，2008

贾大双大师工作照

《丝绫补绣技艺教程》

年参加奥运"非遗"宣传展演；2013年"'非遗'进校园成果展"，在朝阳区文化馆主办了对地质附中的教学作品展；2016年携不同宫廷补绣作品参展全国各地成果展；2017年参加了朝阳文化馆主办的"非遗"活动，等等。每一次的活动都使学习宫廷补绣技艺成为热潮，这对于宫廷补绣的发展起到了有力的助推作用。除此之外，他在传承宫廷补绣技艺方面起着至关重要的作用。

蒋崇愚，生于1955年，北京工艺美术大师，2001年调出本行业。

项伟，生于1952年，曾任抽纱研究所所长，现已退休。

刘金华，生于1953年，从事补绣制作和教学，现已退休。

赵伟，生于1960年，从事补绣制作和教学，师从崔洁大师。

第四代传承人：徐金香、启燕飞、刘晓辰、魏楠、徐子雯

徐金香，生于1968年，师从贾大双，设计制作宫廷补绣《蝶恋花》等作品，深受好评。她是第四代传承人中资历最老，也是贡献最多的传人，她所做的补绣《蝶恋花》将传统的宫廷补绣工艺与绘画巧妙结合，创造出花卉立体塑形的新工艺技法。除此之外，她还担负了对后来的第四代传人的教学重任，她耐心细致，在青年员工制作中时刻把关，随时发现问题并予以纠正，以精益求精的态度做好传帮带。

启燕飞、刘晓辰、魏楠和徐子雯为80、90后，作为新一代的年轻人，一直以高标准严格要求自己。启燕飞在每次合作制作中所承担的均是作品中艺术表现操作难度最大的部分，每一个环节、每一片拨活都需要仔细推敲、揣摩和试制，她不厌其烦地多次反复修改，直到最终达到理想效果；刘晓辰一直是青年员工中色彩感最强的，她充分发挥自己的优势，担任每次制作过程中所有染色的工作，有的颜色极难拿捏，她一遍遍试验、挑染，在贾大师的指导下，最终达到满意效果；魏楠和徐子雯则共同担任了作品中其他部分的制作，她们接触宫廷补绣时间较短，但因有美术功底，所以上手速度很快，现已熟练掌握宫廷补绣基础工艺技法。2016年，在贾大双大师和第四代传人徐金香的指导下，她们分别创作出宫廷补绣作品《水乡春色》（启燕飞创）、《踪》（刘晓辰创）、《戏之韵》（魏楠创）、《火凤凰》（徐子雯创），并在2017年成功售卖。四位青年传承人从艺四年至十年不等，但都以更好地传承和发展宫廷补绣这项非物质文化遗产为己任，积极克服自身的缺点，努力工作，为宫廷补绣做出自己应有的贡献。

贾大双大师代表作与砥砺前行中的北京工美集团

2001年，北京工艺美术二级大师贾大双带领抽纱研究所的高级技工，历时八个月成功复制了国家一级文物、北京雍和宫馆藏珍品《绿度母补绣像》，此作品原作是由乾隆皇帝的母亲崇庆皇太后及众多宫女制作而成，历经二百多年的岁月沧桑，已经褪色陈旧。复制后的《绿度母补绣像》，高1.86米，宽1.25米，共用68种颜色，4912块形状各异、大小不同的真丝锦缎，125片钩针工艺，56股编绳技艺，23米长的盘线工艺。高超的刺绣工艺完美地保持了原作风格与神韵，充分体现了宫廷补绣的精湛技艺。

2009年，贾大师再次带领抽纱研究所的高级技工，复制了小《绿度母补绣像》，此作品高0.96米，宽0.66米，共用63种颜色，3612余块形状各异、大小不同的真丝锦缎，50余片钩针工艺，56股编绳技艺，13米长的盘线工艺，其工艺之精美、技法之绝妙、色彩之华丽，令人叹为观止。复制的《绿度母补绣像》神形兼备，栩栩如生，整个画面精雕细琢、美不胜收，与原作几可媲美。大小佛像均受到众多专家的称赞，得到宗教界高僧的认可。并由雍和宫举行隆重的开光仪式，新《绿度母补绣像》（与原作等大）现供奉在雍和宫永佑殿，原作已入库收藏。

2003年，北京工艺美术二级大师贾大双带领抽纱研究所的高级技工根据唐代著名的宰相韩滉所绘的《五牛图》创作出宫廷补绣作品《五牛图》。这幅作品选用高档丝绢绘画，结合宫廷补绣工艺精雕细琢，五牛神态各异，静中有动、寓动于静、形象逼真、栩栩如生，是别具一格的精美装饰画。本作

图为崇庆皇太后原作　　　　　　图为贾大双复制《绿度母补绣像》

—— 动静结合 雅俗共赏 ——

《五牛图》

品荣获首届北京"工美杯"金奖。

  2007年,贾大双带领抽纱研究所的高级技工绘制出《唐女马球图》。这幅作品主要展现的是唐朝一项盛行的体育项目,以唐女打球为主题,五骑人马,挥鞭而行,动态栩栩如生,形象各自不同而又前后呼应,彼此联系,构

《唐女马球图》

成了一个富有节奏的整体。塑造出了人物的立体感，色彩古朴典雅。这幅作品主要以人物和马组成，属于大型宫廷补绣作品。2008年奥运会期间，荣幸地被作为国礼赠送给时任奥委会主席罗格先生。2009年，宫廷补绣作品《唐女马球图》荣获第十届中国工艺美术大师作品精品博览会金奖。

同年，明宪宗朱见深的名画《一团和气图》，也运用宫廷补绣工艺完美复制创作。该作品选用高档的凤尾纱为原材料，以高超的宫廷补绣传统技艺与激光雕刻技艺创作而成。《一团和气图》是将晋代的慧远和尚、陆修静、陶渊明三人画作一团，浑然构成一个圆形，通过释、儒、道的求同"合三人以为一，达一心之无二，忘彼此之是非，蔼一团之和气"，寓意"以此同事事必成，以此建功功必备"。该作品在第四十三届全国工艺品、旅游纪念品、家居用品交易会上获得"金凤凰"创新产品设计大奖赛金奖。

2015年，贾大双大胆创新，结合生活中的小物件创作出《礼盒系列》，每一件礼盒都是利用生活中废弃的小物件，例如月饼盒、茶叶筒、玻璃瓶等

《一团和气图》

不起眼的废品制作,通过补绣工艺将这些瓶瓶罐罐改头换面,变废为宝,不仅为生活增添了趣味,还将对艺术的感受带到了生活中的每一个角落。《礼盒系列》作品题材丰富多样,包含花语星座、兔爷星座、猫咪星座、Q版红楼梦人物系列、小龙人等。该作品荣获2015年"工美杯"北京工艺美术创新设计大赛银奖。

《礼盒系列》

2017年,贾大双带领抽纱研究所的高级技工设计研发出壁画系列作品《和平颂》。该作品以和平鸽簇拥国花牡丹为主题,以精美的宫廷补绣传统工艺技法展示中国深厚文化底蕴的无穷魅力。作品采用复古的风格,利用花窗装饰的方法,构成画框的形式,将和平鸽、牡丹花融合在一起,巧妙地摆放在画框中;向往和平的鸽子成双成对,簇拥在万年青花坛旁,期盼发展的鸽子翘尾展翅,萦绕在花窗屋脊上,祝福美好的鸽子翩翩飞翔,组成了爱的巢穴;图案中心的牡丹花丰硕绽放,于细微处体现着宫廷补绣特有的神奇之蕴,当和平鸽置身在牡丹花与万年青花坛中,为作品增添了灵动与静美,渲染出祥和的气氛。作品的材质选用特有的凤尾纱,用花绫托底包边,画面色彩丰富,用渐变色的原料彰显出牡丹花"不泥繁华竞红紫,一般青艳领东风"的独特气质。

贾大双大师设计的灵感来自于西班牙画家毕加索的作品《和平鸽》。毕

《和平颂》

加索为纪念社会主义国家在华沙召开的世界和平大会，挥毫画了一只历经沧桑、饱经忧患、圣洁美丽、昂首展翅的鸽子，借此表现作者对和平的追求与希望，被各国公认并取"和平鸽"之名。现在，每逢庆典、纪念日等重大节日我国也必会放飞"和平鸽"，鸽子翱翔蓝天，寓意祖国的发展鹏程万里，人民安居乐业，世界永远和平。

此外，宫廷补绣《昭陵六骏》《宫廷系列》等作品，多次获全国及北京市金、银、铜以及优秀奖。

近年来，北京工美集团对宫廷补绣这门传统技艺始终遵循着"抢救、传承为基础，创新、发展为目标"，将技艺的传承、发展与创新逐渐纳入到良性循环状态，积极参加全国及北京市的各类"非遗"展示、展演活动，克服困难、砥砺前行，把文化资源转化为经济资源，积极对其加以引导、扶持，发展形成文化创意产业，使"非遗"保护工作得到健康、持续、良性发展。

根据有关政策、法规，北京工美工艺品厂采取了一系列有关生产性保护、保障措施，投入了大量的人力、物力、财力。成立了北京工艺美术学会堆绣专业委员会，学员上万人；在通县（现通州区）建立了加工厂，成为生产性保护基地；在工艺品厂相继建立大师工作室、研发设计工作室和产品展厅等；并开办宫廷补绣工艺基础教学培训班，至今已达800余期次，参加培训人数3万余人次，学员遍布北京城区，年龄上至七八十岁，下至七八岁。除了北京本地学员之外，还有不远万里从上海、哈尔滨、四川、山西等地

— 动静结合 雅俗共赏 —

的学员千里迢迢赴京学习这门手艺，香港、西藏的学员根据媒体宣传找到我们，报名学习，已定居美国、加拿大的学员把学做的作品特意带到海外，赠送给了爱好中华民族传统文化的外国友人。

北京工美工艺品厂广聚人脉，不断创新思路、开阔视野、尽心竭力地传承着宫廷补绣工艺，在取得成效的同时，充分展现出现代宫廷补绣技艺传承人的工匠精神。

"宫廷补绣"是一个在历史上、工艺上都历久弥新的课题，我们所做的一切，都是在重塑中国的文化，延续民族传统文化。在当代社会，所有进入大众视觉的产品都在走创新之路，都在实行大规模、大批量、机械化生产的道路。但我们所做的"宫廷补绣"，却是完全区别于大批量生产的，它要求匠人在传承并高度尊重老祖宗留下来的制作工艺的基础上，保持严谨的工作态度和对生活的细腻观察，以及工艺上的高、精水准，结合现代艺术的现代化元素，在完全掌握技术和工艺的前提下，抓住"宫廷补绣"的精髓，时刻保持精雕细琢、精益求精的"工匠精神"，使作品保持精工细作、标新立异、妙手生花、别具一格的特点，做好宫廷补绣工艺的保护、传承、创新与发

| 创新工作室牌匾 | 设计研发工作室 |

展，使宫廷补绣技艺日臻繁荣，这是我们的首要任务。中国传统文化博大精深，学习和掌握其中的各种思想精华，对树立正确的世界观、人生观、价值观很有益处。

在现代这个金融化、时尚化、国际化、市场化、品牌化的社会中，在市领导以及各界相关工艺美术大师的关注与重视下，在市"非遗"扶持资金的大力支持下，在保持"宫廷补绣"精髓的同时，走精工精致，精致到极点的道路，让"宫廷补绣"这项手工艺与现代设计相结合，使这项传统工艺在今后的道路上发扬光大，让更多的人了解并且热爱这项手工艺，同时北京工美工艺品厂将继续努力吸收更多的可塑性人才来传承这项非物质文化遗产，保持住属于我们自己的中国传统工艺，让这项民族瑰宝发展越来越好，使中国传统工艺美术发展越来越好。

（北京工美集团有限责任公司）

学如弓弩 才如箭镞
——记红都中山装制作技艺·中山装技艺传承人蔡金昌

"红都"的创立与发展和"红帮"有着不解之缘,红都不是一个单纯的传统的老字号企业,而是 20 家著名红帮企业和红帮精英人才的汇聚,是众多著名的红帮品牌的集中代表,是对众多红帮企业的历史、文化、技艺、精神的融合与传承,红都的历史是百年红帮的延续,更是红帮经典技艺的代代传承。

百年红帮,上海迁京

开埠后的上海黄浦江边,外轮邮船甚多,一些宁波裁缝到船上为洋人缝补衣服。在拆补中,又借助国外的西服样本,逐渐掌握缝制西服的技术。当时民间称外国人为"红毛人",为"红毛人"制装的宁波裁缝叫"红帮裁缝"。20 世纪 40 年代末,上海成为"红帮"的大本营、创业基地,崛起了众多的西服名店。如:荣昌祥、裕昌祥、雷蒙、鸿霞、造寸、波纬、蓝天等。当时,中外西服流派纷呈,出现了罗宋派、欧美派、日本派、犹太派等西服流派,宁波的红帮裁缝高手们,博采众长,独创了轻松、挺拔、英俊潇洒的

1956年迁京前上海波纬店员工合影

1956年4月13日《北京日报》刊登上海二十家著名服装店迁到北京的新闻

"海派"西服,并根据国人和洋人的消费水准,分高、中、低三个价位,成为市场的抢手货。"红帮"裁缝以自己的聪明才智创造了"中国第一家西服店""中国第一件西服""中国第一件中山装""中国第一本西服理论著作""中国第一家西服工艺学校",史称红帮"五个第一"。

1956年,为了满足北京人民的生活需要和日益增长的外事工作需要,在周恩来总理的亲切关怀下,北京市政府决定引进服装技术力量雄厚的上海服装行业裁缝技师,补充北京服装行业。1956年3月至4月,20家历史悠久的红帮服装名店、208名服装技师先后分两批从上海迁入北京,迁京名店中最早的张丰记呢绒西服号的历史可追溯至1919年。迁京的20家服装店合并重组为金泰、蓝天、雷蒙、鸿霞、造寸、波纬、万国七家老字号服装店。同年又从上海引入12名服装技师,成立了中央办公厅特别会计室服装加工部。1957年波纬服装店从前

学如弓弩　才如箭镞

门饭店迁入东交民巷28号，与上海迁京的万国服装店合并重组，1957年4月18日重组后的波纬服装店正式开业。1957年11月15日中央办公厅特别会计室附属服装加工部移交雷蒙西服店管理。1958年5月5日北京市友联时装

1978年红都服装店

厂成立，雷蒙、金泰、鸿霞、蓝天、造寸、波纬六家服装店统属友联时装厂。1967年"文革"时，老字号属于所谓"四旧"范畴，"波纬"字号改成"红都"。友联时装厂也几经更名，1984年正式更名为北京市红都时装公司。

红都见证了历史，在中国服装发展史上有着特殊的地位。1956年，红帮服装名店由上海迁入北京时就明确了"三大任务"，即为中央领导服务、为驻京使团服务、为出国人员服务。此后，为几代党和国家领导人、各国元首、驻华使节、出国人员、全国人大代表、政协委员及各界名人制装，成为红都数十年的传统。红都曾为毛泽东、刘少奇、周恩来、李先念、邓小平等党和国家领导人服务，1956年毛主席身穿"红都"为他特别设计制作的中山装拍了至今仍挂在天安门城楼正中的伟人像；中华人民共和国成立35、50、60周年，邓小平、江泽民、胡锦涛同志身着红都服装阅兵；1971年中国代表团身着红都服装参加联大会议；1984年中国健儿身穿红都服装重返奥林匹克运动会；红都为中华人民共和国成立50周年、60周年国庆方阵制装；为1990年亚运会、2008年奥运会各国代表团制装；2013年为东亚运动会制装，神五、神六、神七、神九、神十的航天员都身穿红都服装展示国人风采。美

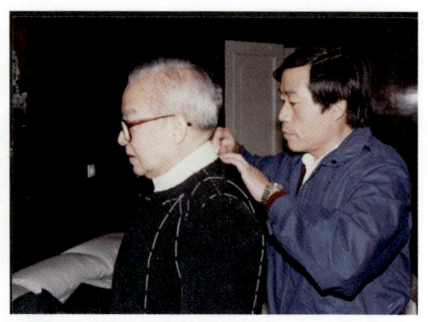

1984年为参加第23届奥运会的体育健儿制作服装

蔡金昌（右）为柬埔寨西哈努克亲王（左）试衣

国前总统里根、布什，柬埔寨前国王西哈努克、现任国王西哈莫尼，马耳他前总统阿贝拉，俄罗斯、意大利、卢森堡、波兰、沙特、泰国、约旦、几内亚等各国驻华大使都深爱红都服装。2016年红都为访华的塞拉利昂总统及其外交部部长、驻华大使等制装，获得高度赞誉；2017年圆满完成为来华访问的缅甸总统及其夫人等一行的制装任务。

红都自上海迁入北京，已经走过了60余年，目前红都品牌不仅享有"中国高级成衣定制第一家"之美誉，还被认定为中华老字号、中国驰名商标。红都始终坚持"让中国人穿中国的名牌，让民族的成为世界的"的理念，打造"百年老店、世界名牌"。坚持"传承持之以恒，创新永不止步"的精神，精益求精，为国人制国服。

承载文化，永传经典

中山装是在孙中山先生的提议下，由红帮裁缝创制，并伴随着中国历史不断发展至今，最终形成的中国民族服装。中山装不仅承载了厚重的中国文化，也体现了锐意革新的进取精神。红都不仅是红帮的传承者，同时也是红帮中山装制作技艺的传承者。

1905 年，在孙中山先生与黄兴等革命同志变革长袍、马褂，创制中国新服装的意图指引下，在红帮裁缝开办的同义昌呢绒洋服店，采用西装造型和制作技术，参照日本学生装、南洋企领文装，根据中国人的体形、气质，融入中国服饰文化传统，红帮裁缝创制了第一件中山装。

辛亥革命之后，上海的红帮裁缝店——"荣昌祥"呢绒西服号在孙中山先生的授意下，将早期的中山装进行改进，并融入深刻的文化内涵：直翻领、有袋盖的四贴袋新服装，袋盖做成倒山字形笔架式，称为"笔架盖"，象征中国民主革命要重用知识分子；前门襟五粒明纽扣，象征五权宪法；袖口三粒扣，象征三民主义；后背无中缝，表示国家和平统一之大义。这一经典样式此后成为中山装的母本。

红帮中山装制作技艺有着复杂、独特、纯手工等特点，经王才运、余元芳、王庭森、田阿桐几代红帮高手的不懈努力，才得以将中山装的制作技艺传承至今天的红都并在这里发扬光大，形成"红都特色"。

中山装的特征为关闭式八字形领口，袖口三粒扣，前门襟五粒明纽扣，后背整块无缝。明口袋，左右上下对称，有盖，钉扣，上面两个小口袋为平贴袋，底角呈圆弧

蔡金昌在做领子部位的手针

形，袋盖中间弧形尖出，下面两个大口袋是风琴袋。裤子有三个口袋（前面两个侧袋和一个带袋盖的后口袋），挽裤脚。中山装的制作难点在于四个口袋（两个小袋、两个大袋）、袋盖和一条领子。大小口袋和袋盖的质量要求是：丝缕和大身相符，大襟、里襟位置一样，左、右对称。口袋和袋盖大小合适，前边要直顺，不能挖心凸出。底边距大袋前后一样，大、小袋前后长短一致。小袋盖尖对胸省，大袋盖距胸省左右两片一致。大小袋盖翘式要直顺，袋口前边不低头。袋盖、袋角不能翘，如有条、格必须对准大身。袋盖要求里子不外吐，盖角不外翘，圆头要圆顺，两盖要一样。领子的质量要求：根据人的脖径，领口要有变化，中山装的大、小领搭配比例合理，吃量要准确，领子前部分平服，拐弯处有吃量，平放在桌子上是一个圆圈，不能成直条。

在红都制作一件合体的中山装至少需要八个步骤：

1. 量体：量体定制是红都中山装的最大特色，精确的度量加红都制衣审美取向是服装合体的重要前提。

2. 裁剪：根据顾客的尺寸，经过平面画线裁剪。

3. 扎样：按裁剪粉迹打线钉、推门、复衬，手工扎线做成毛样。

4. 试样：对扎好的毛样，请顾客试穿，以便修正体形。

5. 修正：根据顾客试样后的修改意见进行撇修，达到服装的合体。

6. 制作：要经过制口袋、衣身、领子、袖子、付衬、手工缝制等几十道工序，最终成衣。

7. 平整：对制作好的衣服进行精心的平整熨烫。

8. 检验：对定制成衣进行综合检验，确保服装美观合体，才能交给顾客。

中山装的创制、完善和普及是中国服装史上最伟大的变革之一,陈毅元帅说:"中山装是中国人的骄傲。"1954年日内瓦会议和1955年万隆会议上周总理穿着中山装庄严地出现在世界人民面前。1956年红帮著名裁缝、红都的田阿桐师傅为毛泽东主席设计和制作了"毛式中山装"。1971年,联合国恢复中华人民共和国在联合国的合法席位,这是中国人民政治生活中的一件大事,周总理接见了所有代表团成员,特别问起代表团成员的着装问题,并强调一定要穿中山装,说:"中山装体现了中国人的形象。"中国几代领导人毛泽东、邓小平、江泽民、胡锦涛都曾穿着并非常喜爱红都制作的中山装。

2007年红都中山装被列入北京市级非物质文化遗产名录

2007年红都中山装制作技艺被评为北京市级非物质文化遗产。同年"毛式中山装"被英国《独立报》评为影响世界的十大套装之首。

品牌传艺,精益求精

中山装制作技艺传承者中最著名的是红帮裁缝之一、红都的田阿桐师傅,红都的高级服装技师蔡金昌、邱锦华、闫瑞环、朱永伟、高黎明、柴桂英等都师承田阿桐师傅。蔡晓晶、王金龙、申士永、张春燕分别拜蔡金昌、

1996年3月，红都上海迁京40周年庆典上，蔡金昌等徒弟代表拜田阿桐为师

高黎明、邱锦华、柴桂英师傅为师，这使得红都中山装的制作技艺代代相传。

红都设计研发及制作中心主任蔡金昌是红都中山装制作技艺的传承人。他最著名的工作特点是"精"与"细"。服装行业在实际裁剪时一般通用的单位是厘米，老师傅们常用的是市分，而蔡金昌常用的单位却是毫米。在制版、试版、工艺各环节他都精益求精，处处体现"精""细"原则，因此他的成果更加适合公司走"高档、精品"路线这一思路，推动产品品质不断提升，主业不断发展。

蔡金昌说，这些年来，在现代化机器设备与工艺技术的创新下，西服和中山装的款式在与时俱进，但红都工匠"针针计较"，细致、精益的手艺却不变。以西服驳头为例来解释，"现代化流水线用机器扎一件驳头1分钟就成了，但看起来弧度不自然，没有那种西装味道，只有靠手工扎才能出来自然弧，才有精致感。虽然客人看不到一针一针缝制的场景，但做得细不细，好不好，顾客是能感觉到的"。蔡金昌经常和制作中心学员说："在制作过程中，要把手里的产品当作是工艺品一样来制作，怀着这种心态就一定能做好、做细。"

蔡金昌认为，红都服装高级定制目前采用的是"手工工艺+现代设备"，两者要完美结合，比如做造型就要靠手工，红都老字号的精华就在于传统工艺。经过长时间积累，蔡金昌电脑里存有几百套板型，如今依然在不断添加、改进。他说，如果发现某个部分调整一下会更好，那所有的板型都要进行相应的调整。板型不能说已经研究好了，因为它永远没有止境。多年来，蔡金昌潜心研究量体定制的特点，反复推敲试验并结合成衣板型推出了红都男装新版，新版分为A体（正常体）、B体（微胖体）、C体（有肚体）、D体（大肚体），同时还有特体如平肩、溜肩、有背、挺胸等，各种板型达到了800多个规格。

蔡金昌研发的红都男装新版的特点是规格密度大，涵盖的体形类型多，更适合单量单裁的零活和团体制装使用。从外观造型上，新版成衣线条流畅，肩阔饱满，腰身清晰，B、C、D体不但从侧、后面体现腰身，也给出了足够的肚围量，使整体造型更适合特体和高级定制。此外，有些人常常健身，胸肌较高，有些人平肩、溜肩等，这些特殊体形，都能得到满足。他还对裤子试样工艺以及西服领子进行改革。裤子在试样的过程中，传统方法是用珠针在腰节处扎住，存在很多弊端：顾客在试样过程中需要业务员用珠针在腰节处固定，这种固定方式使得门襟易裂开，裤子容易脱落，稍有不慎，珠针也会扎到顾客，针对这一细节，蔡金昌提出了一种新的工艺，将珠针改为魔术贴工艺，在裤子的腰节处缝上魔术贴，这样不仅有效防止了珠针可能扎伤顾客的弊端，同时顾客在试样的过程中，可以根据自己的舒适程度，调节腰围大小，方便快捷。

蔡金昌多次参与重大制装工作，其实，早在1990年北京亚运会时期，蔡金昌就曾与红都的制作团队一起向世界展示了中国的实力。当时红都时装公司承担着亚运会上来自世界各地的裁判员和官员的制装任务，没有见到本人，没有亲自量过尺寸，但蔡金昌带着制衣组的同事们完成了几千套服装的制作，裁判员、官员抵达北京后，工作人员分小组把衣服送到他们手上，假如试穿

老字号 新故事

1990年蔡金昌获得第十一届亚运会贡献奖

2017年蔡金昌参与为缅甸总统制装工作

尺寸不合适，就马上现场量体，把数据回传给蔡金昌，蔡金昌马上带着同事们做版、制作。时间紧迫，每件衣服一定得保证8小时内制作完成，车间上百人准备着，只要有需求，流水线马上运转起来。蔡金昌说，那时候大家根本没有休息的概念。"这是一项重要的任务，我当时也很年轻，所以虽然工作量很大，但不觉得累，反而很兴奋。"能够在规定的交货期限，保质保量地完成全部裁判员、官员的制装，且做到了零返修，这个结果足足让订货方惊叹了许久。

他曾为柬埔寨前国王西哈努克、巴哈马总理等外国首脑制装。2017年缅甸总统访华，应缅甸驻华使馆邀请，4月9日蔡金昌等一行到钓鱼台国宾馆为缅甸总统和夫人以及同行的部长量体制装。当天回到公司已是晚上了，蔡金昌迅速安排制作中心各环节的工作，这是个周日，本应该宁静的楼道里却格外忙碌，三层制作中心、四层设计中心都因为这次制装任务而灯火通明，对于蔡金昌和制作中心的员工们，这又是个不眠之夜。4月10日18:30，经过主任蔡金昌最后的检验，认为没有问题了,才将总统和部长的服装共4套小心翼翼地放进挂装袋,在20点前送到钓鱼台国宾馆。4月11日一早,红都收到缅甸使馆的微信:"总统非常满意您的衣服。他说完美。"

蔡金昌担任着红都设计研发制作中心主任一职,他认真

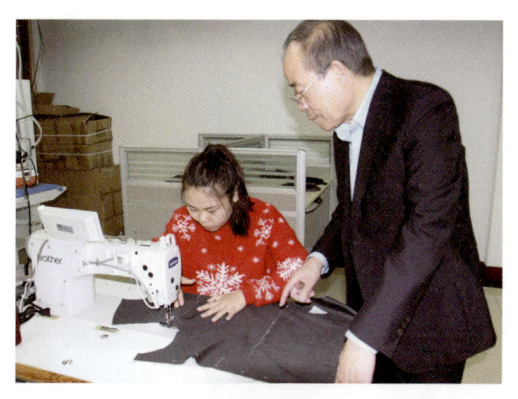

蔡金昌带徒

履行企业"师带徒"计划,选拔爱岗敬业、刻苦钻研的年轻人采取一对一的具体指导,目前,制作中心共有人员30余人,他不仅将自己多年积累的制版工艺和制作经验毫无保留地传授给徒弟,而且手把手地教徒弟,帮助他们跟随着市场变化的理念,在实践中提高技术,他希望徒弟们静得下心来打磨手艺,不断去琢磨工艺,追求精致。目前,他的徒弟中,有许多都成长为技术精湛的服装技师,并且在工作中能独当一面。蔡金昌希望红都服装技艺的精髓能够一代代传承下去,让中国的民族服装永存并发扬光大。

代表作品,连获殊荣

2013年以蔡金昌为首的红都设计中心推出作品——"盛世国服"。在保留原中山装传统元素的基础上,从设计、选料、工艺等方面进行创新,使之更具备造型流畅美观、高贵大气、修身合体,适合现代人穿着等特点。在设计上注重穿着舒适和时尚性相结合,在原有白领的基础上,设计制作了不

2013年红都中山装获得中华老字号始创产品时尚创意金奖

同彩条面料的软领，使穿着者既显大方庄重、又不失美观时尚，还扩大了中山装的穿着范围和场合；为了更能体现男性的线条，将腰身部位改为后背破缝，后宽在原来的基础上加宽；领口适度开低；袖子袖口处适度改窄，使袖型更流畅，更加修身合体，并能产生极具民族风格的礼服效果；在材料选用上注重细节，突出顶级精品：采用意大利高端面料，这种面料使用澳大利亚顶级羊毛作为加工原料，具有色泽自然柔和、有弹性、手感柔软、光滑丰厚、褶皱回复性能好等特点；纽扣特别选用新疆和田玉制作而成，更衬托出"盛世国服"的华贵大气；工艺上采取肩袖劈缝、袖子做真开衩、领子改成软领，与时尚男装工艺紧密结合，更符合现代人的穿着要求；过面做大耳朵皮，在原有里袋的基础上增加笔袋，并配红色珠边，里袋口打红色D型结，使里衬的制作效果更加美观生动。"盛世国服"荣获"中华老字号始创产品时尚创意金奖"，作品现场拍卖，被喜爱中山装文化的收藏家收藏。

2014年红都融合了经典的民族文化与创新的现代设计理念，设计上将传统与时尚相结合，东方与西方服装文化相结合，在传统中山装和青年装基础上，诞生了高贵、简约、时尚、大气的"中华礼服"。"中华礼服"以传统中山装为基础，体现了对国服的传承和爱国思想，同时融入中国传统的"方圆"思想，方是做人之本，圆为处事之道。硬朗的方角立领和方下摆，表现出中华民族刚正不阿的品质；圆顺的袋盖和中国传统纹饰则体现了包容厚德的处事之道。在领、袖、门襟等部位创新。领子为中国传统立领，领口微开，令穿着更舒适，采用两种不同的领衬，使领子更加柔软、挺括。暗门襟设计，暗门襟与袖开衩相呼应，采用传统的刺绣工艺及中国特有的纹饰作为创作元素，突显尊贵、大气的风格。"中华礼服"荣获"2014中华老字号始创产品时尚创意银奖"。

随着蔡金昌多年的努力奋斗和不断取得的成绩，他的名气也逐渐响彻整个服装行业，1996、1998、2006年服装标准化委员会三期（六年）聘请蔡金昌为标委会委员，作为标委会委员的蔡金昌多次提出修改意见并被采纳，对整个服装行业的规范起到了推动作用。2011年获北京市商业服务业中华传统技艺技能大师称号，2015年蔡金昌被授予北京"市级非物质文化遗产项目红都中山装制作技艺代表性传承人"称号。2016年蔡金昌一举拿下了五项上衣外观专利的佳绩。他还为企业编写了《男西服工艺质量标准》《中山服工艺质量标准》等，同时参与了由中国轻工业出版社出版的北京市工贸技师学院的《中山装制作技艺》的编制，对工艺流程不断创新，特别是对中山装前身衬的改进，在提高服装质量及造型的同时，也为中国国服的发展做出了贡献。2017年蔡金昌获得"北京市有突出贡献的高技能人才"称号，享受北京市政府特殊津贴。

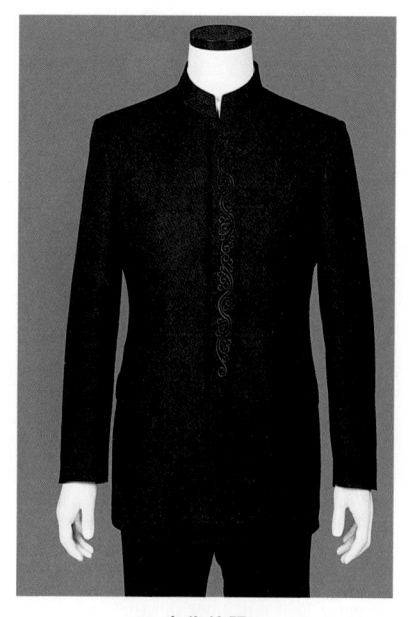

中华礼服

（北京红都集团有限公司）

人间巧艺夺天工
——记京式旗袍制作技艺·京式旗袍技艺传承人李侃

旗袍的起源

旗袍是中国女性的传统袍服，始于清朝的旗人着装。经过辛亥革命及现代的改良，保留了传统旗袍的服饰工艺，使其更加符合对人体的表现。这种比例非常适合东方人的体形特点。旗袍传达出现代的人文主义思想和东方独特的韵律之美。

旗袍作为袍服大家族中的一员，其发源现在还存有诸多争议。有人认为可追溯到春秋战国时期的深衣，深衣自春秋战国至汉代曾为时人所重，后世的袍服或与深衣有着一定的渊源关系。事实上，深衣与袍服颇有差异，前者上下分裁，效果相当于把上衣下裳连成一体；袍服则不分上下，基本失去了上衣下裳的意义，后来袍服逐渐被接纳为一种稳定的服饰式样，与上衣下裳的服制并行不悖。袍服自汉代被用于朝服，起始多为交领、直裾，衣身宽博、衣长至跗、袖较肥阔，在袖口处收缩紧小，臂肘处形成圆弧状，称为"袂"，或称"牛胡"，古有"张袂成荫"之说。袍服式样历代有变制，汉代深衣制袍，唐代圆领袍袍，明代直身，都是典型的宽身长袍，穿着者多为知识分子及统治阶层，久而久之蔚成风尚，袍服因而代表的是一种不从事生产的上层人士及文化人的清闲生活。服饰上的宽衫大袍，褒衣博带，逐渐成为中原地区衣饰文明的一种象征。

我们今天谈的旗袍，多数学者认为是形成于20世纪20年代。辛亥革命推翻帝制为新式旗袍的诞生创造了条件，1929年，当时的民国政府将旗袍确定为国家礼服之一。旗袍走向经典的过程，可以说是在20世纪三四十年代。旗袍以其流动的旋律、潇洒的画意与浓郁的诗情，表现出中华女性贤淑、典雅、温柔、清丽的性情与气质，被世界公认为是中华女性最具代表性的传统服装，被誉为中国国粹。

旗袍的发展

旗袍是满族妇女的传统服饰。旗袍的特点是立领，右大襟，紧腰身，下摆开衩。古旗袍有琵琶襟、如意襟、斜襟、滚边或镶边等。

20世纪20年代后，经改进后腰身宽松、袖口宽大、长度适中、便于行走，已成为在中国妇女中较流行的服装。30年代初受西方短裙影响，长度缩短几近膝盖，袖口缩小。30年代中又加长，两边开高衩，突出了妇女体形的曲线美。40年代缩短，出现短袖或无袖旗袍，外为流线形。继后，衣片前后分离，有肩缝和装袖式旗袍裙等。旗袍具有东方色彩，能充分显示雍容文雅的仪态，被认为是表现女性美的典型民族服装。近年来，在三四十年代的基础上，旗袍的改良加入很多现代设计元素，不同的设计师有自己不同的表现方法。主要表现在下摆的变化，有A式的、不对称的、拼图式的，等等。有的则将旗袍的立领加以变化，变成时装款的深 V 字领或是将立领夸张化等。更多的设计师则是将旗袍元素运用到现代服装设计中，既兼顾了民族风情又颇具可穿性。如上身为旗袍款式，而裙子的下摆变成迷你 A 字裙或是不对称设计的纱裙。既可以单穿，也可以配紧身裤。

双顺京式旗袍

双顺便服店以做中式便服驰名，是北京从事服装行业的一家历史悠久的老字号企业，其最有名的手艺是制作京式旗袍。创办人韩俊峰 1895 年出生于河北省深县（现河北省深州市），14 岁开始到北京的"双顺兴"成衣铺做学徒。1917 年离开"双顺兴"自立门户，在朝阳门南小街租了一间房，设立成衣摊，白天串宅门收活，晚上精心裁剪制作。两三年后，不仅"双顺兴"的老顾客都找他做衣服，而且一些大宅门的新顾客也慕名而来，生意兴旺。1924 年就在当时朝阳门南小街老君堂胡同 49 号找了间房开了一个门脸，创

由著名书法家、思想家范曾题写的"双顺"匾额

办了"双顺"成衣铺。随着买卖的发展，生意日渐兴隆，由一间门脸扩充到四间门脸，后边做活的师傅发展到40多人，很快双顺就成了全市闻名的大户成衣铺。双顺做活的特点是不墨守成规，敢于对社会上穿着多年的便服式样进行大胆革新。原旗袍的领子是元宝高领，袍体宽大，卡腰较小，大襟一直开到底，穿起来既不合身，也不舒适。韩俊峰与师傅们首先将元宝高领改为前较矮后较高的领子，使穿着舒适；接着又将大襟改为"大边小开襟"，即开襟到腰部；并将旗袍的直筒型小卡腰改为符合女性体形的大卡腰，下摆两侧加开衩，以方便行走；此后又改进袖子，有了长短袖旗袍之分。改良后的旗袍突出了女性体形的曲线美，深为女士们所喜爱。到30年代中期，北京城内的新式旗袍终于取代旧式旗袍成为女性着装的时尚，韩俊峰因此被称之为"旗袍大王"，双顺也因此驰名京城。双顺在开拓生产经营上，利用处在京城的"地利"条件，广交朋友，民国时期北京的军政界、文艺界有名人士以及其他各界名流，如俞平伯、马连良、谭富英等人及其家属都曾是双顺的老顾客。

1949年之后，人们脱下了长袍、短袄，换上了衬衫和制服，一部分裁缝铺停业了，一部分改做制服。1956年公私合营后，双顺从老君堂胡同迁到东四南大街继续营业。不久双顺又建起了东单便装厂，以制作便服为主，兼做西服、制服。那时的主要服务对象是国务院、外交部及文艺团体等有出国任务的集体和个人。在五六十年代，一些女同志在出国时都特意在双顺定做富有中华民族特色的典雅服装，旗袍便是其中之一。王光美、林佳楣、张茜等偕同中央首长出国访问前，都要在双顺做一些服装。1964年刘少奇、陈毅出访东南亚四国，王光美、张茜等随访人员的女装都是由时装公司精工细作，其中尤其是以双顺旗袍最为引人瞩目。宋庆龄副主席和史良、雷洁琼等社会知名人士也专程到双顺做中式便服。

1984年美国总统里根访华时,里根夫人南希提出要定做中国传统民族服装——旗袍,双顺派支善文师傅去钓鱼台国宾馆为南希量尺寸,回到店里便与助手们赶制出一红一黄两件织锦缎旗袍。当旗袍交给南希夫人试穿时,肥瘦长短都合身可体,恰到好处。南希夫人对中国服装技师的高超技艺赞叹不已,并穿着旗袍出席在长城饭店举行的宴会,引起了与会人士的关注。自此"双顺便服店"被编入国外的旅游辞典,一些外国游客就是拿着旅游辞典找到双顺做衣服的。

美国总统里根的夫人访华时穿着特制的双顺旗袍出席宴会

1964年双顺并入华表时装公司。2000年双顺随着华表时装公司一起并入北京红都集团公司。2007年"京式旗袍传统制作技艺"被评为北京市级非物质文化遗产。

红都集团旗下的双顺旗袍从韩俊峰老先生创建这个品牌至今有近百年的历史,是正宗的京式旗袍。京式旗袍被誉为旗袍家族中的大家闺秀,矜持凝练,固有的宫廷范儿是她自身的魅力。款型通常为领子后高前矮,下

2007年京式旗袍传统制作技艺被列入北京市级非物质文化遗产名录

款式各异的双顺旗袍

拽大襟，卡腰大小随体，侧缝开衩低等。面料以传统绸缎为主，偏厚重。花色不受西方的影响，但旗袍上的装饰却非常丰富，以繁复的刺绣纹样或织纹为美，受中华传统文化的影响和制约，中国服饰讲究内涵、意境、气韵，表现在款式上，以体现服装穿着者的身份和修养，所以，从保留中华文化传统的角度来看，京式旗袍更加原汁原味地体现了中国的文化传统。

京式旗袍制作技艺

制作京式旗袍的传统面料有：织锦缎、古香缎、绸等，绒面的布料一定要戗着绒毛来做，衣服才不会有色差。

旗袍的制作必定是一人一版、一人一款，根据顾客的体形、喜好、穿着场合，做出优雅合身的旗袍。定制一件旗袍，需要经过多道工序，平均工期

李侃师傅制作旗袍

要十五天。京式旗袍传统制作技艺流程分为旗袍量体、缝制、旗袍盘扣三个步骤。仅测量环节，就要给全身上下35处量体，其中包括旗袍袖长、前后腰节尺寸、胸高点、肩斜、领围、肩宽、胸围、臀围、袖口、前宽、后宽等。

  制作旗袍全过程中最重要、最关键的一环就是剪裁，剪裁是做好旗袍的基础和前提。旗袍的剪裁，不需要做得太贴身，但是又要有腰线，长款与短款，通过调整腰线、腰节等，把每个女性不同的身材比例完美地展现出来，这就是为什么旗袍更加适合量体裁衣的定制。因此，在剪裁时一定要把各部件的裁片裁得准确无误。除了尺寸必须量得准确，剪裁方法还要得当。剪裁时画粉要画在衣料的反面，并选用浅色画粉；剪裁时要先裁主件，后裁副件。按顺序先裁前后片，后裁大袖、小袖和领面，最后裁零件。画裁时必须照顾到零件，以免衣料不够。"推归拔烫"是京式旗袍制作中最讲究的手艺。

  为了突出人体曲线美，旗袍在工艺处理上多采用"归拔"等工艺。拔主要体现在腰处和底襟。归主要体现在大襟、臀部、下摆等处，使之更趋立体感。整烫则是指从里往外烫，由左往右，由上往下。所有正面不能粘水，否则会有水花。

  旗袍代表的是文化，因此做工讲究精致，传统的制作工艺主要有镶（镶边）、滚（滚边）、盘（盘扣）、绣（刺绣）、拼（差色拼接）等，均是手工完成，其中盘扣是画龙点睛。盘扣造型丰富，传统样式有一字扣、葫芦扣、蝴蝶扣、琵琶扣等，还有梅兰竹菊、福禄寿喜、龙凤鸟卉系列等，具有典型的民族特色。盘扣技艺又分硬条的制作方法（衬线手缝法、机缝暗线法、机缝明线法、包细铜丝法）、扣陀编结的方法、直扣盘法、琵琶扣的盘法、实心花扣的盘法、空芯花扣与嵌芯花扣的盘法七种。

李侃与徒弟一起制作盘扣

另外，旗袍的滚边虽然只是制作中的一个小小细节，但作用却是非常大的，很大程度上反映了旗袍做工精不精美。在旗袍的技艺中，滚边的作用是用来裹着旗袍的开衩或开口，通常用丝质的绢或者本身旗袍底色的布作为滚边。宽滚边，单滚边，双滚边，等等，这些选择还是要具体看旗袍的风格，滚边如果做得很不平整，旗袍就会欠缺精美，流于下品。

百年技艺，代代传承

身为北京市非物质文化遗产"双顺京式旗袍制作技艺"的传承人，李侃大师是第三代传承人，通过不断努力学习、研究、实践，她从一个对服装不甚了解的门外人，转变成为一个对女装、特别是旗袍的技艺能全面掌握的高级技师。她师从杨淮芝老师傅学艺，至今已经整整做了 **40** 年的旗袍，在"双顺"传承人杨淮芝师父的亲自传授下，学会了旗袍的量体、裁剪、试衣、制作的全部技术。在学习的过程中，用心记下每一个细节，精湛往往在细微处体现，如师父说的旗袍的腰省处，弧线省更贴近人体曲线，更能体现出女性的优美；这样的小细节令李侃至今受益。她曾获得"北京市商业服务业中华传统技艺技能大师"称号，被誉为中国最会做旗袍高级技师之一。

  李侃始终认为旗袍是中国人的传统服装，是中国服装文化的缩影，她说，旗袍代表着中国服装文化不能磨灭的传统，它们不该只出现在影视剧和博物馆里，作为传承人有义务将旗袍的设计制作不断创新。李侃制作旗袍时，首先与顾客沟通，了解穿着场合、喜好，然后选定面料、款式，设计式样，确定配饰，再量体裁衣。此后还要经过两到三次的试衣，修正肥瘦、长短等。

  多年来，李侃不断摸索现代旗袍和传统旗袍的制作和改良，突破传统旗袍的直线裁剪方法，在不失旗袍特色的基础上，进行旗袍设计裁剪的研发，满足现代女性的审美。如用棉素花布制作，穿着朴素大方；选用丝绸、织锦缎一类制作，可作迎宾、赴宴的华贵服装；选用深色的羊绒或丝绒制作，不仅能表现庄重、雅致的风度，还能显现出中华女性身材的优美。旗袍盘扣的创新，是运用中国画中的工笔花卉与写意的技法相结合，设计出多种花形，搭配在旗袍上，使之增添光彩；旗袍里衬的选择上也是很讲究的，在开衩的侧面加蕾丝边，更优美时尚。

  李侃目前主要服务的对象有两种，一是国家领导人的夫人们和女领导人，二是需要单量单裁进行个性化定制的顾客。她曾多次为国内外政要夫人和社会名流量身定制旗袍，深受顾客喜爱，如缅甸总统夫人、斯洛文尼亚驻华大使、卢森堡驻华大使的夫人等都对她的技艺赞叹不已。2008年12月国

人间巧艺夺天工

民党荣誉主席连战偕夫人方瑀访问大陆,为方瑀夫人定制服装的任务落到了李侃身上。为了能给方瑀夫人制作一件满意的服装,李侃将所有制作女装的面料都带去了。"到了之后就发现她形象、气质都特别好,肤色特别白,穿旗袍一定好看"。李侃笑着回忆,"而且既然都到了北京,那还是穿咱老祖宗留下来的衣服最好"。旗袍的制作需要时间,但连战一行只在北京停留了两天就返回台湾,因此未能亲眼看到方瑀夫人将旗袍穿在身上的样子,李

李侃为连战夫人量体

侃直言遗憾。"粉色的底儿,上面带点儿白带点儿灰,然后镶了一个灰色的牙子,"她说,"没来得及让夫人试,后来只能请国台办的工作人员前往台湾的时候带过去,反馈回来说夫人挺满意的。"

她的顾客中甚至有祖孙三代来定制旗袍的:"一个82岁的老人来定做一套参加孙女婚礼时穿的衣服。老人家驼背非常严重,而且有严重的O型腿,买成衣穿起来不好看。所以我就给她量身,按照她的背和腿的弯曲的角度打样、剪裁,她穿上之后非常满意,这些不是机器设备套号型能够实现的,这是几十年经验的积累。老人家20世纪80年代出国时在红都定做过一件旗袍和一件大衣,转眼她的孙女儿都嫁人了。我的工作中有很多很多这样服务了一辈子的顾客,这是其他人感受不到的成就感。"

为了传承技艺,李侃一直坚持师带徒,她收年轻技师李燕春、王朝蓉、王艳为徒。坚持做到为人师表、爱岗敬业,在思想、业务、工作态度等方面

李侃向徒弟传授技艺

为徒弟树立榜样。关心徒弟的成长，及时帮助徒弟分析工作中遇到的问题，确定重点、难点及技术传授目标，根据徒弟的特点和实际工作需要，分别制定培训计划。她把自己这些年遇到的有特点体形的样板，系统地整理出来，并根据实际情况，将旗袍各种款式的裁剪方法逐一对徒弟进行传授。所带徒弟在三年内过思想品德关、技能关，成为部门骨干。

"做了一辈子的旗袍，我的责任是传承。"李侃这样说。

"国色天姿"经典之作

京式旗袍"国色天姿"是李侃的代表作品。

在旗袍颜色的选择上，选择了中国红，在源自大自然的丰富色彩中，红色是有丰富情感的色彩，让人感到幸福、兴奋和快乐。运用在旗袍上，最能表现热烈、喜悦的情感，身穿红色旗袍，无论是婚庆典礼还是高级社交场合，都充盈着惊艳夺目的魅力。

旗袍的图案及绣工上，选择的图案是牡丹绽放，牡丹具有富贵之气，牡丹绽放传达了喜庆意味。牡丹花组合的吉祥图案，有着很长的历史，自清代开始，蔚然成风，直至现在。取意"唯有牡丹真国色"，同时赞美穿着者的国色天姿。

人间巧艺夺天工

这款旗袍，穿着贴身适体，恰到好处地体现出东方女性的曲线美，小巧精致的立领，衬托出修长的脖颈，有一种婷婷之美；宽窄适中的衣袖，使削弱的肩膀显得柔美、轻盈；收腰、包臀的设计，突显丰腴的胸部，柔软的柳腰和饱满的臀部，明朗简洁的线条将东方女性柔顺、曲美的身形显露出来。

制作上，归拔工艺在传统旗袍的制作流程中，起着重要作用，为了恰到好处地体现出女性的曲线美，运用归拔工艺来处理细节，才能使平面裁剪的旗袍拥有立体裁剪的效果，甚至不用穿在身上就能体现出人体造型的韵味。

旗袍"国色天姿"荣获"2016年中华老字号时尚创意大赛经典产品"称号。

（北京红都集团有限公司）

李侃代表作品——旗袍"国色天姿"

延续中华服装血脉　保存中式服装珍宝
——瑞蚨祥品牌故事

瑞蚨祥发展历史

北京瑞蚨祥绸布店,有逾百年的历史,是中华人民共和国商务部命名的第一批中华老字号。

瑞蚨祥最早创建于清同治元年。据史料记载,早在清朝乾隆年间,济南东部章丘县旧军镇的孟氏家族就依靠布匹生意发了财。孟氏家族是儒家亚圣的后代,到第68代这辈,有传璐、传瑷、传珽、传珊四子。兄弟四人长大成人后,分别各立堂号。瑞蚨祥的前身以经营土捻布发家,原字号为万蚨祥。清道光元年(1821),万蚨祥在周村大街挂牌,1862年瑞蚨祥绸布店在济南开张,到1927年,瑞蚨祥已经发展为集布匹、绸缎、绣品、皮货、织染、茶叶、首饰、钱庄、当铺等众多经营项目的商业王国,分号遍布北京、天津、沈阳、包头、上海等商业重镇。四子孟传珊(字鸿升)于1862年在山东济南院西大街(今济南泉城路)开设绸缎店。当时经营的项目有绸缎、绣货和布匹,取名为"瑞蚨祥"。"瑞蚨祥"店名引用了"青蚨还钱"的典故,店名中的"蚨"是古代传说中一种形似蝉的昆虫。晋代《搜神记》卷十三记载:

延续中华服装血脉　保存中式服装珍宝

"南方有虫，名青蚨，生子必依草叶，大如蚕子。取其子，母必飞来，不以远近。虽潜取其子，母必知处。以母血涂钱八十一文，以子血涂钱八十一文，每市物，或先用母钱，或先用子钱，皆复飞归，轮转无已。"孟传珊将店名定为"瑞蚨祥"，意在希望生意兴隆，瑞气吉祥，财源茂盛。

"瑞蚨祥"虽为孟鸿升创办，但是其四子，"亚圣"第69代孙孟洛川真正将瑞蚨祥发展壮大起来。孟雒川（1851—1939），名继笙，字雒川，少年丧父，虽性颇顽皮，不善读书，但却有着过人的经商天赋。1869年，年仅18岁的孟雒川就接管了瑞蚨祥的经营，在他的经营下，生意更为兴旺。继在天津、青岛等地开设分号后，1876年，25岁的第二代当家孟雒川开始进京经商。清光绪初年，孟雒川派族侄孟觐侯在前门外鲜鱼口内抄手胡同租房设庄，批发大捻布。清光绪十九年（1893），在洋布大量涌入、土布受到冲击的情况下，孟觐侯向孟雒川建议开设布店，从事零售。1893年，孟雒川投资八万白银，在大栅栏买下铺面房，正式开办了"北京瑞蚨祥绸布店"，经营丝绸、布匹、皮货、洋货等产品的批发和零售。1903年至1918年，瑞蚨祥的资金日趋雄厚，孟雒川又先后在北京开设了瑞蚨祥鸿记绸布店（也称西号）、西鸿记茶店、东鸿记茶店、鸿记新衣庄，以及外埠的多家分号，成了南北闻名的巨商富贾。人们后来说"山西康百万，山东袁子兰，两个财神爷，抵不上旧军孟雒川"，

1928年瑞蚨祥全景

民间更有"南有胡雪岩，北有孟雒川"的说法。

作为一代儒商，孟鸿升立下的店训是"诚信筑基，悦客立业"。瑞蚨祥的呢绒绸缎货真价实，在苏州等地定点加工，每匹绸缎的机头处都织有"瑞蚨祥"的字样，让顾客确认商品质量。瑞蚨祥门店的茶座是"悦客"的代表性设施，顾客可以在这里歇脚、聊天、谈生意，还可饮店里免费供应的名茶，茶的质量决不含糊，哪怕做的是一笔小买卖，赚不到一壶茶钱，也绝不敷衍。

瑞蚨祥在经营中非常注重诚信和信誉，1900年6月16日的庚子之变中，一把大火烧毁了前门外大栅栏地区数千家铺户民宅，瑞蚨祥除门楼外也变成了一堆瓦砾。北京瑞蚨祥第一时间宣布，凡欠瑞蚨祥钱的，一笔勾销，凡瑞蚨祥欠的钱，按时支付。同时，瑞蚨祥还组织了留京的店员，摆摊儿营业，以满足市场需要，并积累新顾客。一年后，北京瑞蚨祥成功重建。在货币价格不稳定的年景，如果当天有顾客以某一价格买回了绸布，第二天又回来买同样的布，尽管此时的商品价格已经提高，那么瑞蚨祥宁可赔本，仍会以昨天的价格卖给这位顾客。瑞蚨祥这非凡的气魄和高尚的商业信誉，在当时社会上引起巨大震动，一时传为佳话。

一个字号能立得起来，过硬的质量是不可或缺的。瑞蚨祥百年前就提出了"至诚至上、货真价实、言不二价、童叟无欺"的质量方针和经营宗旨，并且始终坚持。比如，熟罗货最好的为11丝，而瑞蚨祥则要求为13—15丝；纺绸一般是四合成丝织，而瑞蚨祥要求六合成丝织，而且要上等丝。供方给瑞蚨祥供货都非常小心，瑞蚨祥虽然进货价格好，但是这个钱并不易拿，因为瑞蚨祥不但派行家手摸眼观，还要量长宽，称分量，质量不好的很难蒙混过关，一时间，是否被瑞蚨祥认可成了检验丝货好坏的试金石。瑞蚨祥早期经营的物美价廉的平纹色布，几十年后依然保持畅销的势头。这种色布选用上好的白坯布（包括洋布）染制而成。瑞蚨祥漂染工艺严格，刚出染房的布匹严禁立即上市，须包捆好在布窖里存放半年以上，待染料慢慢渗透每根纱线，方可出售。虽影响资金周转，仍坚持一丝不苟。这种类似陈年老酒、老醋的工艺，叫"闷色"；经过闷色的布，缩水率小，布面平整。色泽匀艳，且不易褪色。

瑞蚨祥由于经营品种齐全，质量上乘，服装制作工艺精湛，所以得到了许多社会名流的青睐，清朝时期，它是皇室贵族、王爷首选的购物制衣之处，段祺瑞、徐世昌、翁同龢、宋哲元、王怀庆、张作霖、张自忠以及张学良等都是瑞蚨祥的老客户。被称为四大名旦的梅兰芳、尚小云、程砚秋、荀慧生以及梨园头牌武生杨小楼等都是瑞蚨祥的常客。

庚子之变后，为了挽救瑞蚨祥的命运，孟觐侯找回失散的老店员，在大栅栏的废墟上摆起了地摊。摆地摊并非长久之计，于是孟觐侯与孟雒川商量决定重建新的瑞蚨祥。仅仅用了一年时间就在大栅栏建造了一座豪华别致的大楼。此后瑞蚨祥又在1903年、1906年、1911年和1918年在大栅栏先后开办了四处新店，几乎占了大栅栏半条街。国民党统治时期，连年战火、兵荒马乱，瑞蚨祥生意每况愈下，几乎到了破产的境地。1949年北平得到了解放，瑞蚨祥从困境中解脱出来，在各级政府的关怀下获得了新生。

开国大典上的国旗故事

新中国成立时毛泽东主席在天安门城楼升起的第一面五星红旗的面料就

1949年新中国第一面五星红旗面料是由瑞蚨祥提供的。这是瑞蚨祥前门店复制的国旗

是由瑞蚨祥提供的，我们来回顾一下这段历史的片段。

1949年9月27日，人民政协第一届全体会议当天的最后一个议程是讲座讨论审查委员提出的《国旗、国都、纪年、国歌决议草案》。大会通过了将五星红旗确定为中华人民共和国国旗的决议。国旗方案通过后，考虑到国旗设计者曾联松所写的制旗方法很复杂，周恩来要求梁思成、胡乔木和彭光涵立即改写制旗说明，以方便制作标准国旗。经研究讨论，梁思成首先按原说明在坐标纸上画出旗的长高比例和五颗五角星的位置，改写后的说明由胡乔木定稿，由彭光涵抄好后送周恩来审批。

根据国旗杆的高度，国旗的尺寸定为长5米、宽3.3米。国旗制作负责人宋树信先找到了做旗杆套用的白布，但跑遍了市里所有的布店都没有找到颜色和尺寸适合做旗面用的红布料及做五星用的黄缎子。急得他火烧火燎，夜不能寐。听说瑞蚨祥是京城最大的绸布店，第二天一早，宋树信赶到瑞蚨祥，向一位老职工说明来意，请他们帮助翻翻库存。瑞蚨祥的职工一听事关重大，派了几个人一起查找，终于在瑞蚨祥用于闷色的地窨里找到了面料。

随后，宋树信抱上面料直奔西单的一家缝纫社。当他将布交给缝纫社时，才又发现黄缎子只有一尺多宽，做最大的五星也不够。后来，经上级领

延续中华服装血脉　保存中式服装珍宝

导同意，缝纫社的同志在大五星的一个角接了一个尖。缝制新中国第一面五星红旗的重任，落到了缝纫社女工赵文瑞身上。她按照政协会议公布的国旗说明，用黄缎子剪出两颗大五角星，八颗小五角星。精确地贴在红绸的正反两面，五角对整齐，一针一线地仔细缝制。

10月1日下午三时，毛泽东主席在天安门城楼亲自升起了新中国的第一面五星红旗，宣誓着新中国的成立，宣誓着中华民族的崛起。制作五星红旗的过程被北京晚报报道刊登，20世纪80年代还被记入了北京市小学课本。据了解，这面国旗现保存在中国历史博物馆内。新中国第一面五星红旗升起是中国人民的骄傲，新中国第一面五星红旗的面料来自北京瑞蚨祥绸布店，这是瑞蚨祥人的骄傲，也是全国丝绸业的骄傲。

新时代，新发展

1954年12月，瑞蚨祥率先实行了公私合营。合营以后，瑞蚨祥又再次迎来了自己的黄金时期，营业额逐渐增长。

改革开放以后瑞蚨祥又一次迎来了历史发展机遇。2001年，为了更适应社会主义经济体制的需要，瑞蚨祥进行了股份制改造。经济体制改革后，瑞蚨祥发扬了面料销售与个性化制衣、帮助顾客加工服装相结合的优良传统，在研制我国传统服饰方面付出了很多的心血，尤其在加工展示东方女性和中国丝绸特有风韵美的旗袍上成绩斐然，从选料到加工，充分展示出瑞蚨祥传统手工制作的精湛工艺和水平。2007年，瑞蚨祥中式服装手工制作技艺被评为非物质文化遗产。随着市场经济发展的进一步深化，瑞蚨祥不断提高对经

公私合营后的瑞蚨祥绸布店　　　　　　　公私合营后的瑞蚨祥鸿记

营、品牌的认识。先后将"瑞蚨祥""瑞蚨祥鸿记""青蚨母子图"进行了商标注册，2002年起瑞蚨祥连续几年被评为北京市著名商标，2005年被评为北京市优秀特色店，2006年被国家工商行政管理总局商标局认定为中国驰名商标，2008年荣获中国丝绸第一品牌称号。

百余年来，瑞蚨祥在经营上始终以高于同行的质量为标准，以"至诚至上，货真价实，言不二价，童叟无欺"的经营理念，在激烈的市场竞争中始终立于不败之地。电视剧《东方商人》《一代大商孟洛川》都是以瑞蚨祥的创业史为素材进行拍摄的。

现在，前门大栅栏带有天井的两层楼房是大栅栏瑞蚨祥保持最完整的老字号原貌店堂，已被列为国家级文物保护单位。另外，在世纪金源、地安门、王府井、西单、城乡华懋、蓝色港湾等，还有多家分店。

在信息化时代的大背景下，瑞蚨祥先在天猫开设了网上销售平台，2012年4月，引进ERP系统，将进、销、调、存等相关数据全都集中管理，全面

延续中华服装血脉　保存中式服装珍宝

瑞蚨祥前门店《丝绸诞生》铜雕群像　　瑞蚨祥前门老店内的殿堂

提升门店的运营效率。下一步瑞蚨祥将会继续依托电子商务，将产品进行细分，力求满足不同消费者的购物需求。

有着151年光荣历史的瑞蚨祥，与时俱进，依然保持着她古朴、迷人的风貌，在世界商业舞台上，绽放着璀璨夺目的光芒。

瑞蚨祥已不仅仅只是一个商铺的字号。它更是一种有着深厚历史渊源的文化，这是中华民族文化当中不可或缺的部分，毛泽东同志说："历史的名字要保存……瑞蚨祥一万年要保存。"瑞蚨祥品牌是无形资产，更是中华民族传统服饰文化的珍宝。

作为有多年历史的中华老字号企业，瑞蚨祥始终保持经营传统，采取前店后厂的经营方式。在经营发展过程中，瑞蚨祥积累了许多经营信条，养成了一些独具特色的企业经营行为，构成了其自身的文化传统。瑞蚨祥中式服装手工制作在不断发展中自成体系，成为京派服装制作的代表性企业。

瑞蚨祥中式服装及其制作技艺

瑞蚨祥的精美丝绸

"一招鲜，吃遍天。"瑞蚨祥所以能够成为闻名遐迩的著名品牌，仅仅靠对顾客服务态度好、质量牢靠，还是不够的，还必须有自己的"独门法器"，这就是中式服装高级定制生意。京城同行业的人都知道，京城瑞蚨祥经营特色之一就是中式服装和旗袍。

中式服装特色

一是定制面料。

丝绸始终是瑞蚨祥中式服装的首选面料，丝绸面料种类齐全、品种繁多，既有厚重结实的锦类织物，又有轻薄透明的绡类织物，还有毛感耸立的绒类织物等。面料的图案既有传统吉祥图案为主的传统锦缎，也有充满设计感的现代图案。为了保证服装的质量，瑞蚨祥的中式服装始终都采取定染定织的面料制作，并有专人负责，为保证服装的质量和信誉打牢了基础。

二是量身定做、个性化制衣，这是瑞蚨祥秉持已久的制衣传统。

根据顾客的体形特征和气质特点来裁制服装，使服装更加贴合人体，更加具有舒适感，并符合顾客的个性化的审美需求，这种传统的制衣方式给顾客所带来的服饰的个性美是一般工业化生产难以实现的。目前，世界上服装制造的最高境界是由专业服装设计师设计和制作的"高级定制"时装，瑞蚨

延续中华服装血脉　保存中式服装珍宝

祥服装的传统制作手艺和制作理念可以说远在"高级定制"时装出现以前，就已经实现了中式服装的"高级定制"。

三是以中国传统服饰风格为基本定位。

中式服装上至皇宫贵族，下至平民百姓。覆盖了社会各个阶层，是为全民族所接受的服装，并成为一种具有"国服"地位的礼服。在中国各个民族节日和民俗活动中，中式服装成为一种民族象征和民族精神的符号。瑞蚨祥把中式服装作为自己的主营项目，继承和传播的是民族的文化，在中式服装里，中华几千年的文化和精湛手艺被凝结其中。从外观看，中式服装还是一种立体的标志性的艺术，它更形象地把民族和国别彰显出来。瑞蚨祥中式服装体现了中国人对自身文化的自信，男子身着中式服装，气度非凡，一派儒雅俊朗；女士身着旗袍，雍容华贵，端庄典雅，更显现了温婉含蓄的东方神韵。

瑞蚨祥中式服装的特点

秉承百年经营理念，瑞蚨祥中式服装无论从面料到里料都十分考究，高超的工艺技术处处体现了瑞蚨祥一丝不苟的传统作风。

瑞蚨祥店内的精美丝绸　　　　　　　瑞蚨祥店内的丝绸柜台

老字号新故事

中式盘扣是瑞蚨祥的一项传统手工技艺，作为一种独特的中式传统服装服饰，它融进了瑞蚨祥服装技师的创造和智慧，呈现了手工技艺的文化之美，蜚声海内外。

瑞蚨祥中式服装的制作，在工艺上不仅延续了传统的镶、嵌、滚、烫、盘、绣，还增加了现代立体式裁剪工艺，选料精良，剪裁得体，滚边讲究，刺绣华美，盘扣精巧，经过了精确的尺寸度量和形体分析，才制作出一件合体的，可以掩饰身材的缺陷，并能展示穿着者身材长处的中式衣服。从领口到底边到小小的盘扣，每一步都是纯手工制成，设计考究，制作精心，不仅有实用价值，还具有很高的艺术价值。中式服装高级定制，讲究的是质量，要求服装能体现其身份。瑞蚨祥的高级定制服装的全部工序都是自家完成。由于瑞蚨祥进货渠道多、质量可靠，再加上服装最后"成衣"环节的诀窍一直无人透露，这就使得瑞蚨祥的中式服装定制生意在清末和民国初年的北京具有"垄断"性质，利润颇高。

"瑞蚨祥"的中式服装手工技艺秉承的是独家百年传统工艺，手工技艺在制作中讲究"四功""九势"，其服装的特点可以概括为：既是实用服装，又堪称工艺品。

瑞蚨祥老海报

延续中华服装血脉　保存中式服装珍宝

技艺传承，生生不息

为更好地保护瑞蚨祥中式服装制作技艺这一宝贵的民族服装制作非物质文化遗产，北京瑞蚨祥绸布店有限责任公司做出了不懈的努力，首先制定完善的瑞蚨祥中式服装定做企业内部标准，以标准促质量，以标准完善中式服装体系。为打造技术过硬的专业服装制作团队，制定完善了瑞蚨祥服装制作技师评定标准，以此完善中式服装定制团队管理体系。同时下大力量打造了一支专业化、技术化、知识化、年轻化的瑞蚨祥中式服装技艺传承人的团队。以此保证其技艺的良性永续化传承。为传承人团队创造良好的工作环境，建立瑞蚨祥中式服装技艺传承人工作室，从工作环境、工作设施等方面，保证瑞蚨祥中式服装制作技艺的传承、创新、发展。建立完善的瑞蚨祥中式服装技艺传承发展计划，有系统、有计划地管理和传承瑞蚨祥中式服装制作技艺，为传承人团队提供良好的学习实践机会，鼓励传承人团队的知识技术学习。

为鼓励传承人团队建立传承人团队奖励机制，瑞蚨祥还从经济上激励年轻员工增强加入传承人团队的热情，以此稳定和发展瑞蚨祥中式服装传承人团队。

百余年来，瑞蚨祥以它的诚信和特色赢得了广大消费者的极高赞誉。从清末民初的贵族官宦、政界要人、社会名流、大家闺秀、梨园艺人、平民百姓，到现在的公众名人、外国政要，都喜爱、信任瑞蚨祥这个品牌。瑞蚨祥就是靠着自己真诚服务和高品质的技艺，创出了名扬天下的品牌。20世纪90年代，瑞蚨祥就制定实施了"瑞蚨祥"品牌的战略工程，并积极参与各项弘扬"瑞蚨祥"这个品牌的社会公益事业和文化活动。现在，提到中式服

瑞蚨祥中式服装高级定制区

装，就会让人想到"瑞蚨祥"三个字。

瑞蚨祥中式服装延续的是中华服装的血脉，是中华民族传统中式服装制作文化的珍宝。中式服装也被称为"国服""华服"，是民族文化的无形资产。瑞蚨祥作为中式服装制作的金字招牌，秉承的是中国传统文化的优秀技艺和文化内涵，它所具有的口传心授的高超手工技艺是典型的非物质文化遗产的文化式样。瑞蚨祥中式服装是中国服饰文化发展中一段重要变革的体现，对其技艺的保护，将对完整留存、展现中国历代服饰文化变革体系起到重要的作用。

（北京瑞蚨祥绸布店有限责任公司）

中国手工制帽第一家
——马聚源制帽技艺的传承与发展

历史渊源

对于古代的达官显贵来说，帽子的档次可是身份的象征，到了清朝之后，官员的乌纱帽换成了顶戴花翎（也叫红缨帽），说到这顶戴花翎，它到底是哪儿生产的？这里，就来讲一讲这家专供"头等大事"的老字号——马聚源。

坐落在北京前门外大栅栏商业街上的马聚源帽店，是一家久负盛名的中华老字号，它始建于清嘉庆二十二年（1817），至今已有202年的历史。"头戴马聚源，脚踩内联升，身穿瑞蚨祥，腰缠四大恒"是清末民初北京城广为流传的一个顺口溜，可见马聚源的帽子在当时人们心目中的地位。马聚源生产的帽子，因用料讲究、做工精细、货真价实、品种齐全、花色繁多而著称于世。

马聚源其实是个人名。清嘉庆十二年（1807），直隶马桥人马聚源进京，在崇外花市附近一家小成衣铺做学徒。他一面自制帽子，串打磨厂、花市一带的客店，一面给帽店做加工，夜以继日地苦干，渐渐地，马记帽摊出了名。

清嘉庆二十二年，马聚源在鲜鱼口中间路南，用他自己的名字开了一家帽店，就叫"马聚源帽店"。当时，有一个张姓官员的随从，来前门一带办事，路过时从马聚源帽店里买了一顶帽子。结果戴回去后，被张大人看到，发现此帽做工精细，用料真实，非常喜欢，便吩咐随从去给他也买一顶。就这样，这位张大人也成了马聚源的忠实客户，两人由此关系密切。在这位张大人的引荐下，越来越多的达官显贵成为马聚源的客户，从此马聚源帽店就从一个普通的小帽店，发展成为清政府做红缨帽、专为贵族官僚服务的"官帽店"了。

清咸丰八年（1858），未满50岁的创始人马聚源病故，帽店不得不交给其大徒弟李建全来打理。在李建全的悉心经营下，马聚源帽店生意仍然非常好，但是鉴于马家的后人都在家乡务农，没有一个经商的，最终马家决定把帽店关张。这个消息传到了张大人的耳朵里，觉得马家做的缨帽非其他帽店能比，关了实在可惜，于是决定把这个买卖接过来。经过磋商，张大人拿出一笔钱，把马聚源帽店买了下来，并将帽店的职工全部留下，仍然让李建全当掌柜。由于马聚源帽店早已是声名在外，世人皆知，如果将店名改弦更张会对其发展不利，所以就沿用了"马聚源帽店"的名号，继续挂着原有的牌匾营业。由于这位张大人交游广阔，所识之人非富即贵，商业界和军政界皆同他有往来，因此，买卖更加风生水起。马聚源帽店自此进入其发展的全盛时期，由一间门脸扩为三间，职工由十余人增加到四十多人。到了清末时，马聚源帽店成为北京帽业之首。

然而，随着辛亥革命成功、清朝皇帝退位，红顶官员们都"下了岗"，红缨帽不得不退出市场。但是，马聚源却凭着另一种经典款式——瓜皮小帽，在当时仍然独占鳌头。

1949年新中国成立后，马聚源定位也从显贵向广大人民群众转变，经营有汉、满、蒙、回、藏、苗、瑶等各少数民族帽，一度成为"民族帽店"，花色品种有一百多个，其中有美式、苏式、土耳其式、大众式长毛绒棉帽和新疆少数民族帽。

1956年，马聚源参加了公私合营，1958年帽店由鲜鱼口迁入大栅栏街。

然而，1966年"文革"爆发。在"文革"中，马聚源帽店被斥为"四旧"，连牌匾也被摘掉，并入了东昇鞋帽店。

1986年春，应广大人民群众的要求，马聚源帽店的牌匾又重新在大栅栏挂出。这次恢复老字号，还是按照前店后厂的老传统进行生产和售货，并维系了其一贯以来的优良传统。

怀抱"帽业之首"，秉承"制作工艺精细认真，选料真实，用新料好料、

皮毛帽子原料

绝不用旧料次料"的传统，马聚源自清朝创办至今，已经走过了两百多年的历史。从清代官员的"顶戴花翎"，到畅销全国的"瓜皮小帽"，再到后来风靡一时的"四块瓦御寒帽"、气质不凡的"皮礼帽"、现代舞台上用的"舞蹈帽"，都是马聚源的畅销产品，而且还得到了一些外国政要的青睐。美国总统尼克松访华时，"马聚源"为其定做过全皮软胎皮帽，还为瑞典使馆定做过狐皮女帽，为印尼总理阿米佐约定做过伊斯兰帽。另外，在20世纪中期以后，马聚源陆续给国内的一些文艺团体做过演出帽。诸如《草原英雄小姐妹》《金沙江畔》等老剧目的演出帽子都是从马聚源定做的。

随着改革开放的不断深入，为了能在市场经济大潮中站稳脚跟，也为了能将这项非物质文化遗产更好地传承下去，马聚源并入了步瀛斋。步瀛斋也是一个百年老字号，始创于清代咸丰八年，以传统的绣花女鞋闻名京城，其中，尤其以为清朝后宫的娘娘嫔妃制作的花盆底绣花鞋最为出名。

马聚源的帽品制作技艺凝聚了中华民族悠久的历史文化，也融合了全国各民族的特色技艺。如今，为弘扬我国优秀的传统文化，也为中华老字号出一份力，马聚源做出了自己的努力。

不过随着时代的发展，一些人不愿意再干制帽这种又苦又累、手工技艺烦琐，且收入不高的活儿，再加上传统手工艺技师年龄老化等原因，马聚源也曾面临着人才断层、手工艺制帽失传的境地。值得欣喜的是，在2007年马聚源的手工制帽技艺被评为北京市级非物质文化遗产，这为保护和传承这项传统手工技艺带来了曙光。

技艺特点

马聚源所做的瓜皮帽可称一绝，也大有来历。不少人以为瓜皮帽是满族服饰，却不知它其实是正宗的汉族"土特产"。瓜皮帽的真正发源地是南京，创制于明太祖时期，因是用六块黑缎子或绒布等连缀制成，故又名"六合一统帽"，六合者，为天、地、东、南、西、北，寓意皇帝一统天下。后来大清入关后，清朝人都留有辫子，瓜皮帽正好适合"辫子头"，于是也成了清代男子的主要便帽。"六合一统帽"形状与半个西瓜皮很相似，在民间则被戏称为"西瓜皮帽"，这就是"瓜皮帽"名称的来历。瓜皮帽在明、清至民国时期比较流行，是人们日常所必需之物。

所有人都知道，帽子主要讲究一个形字，最怕水洗，但马聚源的瓜皮帽即使在水里泡一整天，拿出来用手一摁，自己就能弹起来，还是那么富有弹性。为什么马聚源的瓜皮帽这么有弹性？原来这就是马聚源的一项绝活——烙烫技术。

六瓣瓜皮帽虽然六片绸子用料不多，但马聚源却很讲究，必须从南京的正源兴绸缎庄进货，专挑最上等的源素缎，别家的绝对不用。因为这种缎子不但颜色光鲜，还不粘尘土，也不反油渍，戴的时间再长，也光亮如新。上好的料子只是前提条件，真正让瓜皮帽始终保持挺实好看的秘密，是烙烫的手艺。

现在做服装，用的都是电熨斗，智能调温，还有蒸汽。可是过去没有电熨斗，马聚源为帽子制作帽胎烙烫的时候，用的是烧红的大铁烙，一边烙一边冒火。可精妙之处就在于，帽子却不会因此烧起来，温度全靠制作师傅掌握。这样烙烫好的帽胎弹性韧性兼备，即便在水里泡的时间再长，也绝对不

做帽子工具　　　　　　　　　　　师傅为帽子订"帽疙瘩"

会变形。

除了烙烫这项绝活，马聚源还有一项享誉国内的独门绝技绝活，叫"马三针"。这"马三针"就是为帽子钉"帽结"（民间的称谓是"帽疙瘩"），不多不少，仅三针，既简单又牢固结实，像缺了点的"六"字。戴过马聚源帽子的人，一看见这三针就知道帽子是出自"马聚源"。

有了"工精料实"这把"尚方宝剑"，马聚源一路走来充满活力，一直到民国时期，很多人都以能戴一顶马聚源的帽子为荣。

品牌传承

马聚源的"非遗"传承人盛秉伦老人现年已82岁，即便未见其人，人们也对他非常敬佩。为什么？当年能给官府做缨帽也就是官帽俗称朝帽的，那大都是出自马聚源之手。

旧时马聚源是制帽的手艺人，据说他年龄很小时就学习了这门手艺，由于其聪明又勤劳，使得其制作的黑色缎子小帽子闻名京城。马聚源制作的缎子小帽之所以出名，是以其名字命名的绝活"马三针"和烫活儿最为特色，这可是马聚源享誉国内的独门绝技啊。烫活和"马三针"是马聚源独创的制作工艺，多少年来人们目睹了烫活工艺制出的帽子有弹性又不变形。

做帽子用的帽盔

而马三针则是在钉帽疙瘩时只缝三针，用这种针法钉上的帽结，绝对不会掉，虽然简单却非常结实，就算您用再大的力气，可能把帽子扯坏了，但帽结仍然掉不下来。常戴马聚源帽子的人，只要一看帽子上的疙瘩，一看缝制的这三针，就知道是马聚源的帽子了。现在马聚源老人早已不在世了，可"马聚源手工制帽技艺"的绝活，一代一代相传，现今已被选入北京市级非物质文化遗产保护名录。现年82岁高龄的盛秉伦老人就是这个项目的传承人。

盛秉伦老人说，当年学习"马三针"必须要学半年多才能出师，最早要先学搓线，钉帽结必须用丝线，分为青六珠和红六珠两种，要搓出上百条丝线，才能正式开始学习钉帽结的手艺。再说这帽结的钉法，钉上后必须见棱见角，开始学钉帽结时手艺不稳，钉活时手心容易出汗，一出汗，帽结就保持不了原来的形状，要练到什么时候钉帽结手心不出汗了，这门手艺才能算真学到手了。

说到马聚源技艺的传承，盛师傅的担忧是自己年事已高，随着时代的发展，一些人不愿意再干制帽这种又苦又累、技艺烦琐、收入又不高的传统

马聚源帽子展柜和"非遗"工作室

手工活儿，现在的马聚源面临着人才断层、手工艺制帽失传的危机。盛师傅和企业的领导都有这样的危机感，但又都有坚强的决心和责任感，那就是老祖宗传下来的传统技艺，是中国优秀文化的代表之一，绝不能让它就此失传啊！因此，马聚源对其手工制帽技艺积极进行保护，包括成立了以传承至今的老艺人为主体的传统手工艺顾问小组；在研发创新过程中，避免使用现代化学品，尽量保持它的纯天然性；设立手工技艺研究档案室，等等。

马聚源发展愿景是要脚踏实地、一步一步地把品牌做大并做得更响；在挖掘老字号传统内涵的同时，有机结合现代的制帽工艺，将帽品、服饰进行捆绑式运作。我们相信通过企业的创新和发展，马聚源的百年传奇将会一直书写下去，而且会书写得越来越精彩。

马聚源和它的"马三针"似乎已经很久远了，但这种久远感却是十分宝贵的，它当中蕴藏着丰富而绝妙的手艺，而且这个手艺还在传承着，还在为社会和更多的消费者造福。这里面凝聚着企业和盛秉伦的努力及心血。祝福这位82岁高龄的传承人盛秉伦身体健康，祝愿马聚源帽店事业发达，万事兴隆。

传承人技艺代表作赏析

缎小帽：红色的帽疙瘩，帽面是缎面，棉布内里。

水貂美式帽：选用水貂皮，美丽绸等原材料，帽面用整块水貂皮，帽里用美丽绸做里，帽子是纯手工缝制而成，帽子不会对皮肤造成刺激。

水貂花筒帽：选用水貂皮，美丽绸等原材料，帽面用整块水貂皮，帽里用美丽绸做里，帽子是纯手工缝制而成，帽子不会对皮肤造成刺激，保暖效果十分好，而且戴起来十分舒适。

兔羊皮雷锋帽：选用兔毛，羊皮等原材料，帽面用兔毛和羊皮，帽里用

缎小帽 　　　　　水貂美式帽 　　　　　水貂花筒帽

棉布做里，纯手工缝制而成，不会对皮肤造成刺激，戴起来十分保暖、舒适。

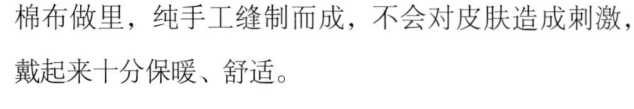

海豹缎小帽：红色的帽疙瘩、黄面黑底，黄面是缎面，棉布内里，底部是黑色的海豹毛。海豹缎小帽俗称瓜皮帽，是明朝时皇帝戴的帽子，它是明朝开国皇帝朱元璋发明的，象征六合一统，八方归心。

绒面海豹缎小帽：红帽疙瘩，丝绒面，灰色的海豹毛。

如今，在马聚源发展蓝图里，一是要脚踏实地、一步一步地把品牌做大并做得更响；二是要在挖掘老字号传统内涵的同时，有机结合现代的制帽工艺，这是马聚源之后工作的重点。光影涌动，虽然寥寥数笔，无法用手中的笔去还原一个完整的马聚源，但是我们相信，穿过岁月的长廊，凭着百年信誉和正在注入的现代化设备及企业管理思路，马聚源的百年传奇将会一直书写下去，而且会越来越精彩，这个百年老店将永放光辉。

兔羊皮雷锋帽

绒面海豹缎小帽

（北京步瀛斋鞋帽有限责任公司）

―― 以质为本 以信为根 ――

以质为本 以信为根
——记"京作"硬木家具制作技艺传承人杜新士

家具是人们日常生活的必备之品。从商周时期凳、桌的出现，后经千余年的传承和演进，直至明清时期中国古典家具臻于鼎盛。依据技艺风格的不同，中国硬木家具基本分为"苏作""广作"和"京作"三大流派。其中，诞生于北京的"京作"硬木家具在明清宫廷家具发展的过程中"开枝散叶"，并且兼容并蓄、广纳博取，形成了工艺考究、装饰豪华、造型厚重的皇家风格和气质。"京作"硬木家具的制作技艺在康乾盛世达到了登峰造极之境，后来随着清朝日薄西山，这种技艺才"穿"过宫墙而散于民间。目前，在政府的积极保护和全力扶持下，"京作"硬木家具仿若枯木逢春、重焕生机。其中，列于第二批北京市非物质文化遗产扩展项目名录中的"杜顺堂"及其传承人杜新士便是"京作"硬木家具制作技艺的优秀代表及传承者。

杜顺堂的沿革与发展

清道光年间，一位生于河北省衡水市杜家村，名叫杜长福的贫困少年只身来到京城，在一家赵姓家具行中做工，学做木器家具。赵师傅据说原来是内务府的师傅，手艺比较好。跟着师傅学习多年，杜长福学有所成，并将这门手艺传给其子杜老田。后来，父子二人在崇文门外沙土山合开了一个木器铺，名曰"杜顺堂"，开始以制作硬木家具为基业。"杜顺堂"的名号颇有讲究，不仅因为其族姓为"杜"，而且"杜"字"土"和"木"结合而成，依照"五行"之说：土能生木，家具以木为主，所以两个字结合起来即是"杜"。至于"顺"字，"川"字代表水，木生长离不开水；另一半是"页"字，"页"字接近古代宝贝的"贝"，意为财富，因此"川"与"页"合在一起即为"顺"。"堂"多用于商店牌号，因此"杜顺堂"蕴含着传统文化和美好寓意。

创业之初，杜顺堂店小人少，资金单薄，而且只在农闲时节开门营业，农忙时父子则须返乡务农。当时店铺只能"代加工"制作家具，供应开店的商户售卖。经过父承子继，杜顺堂的业务渐有起色和发展，成为集制作及销售于一身的家具行。然而，好景不长。随着日本全面侵华战争的开始，北平沦陷，各行各业均遭受打击，杜顺堂家具行也难逃劫难，关门歇业。

后来，第四代传承人杜金德从小亦随父习艺。1949年后，他通过考工而成为北京市光华木材厂的一名职工，曾参加了光华木材厂承接的建国十大建筑的木工活计等重大工程。1954年，杜顺堂的第五代传承人杜新士先生在北京出生。从小与家具木器制作"结缘"的他，耳濡目染地习会了一些"京作"硬木家具制作技艺。不过，青年时期的他并没有以制作硬木家具为"饭碗"，而是在电车公司修配厂作铣工，后来又到中国国际贸易中心负责物业维修。改革开放以后，头脑敏锐的他看到了硬木家具制作的商机，毅然离职"下海"，几经努力和打拼，他重新扛起了"杜顺堂"的旗号，创办了"杜顺堂古典家具行"。在他呕心沥血的锐意经营之下，新生的杜顺堂古典家具行逐步发展壮大，成为北京杜顺堂木作文化创意发展有限公司，并且将"杜顺堂，堂堂正正质为本；家具行，行行诚诚信乃根"的古训作为企业的"灵魂"和"座右铭"。正因如此，杜顺堂出品的系列家具质地优良，货真价实，赢得了业内专家和国内外顾客的高度好评和良好口碑，品牌的影响力与日俱增。

2005年，杜顺堂被北京质量协会重点推荐为"名优品牌"；2006年经北京质量协会推荐，"杜顺堂"牌（系列产品）被授予"2006年质量月·质量百佳品牌"。2009年，杜顺堂加入北京老字号协会，同年被列为第二批北京市非物质文化遗产项目名录，其项目名称为"京作硬木家具制作技艺"。2013年，它成为中华文化促进会木作文化工作委员会的团体会员，并被授予"中国京作家具品牌企业"称号。如今的杜顺堂不仅是一个名号，而且是一面旗帜，继续为"京作"硬木家具制作技艺的传承、保护和发扬而奋力前行。

杜顺堂京作硬木家具第五代传承人杜新士　　　杜顺堂的企业文化宗旨

技术与艺术兼容

作为一门手艺行当,"京作"硬木家具的制作技艺复杂烦琐,兼具生活实用性和审美艺术性,综合运用设计、木作、雕刻、打磨、烫蜡等多种制作技艺,具有较高的艺术和学术价值。作为"京作"硬木家具的传承人之一,杜新士对此熟稔于心,登峰于技。尤其是在制作技术与艺术相互交融的道路上进行了大胆探索,并且取得了累累硕果。杜顺堂在制作工艺上,从原木采购直至成品交付的每道程序和每个环节都严谨有序、一丝不苟。其生产制作古典家具的流程基本如下:采购原木—原木开片—烘干处理—开料配料—木工制作、雕刻—刮磨打沙—油漆—铜件装订—成品—包装运送。其中,选材是硬木家具制作的第一步,也是非常关键的一步。通常原料木材有新、旧之分:旧料就是从过去老房子上拆下来的老料,如老榆树、老樟树坨等,它们经过长时间的自然干燥,稳定性好,做成的家具不易变形;新料多指红木、花梨、紫檀等东南亚进口的木料,当然在这些新料中同样又有新、老之别。判断材料好坏的主要标准是看其密度和直径大小。选料一般要一到两个人,找到一块料得先看它的纹理,弄清它适合做什么类型的家具,不同的家具风格要选用不同的材料,不同的材料都有不同的用处。

原木选好后,接下来就要对其进行开片处理(又叫"破料"或"开料")。最传统的做法是人工开片。木匠师傅用手撑住锯条以保持

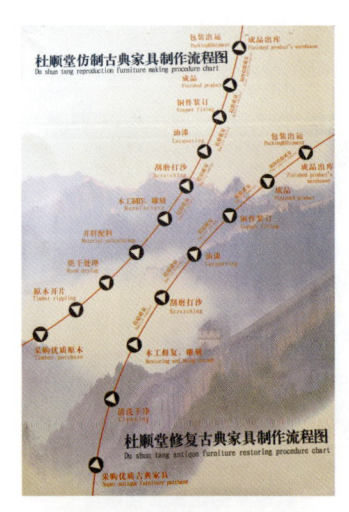

杜顺堂古典家具制作流程图

其稳定性，沿着利用弹线画出的直线进行锯割。如果是大块原料，则需要两个人合作——一个人在上面，一个人在下面。因为树木避免不了有裂缝，所以开片一般都由经验丰富的老前辈动手，能把握木料开出来后得到最大限度的利用。开片时还会碰上山水纹、人物纹等，还有如狮子、猴子等图案，十分漂亮、神奇。现在很多工厂采用机器开料了，用电刨比手工平刨刨得要光滑、顺直、美观，而且用机器开料更加安全，不容易错开，更不易产生事故，并且省时省力。原木完成开片后，需要进行烘干处理。烘干的方法主要有蒸汽烘干、土窑烘干、真空烘干三种。烘干一般要经过40多天。土窑烘干的方法是盖一间房子，房子中间挖一个大坑，把木材码放在两边，往坑里填锯末，点着了，锯末不能着火，借用的就是那烟来烤木头，烘干最怕着火，还怕漏风。土窑烘干一般要经过三火：一火即第一次装入烧锯末，焖二十多天；二火是第二次装锯末点着烘干，要十多天；三火也要十多天。如果是新料，则需先风干半年，再烘干。如今，蒸汽烘干及真空烘干的方法较为常见。

烘干后的开片原木需要根据图纸设计方案而进行开料配料。首先要平刨压料，下料以后画线，由毛料变精料。之后画线打眼儿开凿。手工打眼儿一般用凿子、锤子，干这活必须坐着，保持稳定性。现在很多工厂采用机器凿眼儿了，左手握住手把，右手上下移动机器钻头就可以完成打眼儿。这样操作更加方便省力，打完了也是方眼儿，便于使用。除了打眼儿，还要做的配料活就是开嘴儿。开嘴儿是为了和刚打的眼相插，拼接在一起。开嘴儿的活也有手工和机器操作之分，技法与打眼儿类似。

开料配料准备就绪后，就可以进行雕刻。雕刻同样是"京作"硬木家具制作的关键技艺之一。雕刻的作用主要是装饰和美观，其内容都是吉祥的图案，蕴含美好祝愿和寓意。雕刻在装饰手法中占首要地位，具有很强的表现力。依据技法的不同，雕刻基本分为阴刻、浮雕、透雕、浮雕透雕结合、圆雕等数种。其中，最为常用的技法是浮雕，赋予家具沉稳庄重的感觉。根据花纹纹路突出的多少或疏密，浮雕又可分为高浮雕、浅浮雕及露地、稍露地和不露地等技法。与浮雕相比，透雕的效果更加富有立体感和空间感。它一般是将浮雕花纹以外的地方凿空，以虚间实，更好地衬托出主题花纹和装饰效果。有时透雕和浮雕的技法同时运用。圆雕一般用在建筑上雕刻人物或佛像，有时面盆架腿足上端的莲纹柱顶或有的拐杖头的蹲兽也是圆雕。另外，雕刻分为手工和机雕两种方式。手工雕刻更细腻、更生动、更传神，不过这个活计需要技术比较熟练和高超的师傅来完成。因为雕刻不仅仅是简单的手工操作，在雕刻之前就需要师傅把内容内化于胸，胸有成竹了下笔才会有神。而且手工雕刻是需要长时间磨炼的，没有一定的功力这个活计是没法操作的，因为手工雕刻是容不得有半点差错的，一点小错可能就毁了整个的效果。现在有些工厂采用雕刻机进行机器雕刻。这种雕刻方式的效率比较高，而且定好图案后一般不会出错，但是机器雕刻的效果显得比较呆板，欠缺灵性。

"京作"硬木家具雕刻的题材十分丰富，较为常见的是卷草纹、莲纹、云纹、灵芝纹、龙纹、螭虎纹、竹节纹、树皮纹等各种花纹。这些不同形态的纹饰，文静典雅，古色古香，融合了商代青铜器和汉代石刻艺术文化。此外，花鸟、飞禽及走兽也是雕刻的普遍题材。比如，牡丹、梅、兰、竹、菊、荷花等常与喜鹊、凤凰、飞燕等组合雕刻，并美其名曰"喜上眉梢""玉堂富贵""凤穿牡丹""杏林春燕"等。麒麟、狮子等也较为常见，有寓意"麒麟送子"，狮子代表少师、太师，还有代表几世的寓意，如果雕四只狮子代表"四世同堂",雕五只狮子代表"五世同堂"。羊、马、猴、象、鹿、鹤、蝙蝠等取其象征意义,分别代表"三阳开泰""马上封侯""封侯挂印""吉祥""财""长寿""福禄"等。山水题材主要表现风景,一般用于衣柜等的面板。人物题材以儿童为多,如"麒麟送子""婴戏图""百子图"等。其次是历史故事人物,如"加官晋爵""四大美人""八仙人"等图案。吉祥文字图案主要以"福、寿"为多。宗教图案主以佛教八宝("轮、螺、伞、盖、化、罐、鱼、肠")为多。此外还有一些取其谐音或者寓意吉祥的物品图案,如葫芦图案,取其与"福禄"谐音,"石榴、葡萄"图案寓意"多子","桃"图案寓意"长寿"等。尽管雕刻题材和技法丰富多彩,互有不同,但他们都蕴含和传递着一种美好、幸福、长寿的祝愿,表达了人们对美好生活的追求和向往,同时体现了中国数千年传统文化的积淀。

家具上雕刻的如意纹等图案　　　　　　　家具上雕刻的葫芦等吉祥图案

雕刻之后,就可以按照榫卯结构相连的原则,把已经打眼儿和开榫儿的板材拼接,攒板完成组装。这其中离不开榫卯结构的运用。榫卯是"京作"硬木家具制作中最为基本和核心的技术。榫卯结构是我国传统木作工艺的精髓,硬木家具制作中的榫卯结构即来源于中国古代木制建筑之中。

尤其"京作"硬木家具对榫卯结构极为注重和讲究，代表了中国古典家具制作技艺的"最高水准"。这种结构将不同形状及规制的木料拼合互构，既无须胶水，也不用铁钉，完全靠木材之间"自然"地联合在一起，却能使家具坚稳牢固，且颇为耐用，实为"天人合一"的杰作。"杜顺堂"继承了我国传统家具制作工艺中几十种不同的"榫卯"，如格肩榫、勾挂榫、楔钉榫等。因为家具的款式、用途不同，榫卯结构各不相同。按照构造合理、互相结合分类，榫卯结构大致可分为三大类。面与面的接合、两条边的拼合、面与边的交接构合。如"槽口榫""企口榫""燕尾榫""穿带榫""扎榫"等。此外还有"点"的结构方法，主要用于作横竖材丁字结合，成角结合，交叉结合，以及直材和弧形材的伸延结合。如"格肩榫""双榫""勾挂榫""楔钉榫""半榫""透榫""闷榫"等。另外，"长短榫""抱肩榫""棕角榫"等是将三个构件组合一起并相互连接，比较复杂，不为常见。

楔钉榫 　　　　　　　　　　闷榫

经过上述这些工序后，一件硬木家具基本"原型外露"。接下来需要对其进行精细化处理或装饰。首先是刮磨打沙，让家具表面平顺细滑。刮磨打沙一般是用砂纸进行手工打磨，就是用不同型号的砂纸在家具上摩擦，

既耗时，又费力。规模较大的家具工厂也使用砂磨机进行打磨。一般来说，平面用机器磨，而圆柱或其他形状用机器磨容易变形。另外，材质不同决定了打磨工序的不同。例如，金丝楠木的打磨要先用120号粗砂纸手工打磨，再用180号粗砂纸打磨，之后用240号中砂纸打磨，再用300号中砂纸、400号细砂纸、600号细砂纸先后打磨，有时可能还用1000号或2000号细砂纸打磨，其目的是充分显示出木材的精美的纹理。打磨之后开始打腻子，这主要是把刮痕填平，堵一些小眼，使家具看上去更平滑。打磨和打腻子一般并不是一遍就可以完工的，有时要来回反复操作几遍才可以，而且头遍腻子和第二遍腻子也不一样。紧接其后的工序是打蜡。打蜡要先熬蜡，再刷到材料上，接着用喷灯加热烤，以让蜡充分浸透木质，之后再用有机玻璃把多余的蜡刮下来，最后用抛光机或手工上光（一般来回用软布擦即可）。

红木等硬度较高的木料一般上蜡后就不再油漆，不过上蜡后不耐烫，但比较容易修复。而榆木、桦木、松木、水渠柳等多为本色，因这些木材鬃眼较大，密度较小，需要填充，多采用喷漆的方式，一般先喷一遍底漆，打磨，再喷第二遍底漆，再打磨，之后再上面漆。在颜色要求上，一般喷漆上色多为红木、花梨、紫檀的颜色，追求自然色黑红黄三色美。喷漆一般先竖着走一个纹理，第二遍再横着喷一个方向，以保证喷洒比较均匀。上漆之后的家具不好修复，但是比较美观。接下来的工序

家具上的铜件

是铜件装订。铜件对一件家具起到画龙点睛的装饰作用，同时也起着实用的销锁功能。铜件多以黄铜、白铜为材质，现在还有鎏金的，更显富丽堂皇。一般根据木材不同，铜件的使用也有不同选择。红木花梨紫檀等贵重家具上的铜饰一般多用錾雕的吉祥图案或者花纹图案，而一般榆木家具用的铜件就相对简单些。杜顺堂出品的家具上每个铜件都是手工制作的，其工艺考究，做工精细。至此万事俱备，只待包装出运即可。此外，石材、藤席等也是家具装饰用的构件。其中石材以石板为主，常用作桌子、凳子的面心，屏风式罗汉床的屏心及柜门的门心等。藤条编出暗花图案或者成人字、井字形的图案运用，同样别具风味。

硬木家具制作的工序非常复杂、严谨，任何一个环节或程序出了问题或不过关，都会影响家具的"样貌"和品质。不过，在杜新士看来，还有一个环节同样重要，那就是设计。其实设计才是家具制作的第一道工序，因为不同材质的木料适合制作不同类型的家具，选料不仅要讲究品质，而且要考虑到材料的"性价比"，最大限度地利用木料，不使其浪费，同时要考虑到它适合雕刻成何种图案等，因此设计是家具制作者技艺、经验和智慧的体现。总之，"杜顺堂"硬木家具不但承袭了"京作"硬木家具的制作技艺，而且在风格上力求"复原"明清家具的那种古典美，同时融入现代人的生活需求和审美取向，从而将技术与艺术真正融为一体。诚如杜新士所言："我们不仅是在做一件家具，还是在做一件艺术品，你们以后是艺术大师，是艺术家！"

传承与创新并重

作为"京作"硬木家具的传承人之一，杜新士不仅将这门技艺作为职业，而且他发自肺腑地热爱这门传统技艺，并且以"舍我其谁"的责任担当来传承和发扬这些技术。几十年来，他始终孜孜不倦地学习和钻研硬木家具制作技艺，而且他并不故步自封、闭门造车，而是与时俱进、大胆探索，在继承中发展，在发展中创新，最终开拓了"京作"硬木家具的新时代。

在工作中，杜新士特别爱思考，爱琢磨。如同木有木筋一样，从事"京作"硬木家具这个行当也要有出发点或立脚点。中国古典家具承载着中国数千年的历史文化，而传承中国传统文化恰恰是硬木家具制作的立足点。杜新士认为中国古典家具的特质就是雅正，是大雅大正、堂堂正正的物件。杜顺堂在几十年如一日的生产经营中，始终坚守明清"京作"古典家具的传统风格，特别是榫卯结构的技艺灵魂。因此，杜顺堂出品的硬木家具在风格上沿袭了厚朴稳重又不失豪华雅致的风格和气息。与此同时，杜顺堂坚信艺无止境，坚持采撷"他山之玉"并为我所用，在"京作"家具方面

杜新士与靳之林教授探讨雕刻技艺　　　杜新士向岳父孙书荣学习家具制作

坚持不断追求创新和拓展。杜新士会时常邀请一些行内或者相关行业的专家来指导工作，如邀请北京中央美术学院民间美术研究室主任靳之林教授做美术指导，为职工讲解美术方面的知识，提高员工的职业素养和审美情趣，这对提高杜顺堂家具雕刻工艺起到非常重要的推进作用。还有一些在家具制作方面的专家、老师傅、老艺人、老匠人亲临厂房车间，对家具的结构或者整体造型等提出了很多有针对性和合理性的建议和方法，杜新士均虚心请教和接受，并在工作实践中进行尝试和运用。因此，他从心里特别感激这些人，都把他们当成自己的老师。他曾经向全厂职工说过："杜顺堂能有今天，就是在专家师傅们指导的过程中，一步一步地改、改、改，改到今天的。"他认为在传习技艺方面，匠人的心胸应该是开阔的，这样才能不断地挑战自己，最终才能不断地提高自身的技艺水平。这就是工匠精神的生动体现。

杜新士还善于随着时代的变化以及顾客喜好的不同而在硬木家具制作的技法方面推陈出新。除了沿袭传统的吉祥图案，他会根据观众的不同需求

雕刻"四美图"的金丝楠木顶箱大柜

顶箱大柜上的山水雕刻图

及表现题材在雕刻图案的运用上追求变化和新意,其中在山水、花鸟题材方面变化较为明显。特别在山水方面,他多采用中国国画、宋代名画以及一些当代名画的题材来进行设计和雕刻。比如,根据时下人们喜欢的花鸟山水等清新题材,他在衣柜图案雕刻中多运用梅、兰、竹、菊等意境典雅清新的内容,而少用过去皇家家具中的龙纹图案。当《红楼梦》热播之际,他又创新性地雕刻"四美图"的衣柜,结果在市场上大受欢迎。在他的努力下,"京作"硬木家具上的雕刻呈现出崭新的内容和内涵,在古色古香、雅致清新的韵味中增加了现代气息,将传统与时尚完美融合。

随着杜顺堂木作文化创意发展有限公司的发展,企业创新的力度越来越大,"京作"硬木家具的新样式、新种类层出不穷,日渐丰富。比如人们睡觉所用的床,过去多是架子床、罗汉床,杜顺堂现在则推出单床头(挂床箱子)、双床头(挂床箱子)等样式的床,因为挂床头的这种家具更适合现代人的生活习惯。还有咖啡台,原来就是方桌,根据现代人的生活习惯而在生产过程中稍作调整,制成咖啡台。又比如鞋柜,这种家具在过去基本没有,现在"杜顺堂"则制作了一种玄关鞋柜,在玄关的设计上,采用天圆地方的造型,四角有龙纹雕饰,中间有佛教八宝图案,中间的瓷盘是清新的山水画面,从而将"天圆地方、福在眼前"等多种寓意蕴含其中。

此外,杜顺堂还根据现代家居的需要,创新生产制作了一些兼具古典风格和现代实用价值的家具,如电视柜、酒柜、三角椅、沙发等。总之,创新的家具款式既顺应了时代发展需求和顾客的"口味",又保留了传统的技法工艺,兼具古典美与现代实用风格,从而更加贴近百姓生活,自然深受人们的青睐和喜爱。在家具制作中,杜顺堂既会选用紫檀、金丝楠木等名贵木材,也会使用一些樟木、老榆木料,从而满足不同层次的顾客需求。随着

杜新士创新设计的青花瓷盘玄关鞋柜

"杜顺堂"硬木家具的不断推陈出新，其消费顾客也由起初的以外国人居多，而逐渐转为以国内顾客居多，许多文人、画家、收藏家甚至普通老百姓都争相购买。以前家具生产定单是按照客户要求定制，现在随着消费量的增长，多为厂家生产直销给客户，通过门店零售的家具越来越多。正是凭借着可靠的质量、诚信的企业宗旨和不断地创新发展，杜顺堂已经成为中国古典家具文化创意发展的一个标杆。

1999年澳门回归前夕，杜顺堂接到一项极其重要的任务——制作盛放由江泽民同志题词的《江山万里图》纪念礼物的老红樟木箱（里外三层），这对杜新士来说是一个荣幸，也是一个认可，最终他带领技艺工匠圆满地如期完成任务。2004年12月，在第七届中国（北京）国际家具及木工机械展览会上，杜新士设计的书房系列家具荣获古典家具铜奖。2009年，他在第三届中国民间艺人节中被授予"最受欢迎的民间艺术家"称号。

忧虑与梦想交响

作为"京作"硬木家具制作技艺的传承人，杜新士在维系企业的管理和经营之余，还肩负了另一种更加重要和神圣的责任——"京作"硬木家具制

杜新士设计的书房家具　　　　　创新设计的展盖酒柜

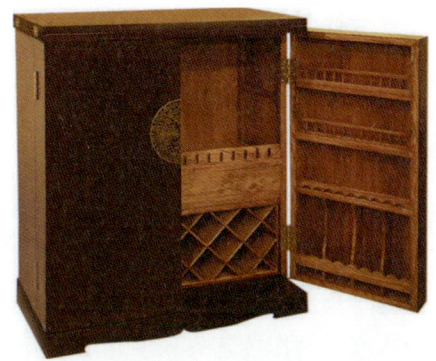

创新设计的卡花二屉二门电视柜

作技艺的传承和传播。杜新士在这方面不遗余力、义不容辞。每年他都组织杜顺堂参加北京市非物质文化遗产展览会，使更多的人开始了解和关注"京作"硬木家具制作技艺，对推广与经营杜顺堂木作文化创意发展有限公司也有直接帮助。

另外，由于年纪愈增，他对这门技艺的传承和保护越来越有一种危机感和紧迫感。特别在近年来，在激烈的市场竞争中，"京作"硬木家具也和其他传统企业一样，面临发展危机。一是许多经验丰富的老师傅相继退休，即使岁数小的也已年过半百，还坚持在工作岗位上的更是寥寥无几；二是年轻一代很少有人愿意从事这门手工技艺;三是因为做硬木家具是劳动强度大的工作,对操作人员要求很高,在制作过程中,很多东西都是靠师傅带徒弟,口传心授而传承下来的,如果没有一定数量的人员来继承,老一代人一旦故去,青黄不接,某些技艺可能就会失传,而失传的技艺再想恢复就难了。"京作"硬木家具制作工艺到了需要保护抢救的地步。令人感到幸运和欣慰的是,政府及时给了"杜顺堂"很多的扶持和帮助,把"京作"硬木家具制作技艺列入了北京市级非物质文化遗产保护范围,从政策及资金方面给杜顺堂提供了力所能及的帮扶,这真是雪中送炭,解燃眉之急。更重要的是,通过宣传使更多的人开始认识和了解这项技艺,重视它本身传承的文化。

杜新士还有一事始终萦绕于怀,杜顺堂从2002年开始雕刻《红楼梦》和《三国演义》的整套故事图案展板,这是他到法国卢浮宫参观后萌生的想法,并将其付诸行动。他计划每套故事雕刻230块板,并且已持续进行了十多年,经历过很多困难,也都坚持克服了,目前已经完成了大部分。他曾设想自己有朝一日也能办个博物馆,通过这些木制手工雕刻的展板把中国的文化名著展示给世人,向全世界传播中国的传统文化。尽管开办博物馆力不从心,但他希望有一天能把倾注了多年心血的这套作品展示给大家,使大家能够从中领略木制雕刻工艺体现的中国传统文化的魅力。杜新士为传承"京作"硬木家具制作技艺的良苦用心和无私付出令人感动不已。

《红楼梦》故事雕刻板

以质为本　以信为根

　　幸运的是，他的儿子杜冠男作为第六代传承人，已在大学毕业后回到杜顺堂学习工作，继续传承"京作"硬木家具制作技艺。相信在各方的共同努力下，杜顺堂的明天会更美好，"京作"硬木家具制作技艺的未来会更光明。

《三国演义》故事雕刻板　　　　　　　　杜新士和儿子杜冠男合影

（北京杜顺堂木作文化创意发展有限公司）
（北京联合大学李自典撰稿）

传承百年湖笔技艺 孕育千载民族文化
——记戴月轩湖笔制作技艺及其传承人

百年老字号的前世今生

北京戴月轩湖笔徽墨有限责任公司（以下简称戴月轩）前身是戴月轩笔庄，坐落在古老的琉璃厂东街73号。戴月轩老店近百年来几经迁徙，店址由原址东琉璃厂32号最终到现在的琉璃厂东街73号。经营项目：以戴月轩品牌的毛笔为龙头，包括文房四宝四大类的近千种商品，自产自销名人字画、金石印章等。生产的毛笔在京城颇负盛名。

1916年，创始人戴斌，字月轩，以其本人的字为店名在北京东琉璃厂32号开办了"戴月轩笔庄"，这也是琉璃厂文化老街上唯一一家以人名命名

戴月轩外景照片　　　　　　　　戴月轩门脸照片

传承百年湖笔技艺　孕育千载民族文化

的笔庄。戴月轩笔庄与其他笔庄的不同之处在于其是"手艺"买卖，采用前店后厂的模式经营。

自建店伊始，富有经营头脑和湖笔制作技艺高超的戴斌先生就十分重视制笔的质量，要求制笔原料均从浙江进料，每一道工艺力求精

戴月轩原址老照片

益求精，保证每支笔做到尖、齐、圆、健。不合格的毛笔，宁可烧掉也不能出售。为了表明质量、诚信，他将自己的名字刻在笔杆上。久而久之，"戴月轩"三字成为毛笔质量的见证，"戴月轩笔庄"从而声名大振。

戴月轩的第一块牌匾是徐世昌在1916年所题，1956年公私合营时，郭沫若题写了牌匾"老胡开文戴月轩湖笔徽墨店"，后来相继有陈半丁、赵朴初为"戴月轩"题写了匾额（徐世昌，郭沫若题写的匾额已经丢失），梁启超、富察庄净题写了楹联。戴月轩特殊的制笔工艺曾吸引了很多著名的文人墨客，如齐白石就曾为笔店作画。现戴月轩门前的楹联"摇曳生姿缘斗管，使转得情在颖毫"为富察庄净所题。张伯驹也亲作一首清平乐赞美戴月轩，诗云："嬉笑嘲骂字字都无价，腕上大手文章堪称霸，腕下千军万马。看君半世经营助人，竹有胸成没，岂谓蒙恬功业，但修万里长城。才惊依马，圆转如意，飞舞龙蛇气宋艳，江香云朵丽，几费匠心创制，尼山万古，春秋词林，前载风流，燕雀堪瞻志小，班超只在封侯。"

戴月轩本人的徒弟有三十余人，包括王魁刚、胡芹杭、冯福恒、李树

元、孙绍周、姚润华、索兆明、庄业兴、庄业平、谭世斌、王瑞珍、张有信、张润发、黄赐令、郝海平、萧仲奇、杨庆祥、刘晏之、郑存宗等。制作毛笔的生产工人称"笔工",笔工的制笔技术靠师傅口传身授。戴月轩把自己的全部技艺授与徒弟,才使戴月轩毛笔制作技艺代代相传。

　　1956年公私合营时,琉璃厂的毛笔店有老胡开文、胡开文、贺连青、青连阁、邦正泰等,都归属戴月轩笔庄号下。笔工有:李宝森、曹孔修、杨志州、张文涛、贺涤生、张国仁、孙进仁等;笔店命名为"老胡开文戴月轩湖笔徽墨店",由郭沫若亲题匾名。

　　公私合营后戴月轩隶属于北京市文化用品公司。1962—1967年北京市文化用品公司为发展戴月轩湖笔技艺,改善制笔环境,把制笔厂搬到原崇文区东打磨厂261号,建立了制笔车间,扩大了生产规模,使用的是一个二层小楼。同年吸纳新人,向师傅学习制笔技术。当时,冯福恒师傅所带徒弟有:李国珍、史香玲、张秀云、牛惠君;李树元师傅带的徒弟有:杨景华、靳宝刚。这些人也是戴月轩湖笔制作技艺的第三代传人。

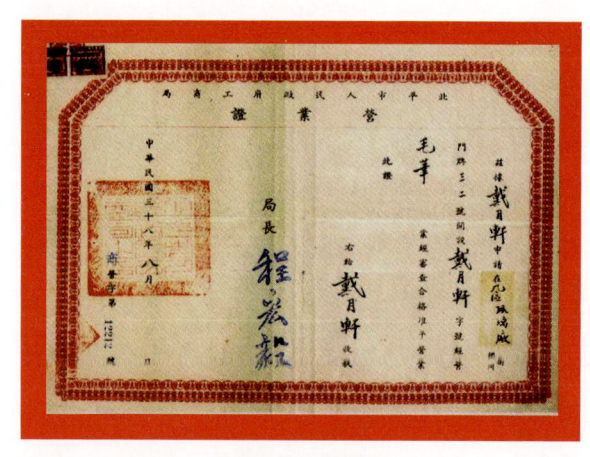

1949年的老执照

1949年后戴月轩还担负为国务院办公厅供笔的重任,当时戴月轩负责送笔的有郑存宗师傅,他与国务院办公厅的张子明联系,月月送笔到中南海东华门供毛主席、周总理等党和国家领导人使用,毛主席习惯用纯冬狼毫笔，周总理习惯用紫毫笔。彭真市长习惯用鸡毫笔，戴月轩也送笔到市政府大楼。戴月轩笔店按时按量及时送笔到中南海等地，毛主席每月要用笔20支左右。戴月轩提供的这些精心特制的毛笔，在笔杆上都刻有"定制"的字样（毛主席故居陈列着戴月轩毛笔）。

在计划经济的年代实行统购统销政策，戴月轩负责北京地区的毛笔供应，当时东门仓百货批发部是北京各商店的进货部门，每月按照百货批发部的计划生产、批发毛笔，确保北京市场供应。

1980年开始琉璃厂统一改造翻建成古建的文化街，戴月轩在琉璃厂49号经营，1982年完工，琉璃厂73号原有的3间门脸扩为5间门脸房（没有2楼了），扩大了戴月轩店的经营面积。同时恢复了戴月轩字号，开始使用陈半丁题写的戴月轩匾额，一直沿袭至今。

1995年戴月轩已经面临着市场经济的挑战，批发业务已经不能独享市场份额，外埠的制笔厂直接送货到商店，直接冲击了业务经营活动的开展，企业经营面临空前的困难；人员多，企业负担重；企业运转也很难。企业改革势在必行。为此，戴月轩在原宣武区百货公司内率先试行企业转变机制，组建北京戴月轩湖笔徽墨有限公司，宣武区百货公司持大股，还有2个社会法人股和职工股，打破铁饭碗，寻求新的发展路。

2000年在国家抓大放小的政策实施下，企业买断了国股。上级公司收回廊房二条61号房屋，戴月轩在店内隔出一间房现场制笔。

世纪之交，随着经济体制改革的不断深化，戴月轩也由原来的国有企业变为现在的有限责任公司。近年来戴月轩在第四代传承人及掌门人于天莺的领导下，开放经营，以笔为宗，兼营多种产品。为突出文化氛围，把握名品名牌，不仅使笔、墨、纸、砚文房四宝相映成趣，而且还增添了木器、文玩等。

2007年，为迎接2008年奥运会，戴月轩不断开拓进取，弘扬老字号传统文化，实施企业发展战略，开发建设"制笔作坊"，恢复戴月轩老字号前店后厂的经营模式，开展特色经营。最令人欣慰的是"制笔作坊"项目在北京市商务局、原宣武区政府的资金支持下于2008年7月25日竣工，实现了戴月轩人重建"笔坊"的梦想。戴月轩"笔坊"招来新人，第五代传人王后显、滕占敏带好徒弟，传承着戴月轩湖笔制作技艺。"笔坊"接待了奥运宾客，残奥会宾客，圆满完成接待任务。"戴月轩"也被授予北京奥运会、残奥会服务保障工作先进集体的荣誉称号。

笔坊工作照

以古法为宗，融通南北，自成一家

毛笔作为书写工具，是记录文字的载体，为书法绘画艺术的发展及中华文化的传承起到了重要的作用，晋文公说："治世之功，莫尚于笔。"历朝历代的书画名家、文人墨客视毛笔为案头之珍，珍爱有加。毛笔始于战国时期，在唐代宣笔盛行，到元代湖笔逐渐取代了宣笔的魁首地位。清代至民国期间，毛笔事业发展很快，北京、上海、天津等都有生产、经营毛笔的笔店，采用"前店后厂"的经营方式的有戴月轩、邵芝岩等。这些制笔名家、

传承百年湖笔技艺　孕育千载民族文化

名店对毛笔事业做出了重要贡献。

戴月轩湖笔店创始人戴斌先生出生于浙江湖州善琏镇，自幼家境贫寒，敏而好学。在当地笔庄做学徒，短短几年时间就掌握制笔技艺。后来到北京琉璃厂，在当时著名的贺莲青笔庄做伙计，几年后在琉璃厂东街49号开办了以自己名字命名的湖笔店：戴月轩。开办之初店面狭小，只有三间小门脸儿，前店经营后厂生产制作湖笔。这种前店后厂的经营模式自那时起一直延续到现在。

戴月轩创始人戴斌先生

建店之初，经营非常艰难，戴斌先生曾经亲自带徒弟背着毛笔到东北、华北各地游走推销自己制作的湖笔。由于戴月轩出产的毛笔质量好，体验佳，后得到诸多名人、书画名家的认可。店铺经营逐渐改善，此后声名鹊起，享誉京城。"民国四公子"之一的张伯驹先生还自作清平乐一首，称赞戴月轩制笔技艺精湛。戴月轩所制毛笔具有"提而不散，铺下不软，笔锋尖锐，刚柔兼备"的品质

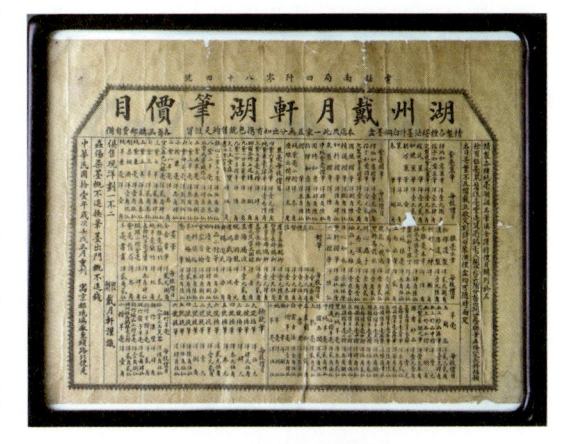

1921年商品价目表

特点，深受书画界同仁的喜爱。

戴月轩湖笔制作技艺现为北京市级非物质文化遗产保护项目，历经百年发展，五代人的传承，一代代薪火相传，长盛不衰。戴月轩制笔秉承着先师"颖毫纯净精中拣，聿师揭巧德为先"的古训，选材要求严格，所用羊毫必须选取一周岁未经交配的小湖羊毛，狼毫取自东北地区三九天之冬狼尾。所制毛笔严格遵循传统技艺，有一百多道流程，从不减少步骤，不合格的产品宁可烧掉绝不出售。所售产品，可免费维修，修复后的毛笔能够焕发二次生命。戴月轩凭借严谨务实的工作态度和诚信经营赢得了良好的信誉和口碑。毛笔是书法家的挚爱，一支顺手的好毛笔尤其难得，书画家得好毛笔犹如侠士得到一柄绝世好剑，爱不释手。毛笔有它的使用寿命，长时间使用亦有损耗。出现问题可以拿回店里免费修笔，在师傅的神奇手艺下，修好的毛笔能焕发二次生命。

传统制笔工艺，薪火相传

戴月轩湖笔制作技艺发展已逾百年，时过境迁，工艺依旧。

制笔技艺工艺繁复，不会为求效率而牺牲工序。"千万毫中拣一毫"是湖笔工艺的严谨的技术要求。百余道工序的操作都要一丝不苟。因为每道工序技艺，都"非千日之功难以得其门径"，正所谓"毫虽轻，功甚重"。以至为繁复的手法，操控至为简易的工具，制作出了看似简单无奇、实则处处精妙无比的湖笔，正是人工至于究极而为天工，大简若繁，大繁实简。这样制作出的毛笔才能日书万字而不败。

戴月轩经过悉心研究、提炼，总结出一套独特的湖笔制作技术工序，率先在羊毫画笔中使用了"加健"技术，做出了精致毛笔，形成了一代制笔新风。

戴月轩制作的湖笔强调笔的"尖、圆、齐、健",被称为笔之"四德"。"尖"指笔锋尖如锥状不开叉,利于点撇钩捺;"齐"指笔毛垂直整齐,散开后顶端平齐无参差,吸墨饱满,吐墨均匀;"圆"指笔头浑圆匀称,不凹不凸,书写圆转如意;"健"指笔毛健挺,不脱不败,书写时收放自如,富有弹性,收笔后笔头回复锥状如初,且笔毛经久耐用。

戴月轩湖笔制作技艺基本核心:各种制笔技艺技法的综合运用

戴月轩湖笔源于湖笔,但不拘一格。吸纳了北派狼毫制作艺法,使戴月轩毛笔品种齐全。戴月轩毛笔的制作技艺采用的方法是披柱法。披柱法就是先做成毛笔头中心的"笔柱",也称"笔胎",然后在笔柱上覆上一层薄薄的披毛,把笔柱紧紧包住,这种做法即为披柱法。

披柱法技艺复杂,从投料到制成笔头,需要经过上百道工序。不同品种的毛笔,所用材料的种类亦不同,工序的多少也不同。用单一毛料制成的笔头,工序较少,原料品种越多,工序亦多。戴月轩制笔的主要技艺流程如下:

1. 设计:根据书画的题材需要,制定毛料配比方案,尺寸规格及笔杆的长度等,并进行试验定型。

2. 选料:笔料工要熟知同种毛的不同品质、鉴别毛质、性能和用途,并对每一种原料进行认真的挑选。

3. 配料:在选料的基础上,根据不同产品达到不同特征的要求。

4. 拔毛:尾毛如黄鼠狼尾、香狸尾巴等均要从尾巴上把毛拔下来。为保证尾毛长度,充分利用材料,只能拔不能剪,拔下的尾毛不能残,并一尾一堆码放整齐便于使用。

5. 水盆:(又称水作工)是制毛笔的最复杂最关键的工种之一。各种笔料毛通过这道工序加工制作成半成品的毛头。

水盆这道工序是在水中完成的，有去绒、齐材子、垫胎、分头、做披毛等多道工序。水作工一手捏着角梳，一手攥着脱脂过的毛类反复梳洗、整理、排列、组合、分类。

6.结头：水盆制好的半成品笔头送到结头这一道工序进行结扎，故结笔头也叫扎毫。

7.抹笔：择笔又称为修笔，抹笔质量的好坏对产品影响极大。抹笔的制作过程和水盆工序一样，是十分精细复杂的。

抹笔是把笔毫捻和成笔头形状的工序。将笔头蘸足鹿角菜或胶水后笔工用手一遍遍地用手抹光，当抹到一定的程度后，方可定型。

戴月轩制笔技艺：拨锋　　　　戴月轩制笔技艺：刻字

传承谱系

第一代创始人：戴斌，湖州善琏人，出生于1880年，卒于1963年。1916年在东琉璃厂32号开办戴月轩笔庄。他制笔技艺高超，开创了在羊毫笔中加健的先河。戴斌先生先后带徒弟30余人，徒弟有：王魁刚、胡芹杭、冯福恒、李树元、郑存宗等。

传承百年湖笔技艺　孕育千载民族文化

第二代传人：李树元，男，出生于1920年，拜师时间1938年，卒于2013年3月。刻字技艺精湛，使所刻笔杆的字带金石气，为"和平解放西藏部分协议签字笔"刻字，此笔现存国家博物馆。

第三代传人：靳宝刚，男，出生于1945年，拜师时间1962年，从师李树元，掌握刻字技艺，使所刻笔杆的字体厚重而不失灵动。

第四代传人：于天莺，女，出生于1955年，拜师时间1993年，师从靳宝刚，对湖笔的设计、配料有独到的研究，将湖笔技艺发扬光大。

戴月轩第二、三、四、五代传承人合影

第五代传人：王后显，男，出生于1976年，拜师时间2007年，从师从艺于天莺，对湖笔制作的"水盆工序"研究精到，对毛毫的配伍有着深刻的研究，研习"配锋"绝技，掌握湖笔的制笔技艺的全过程，有带徒弟的重任，带徒弟3名。滕占敏，男，出生于1971年，拜师时间2007年，师从于天莺，对湖笔制作的"干作工序"技艺精到，结头、装套、刻字等，尤其是刻字技艺达到较高的造诣，带徒弟2名。

精华在笔端，咫尺匠心难

王后显，制笔技师，现为北京市级非物质文化遗产代表性传承人，戴月轩湖笔制作技艺第五代传承人，现今戴月轩笔坊负责人。

王后显出生于 1976 年，从事制笔工作二十余年，是制笔行业内突出人才，他掌握了戴月轩湖笔技艺的全部工序，尤其在配料、水盆的关键工序方面更是技艺高超，精益求精，其自行设计、制作了多款深受书画界喜爱的毛笔，赢得了书画界的认可。近年来，作为戴月轩笔坊的主要负责人，在戴月轩湖笔制作、技术创新、产品开发等方面发挥着核心作用，不断推出"戴月轩"精品毛笔、毛笔套装礼盒，受到市场的广泛认可。作为主要制作者，为故宫博物院成功复制多套皇家藏笔，有着成熟的项目实施经验。

王后显怀着对书法的热爱，初中毕业就到山东当地一家湖笔厂当了学徒，不多久，在众多徒工当中成绩优异，脱颖而出，被厂部推荐到北京进行技术交流，随后留在北京深造。毛笔制作有南派和北派之别，南派以制作柔软的羊毫专长，北派则制作刚健的狼毫为主，两者各有千秋，制作手法不同，技艺也不同。王后显留在北京主要学习北派制作之精华，先后多方拜师，虚心求教，苦心钻研，终于领悟北派制笔的真谛，随后又重新投入湖笔研究，向最高领域——配锋发起挑战，经戴月轩制笔师傅的传授，达到了湖笔制作的最高境界，而且在传统的基础上有所创新和优化。

2001 年王后显被戴月轩聘请为制笔技师，主要负责制作高档产品、研发和定做以及售后服务等。通过戴月轩这个平台，他可以和顾客面对面地交流、研讨书法理论，了解市场潮流，结合传统工艺，形成了他独特的制笔新风，不仅能把各派技艺相互融合、扬长避短，而且能一个人从头到尾把一支笔做完，在当今行业中属于技术能手，成为制笔行业中的佼佼者。

戴月轩制笔深受书画家的钟爱，众多的书画名人、电影明星光顾戴月轩，定制毛笔，这使王后显有更多的机会去探索毛笔制作的新内涵。王后显

传承百年湖笔技艺　孕育千载民族文化

在制作定做毛笔中能按照书画同仁的不同需求，进行考证、反复试验，不言放弃，使得毛笔的品种不断增加，不断满足市场个性化需求，受到各方的赞誉。

从前制笔行业流传一句话："只知笔头向上，不知笔头向下。"贬低过去的制笔工没有文

王后显制作笔头

化，大多数都是文盲，为了谋生才做笔工，混饭吃。王后显师傅不一样，他工作之余潜心练习书法、绘画，在这两方面有很高的造诣。同时，他查阅古今资料，了解古今制笔情况，追求传统，在古法基础上又加入新的元素，用心制作，赋予笔新的生命，多次被单位授予学习进步奖和优秀员工等荣誉，并从戴月轩笔坊成立至今一直担任技术主管。

王后显在戴月轩秉承传统制笔工艺，潜心研究，大胆创新制笔工艺，为更好地服务大众，能为客户制作出更多的具有个性的毛笔。多年来屡出佳作，创作作品多次参加全国"四宝会"及"非遗"作品展，屡获大奖。"气壮山河"纯羊毫笔，采用湖笔独特的羊毫"配锋"技艺制作，获得2012年中国文房四宝协会举办的文房四宝博览会"金奖"。"无上妙品"、"书画映心"纯狼毫套装毛笔，入选2015年原北京市商务委员会、北京老字号协会开展的"寻找北京老字号原汁原味代表性产品名录"。作品"松竹梅"荣获2015年京津冀"非遗"传统手工艺作品设计大赛传承奖铜奖。

作为戴月轩第五代传承人，王后显现肩负湖笔技艺传承的重任，现带徒弟三名，口传身教，传授湖笔技艺。王后显多次代表戴月轩参加市、区组织

的"非遗"展，老字号展，全国"四宝会"，"非遗"技艺走进校园，湖州湖笔文化节等活动，积极传播民族传统文化，展示手工制笔技艺。为戴月轩湖笔制笔技艺的传承发展，做出了重要贡献。

戴月轩经营及服务理念：一笔在手，如握春风

戴月轩在其近百年的发展过程中，形成了独特的品牌文化。在传承发展中做到：

一、诚信铸就品牌，戴月轩作为中华老字号，珍惜品牌形象。百年老店，百年承诺，诚实守信。"厚爱其民"，"消费者第一"。恪守戴月轩古训："颖毫纯净精中拣，聿师竭巧德为先。"

二、以服务打品牌：戴月轩服务理念是"一笔在手，如握春风"，它体现着戴月轩销售的每一支笔（商品）具有品质保障、服务保障，笔笔真诚。为此在同行业中率先推行了服务承诺。

三、戴月轩制笔是前店后厂的模式，有经验的笔工在笔坊内现场制笔，完成制笔的全部工艺。笔坊不仅能按计划制笔，同时也为有特殊需求的书画家定制所需毛笔，以满足顾客的多样化需求。

四、连锁经营，走出琉璃厂文化街，先后在翠微大厦、金源、新燕莎等著名商厦内开办"店中店"，统一标识、统一质量、统一价格、统一商品包装、统一服务方式，让传统文化商品在现代商厦中展示风采，提高了市场占有率。

2016年1月9日，戴月轩在琉璃厂西街开业新店，经营面积500余平

方米，形成东西合璧的局面，琉璃厂是文房四宝的"重地""熟地"，走出琉璃厂走进商厦后，明显可以感觉客户群不够"亲近"，客人多是新人，比较陌生，而经营的主题也是培育市场，取得的经济效益不明显。在琉璃厂西街"熟人熟地"，能够尽快提高市场占有率，取得较好的经济效益。另外，在西街店二楼还开办了"画廊"，弥补了目前东街没有场地的不足，进入书画市场，是戴月轩涉足的一个新领域，还有待探索提高。

2015年3月，戴月轩在天猫商城开办"戴月轩旗舰店"，开始进入互联网，希望能够更多地为全国的书画爱好者服务，不断推广产品、提高技术，取得了一定的业绩。

在经营中创新发展

戴月轩不断调整商品结构，提高产品包装，推出文房礼品系列，丰富产品的文化内涵，满足专业需求、商务需求、个性需求，从而提高企业的经济效益。近几年戴月轩连续参加北京旅游发展委员会"北京礼物"的新品大赛活动，"北京精神""四库全书""古风古韵""书法入门组合""禅茶一味"等产品多次获得优秀奖。

戴月轩在继承传统，开拓创新经营等方面取得了一定的成绩，具有一定的品牌影响力，获得了诸多荣誉：

1993年被中华人民共和国国内贸易部认证为"中华老字号"。

2004年被北京市商业联合会授予"北京市商业名牌企业""北京市商业服务名牌"称号。

2005年被北京市商业联合会评定为北京市优秀特色店。

2006年、2009年被北京市工商行政管理局认定为北京市著名商标。

2006年被中华人民共和国商务部认定为"中华老字号"。

2007年6月被列入北京市非物质文化遗产保护项目。同时已经申报国家级非物质文化遗产保护项目。

2001—2012年被中国文房四宝协会认定为"中国十大名笔"之一。采用湖笔突出特色"配锋"方式制作的"气壮山河"毛笔在2012年第29届全国文房四宝艺术博览会上，经专家组推荐，荣获金奖。

《戴月轩湖笔制作技艺》作为北京市非物质文化遗产项目，曾多次接受中央电视台《走进中国》、《中华老字号》、中央教育台《岁月如歌》、北京电视台《这里是北京》、《今日精华》、《家有珍宝》、《百艺北京》等栏目的专访，拍摄毛笔制作过程，了解戴月轩的百年发展历程，多家报纸媒体更是争相报道。近年来由于戴月轩和笔坊接待了奥运宾客及众多的国内外宾客、媒体，使得戴月轩湖笔技艺得到了广泛的宣传推广，同时弘扬了中华民族的传统文化。

戴月轩人以弘扬祖国传统文化为己任，以用笔之"四德"作为制笔和做人的标准，以德制笔，以德做人，用"四德"精神，维护老字号的声誉，促进老字号的发展，传承"戴月轩湖笔制作技艺"，在创新发展的道路上勇往直前。

传承不是一句虚言，文化的传承不是一个人的苦行，道路虽然悠远曲折，但我们一直在前行。让文房四宝成为连接古代文化和现代文明的纽带，而不是静放于博物馆里的"文物"。我们会把她作为中华民族优秀文化的一部分，一代代传承下去，并且不断发扬光大。

作品赏析

戴月轩 1918 年制嫩锋净羊毫笔

戴月轩店里现保存着一支 1918 年制作的老毛笔，此笔为戴月轩人机缘巧合于 2006 年北京瀚海秋拍拍得，据藏家后人介绍，此笔为 1918 年，时年 54 岁的齐白石先生为好友韵夫先生定制的嫩锋净羊毫笔。毛笔采用传统的民国时期流行的斗笔制式。笔头采用细嫩光锋羊毫，笔杆为象牙杆，笔管光洁圆润，笔斗为象牙彩绘工艺制作，彩绘水平之高，至今无可比拟。笔杆顶部和笔斗与笔杆相接部位为秋厥材质制作而成（秋厥为海象牙材质，经过明清时期沁色工艺加工而成，呈现翡翠绿色，现工艺已经失传）。笔杆上手工刻字，刻有："民国七年即戊午仲春韵夫制于燕京"。小款："嫩锋净羊毫 戴月轩精制"。刻字工整，古朴圆润，足以透过刀锋见笔锋。此笔距今有百年历史，锋颖犹在，依然可以使用。见证了戴月轩制笔技艺的百年发展历程。

这支制作于 1918 年的嫩光锋羊毫笔，用料考究，工艺精湛，实为民国时期制笔工艺的集大成之作。完美展示了戴月轩在民国初期精湛的制笔技艺，是戴月轩制笔的扛鼎之作。

戴月轩大漆彩绘云蝠纹紫毫斗笔

此笔笔头呈黑紫色，笋尖式。笔斗

戴月轩 1918 年制嫩锋净羊毫笔

纳毫为紫毫，束毫丰满，齐而圆健。紫毫为中山太湖地区野山兔颈部黑紫色发亮的毛管，锋锐健挺，出锋50毫米的极其少见。如此大量长度的紫毫尤为难得，古有"一两紫毫，三两黄金"之说。笔管为黑漆地上金漆描金云蝠纹主体纹饰，线条流畅，两端为象牙笔斗及顶，笔斗牙雕螭龙纹饰。此笔为仿作清宫旧藏，原笔为清代宫廷造办处制作。提笔带斗可纳粗毫，是清代较为流行的笔式，适宜书写大字。集金漆描金、牙雕、戴月轩湖笔制作技艺等三项"非遗"技艺于一体，选材名贵，制作精美，是罕见的工艺鉴赏性较为突出的当代制笔精品。

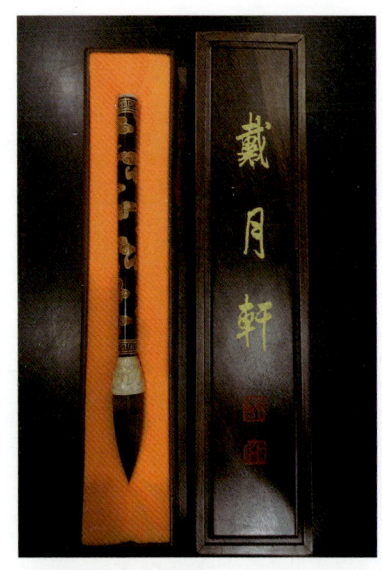

戴月轩大漆彩绘云蝠纹紫毫斗笔

戴月轩仿轻工旧藏缠枝莲纹紫毫兰蕊型笔

笔直管，戴帽。制作工细，圆周不见接痕。笔锋为紫毫兰蕊型，根部装饰彩毫，是清代流行的毛笔样式。富有弹性，宜书写小楷。

此笔选材名贵，制作精工，是最具观赏和使用价值的毛笔之一，为清代宫廷御

戴月轩仿轻工旧藏缠枝莲纹紫毫兰蕊型笔

用之物，缠枝莲纹甚为精细，寓意子孙绵长。

戴月轩 2012 年特别制作的《气壮山河》纯羊毫毛笔

此笔采用戴月轩湖笔制作技艺中独特的"配锋"技艺制作而成。所选羊毫为细嫩光锋顶级羊毫，锋颖达到出锋长度的一半。为羊毫笔中难得的佳作。笔杆为斑竹材质，笔斗笔顶为牛角制作，造型精妙。

规格：笔头直径 4 厘米；出锋长度 16 厘米。笔全长 49 厘米。行笔落墨，行云流水，涂抹均匀，书写姿态万千，绘画层林尽染，荣获第 29 届全国文房四宝博览会专家组金奖。

气壮山河

（北京戴月轩湖笔徽墨有限责任公司）

曾为宫廷增光辉　今向民间播文化
——国家级"非遗"项目北京宫灯及其传承人翟玉良

工艺与智慧的结晶——宫灯

宫灯，顾名思义，本是帝王之家的宫廷照明专用工艺品，其端庄肃穆、稳重大气的造型与巍峨的楼宇、辉煌的殿堂相得益彰，和谐统一。灯体结构造型和建筑艺术完美巧妙的结合，显现了中国艺人高超的手工技艺和伟大的才华智慧，包涵着古老中华民族悠远的历史文化和社会文明。造型各异、机巧玲珑的宫灯艺术品随着作为帝后赏赐王公大臣们的礼品而传出宫外，逐渐流入民间。

宫灯要用硬木或其他上好木料做成棱形或多方形的灯架，灯架上雕着各种玲珑剔透的花牙和各式饰物，在灯的每方格上镶玻璃或纱绢，并画上各种精美的图画。它是集木工制作、雕刻技艺、色漆装饰、丝织编结、图案绘画等为综合一体的艺术。社会上大众对宫灯的认识概念模糊，有些人认为红灯笼就是宫灯，这实际上是一种误解。标准宫灯的造型应该是六方形状的结构，分上、下两节，两节间以链相连，上节名灯帽（宫廷御用灯具都有灯帽，民间仿制制品没有），下节为灯身，分上、下两层，每层各装有灯窗六

曾为宫廷增光辉　今向民间播文化

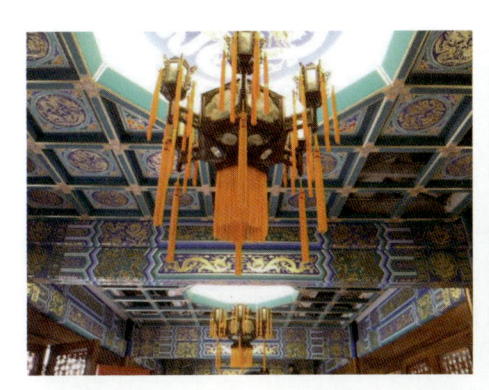

宫灯款式之一：红木六方云盒子母灯。此灯是在传统的宫灯造型基础上进行改革、发展而来，根据建筑特点设计的，是一个主灯突出六个分叉，这六个叉上配上小子灯，增加照明度，造型上按传统宫灯的技艺方法加以变化

扇，每扇糊上丝绢画或镶嵌玻璃，以漆绘制图案。

宫灯技术是南方的能工巧匠带到北京的，但在发展中形成了北京宫灯独具的特色，这也是北京宫灯传承至今，并成为国家级"非遗"项目的原因。"从创意角度讲，北京宫灯比较粗放、壮观、大气，而南方的宫灯则小巧玲珑。南方宫灯在细微之处做得好，比较精细，雕花也较为复杂，但没有北京宫灯大气豪爽、雍容端庄的感觉。"北京宫灯传承人翟玉良师傅的总结可谓精准简明。

源于民间，归于民间——宫灯历史溯源

中华民族历史悠久，源远流长，华夏文化积淀深厚、绚丽多彩。作为中国传统工艺美术大观园中的一枝奇葩——宫灯工艺，以其华美的生活装饰

性，多彩的视觉欣赏性和照明上的实用性而在异彩纷呈的中华民族艺术宝库中独居一席。

溯源历史，据有关文献记载，春秋时鲁国公输班营造宫殿时，曾用木条做支架，四周围帛，燃灯其中，虽然结构极其简单，但可以说是宫灯的雏形。

战国时期（公元前475—前221）的错银回纹灯、长信宫灯等以青铜为原料主体的各种灯具不下几十种，秦始皇时宫廷内已经有了富丽堂皇的彩灯。

南北朝的梁武帝（464—549）时，在浙江钱塘的龙华寺庙宇里出现了藕丝灯（藕丝是纹饰华丽的上锦），其灯上绘画内容以人物为题材。南唐著名的词人李煜在他的词作中曾提到过彩灯和花灯。美不胜收的唐诗、宋词等文学典籍中描写的每年上元灯节京城百姓观灯赏灯的热闹景观，其中不乏对华美灯饰刻画的词句。比如唐代李商隐有诗曰："月色灯山满帝都，香车宝盖隘通衢。身闲不睹中兴盛，羞逐乡人赛紫姑。"宋朝欧阳修则有诗云："去年元夜时，花市灯如昼。月上柳梢头，人约黄昏后。今年元夜时，月与灯依旧。不见去年人，泪湿春衫袖。"还有来源于宋代的一则楹联传说，也有说是年轻时的王安石对出的下联，其内容为："走马灯、灯走马、灯熄马停步。"走马灯也是传统灯饰的一种，利用灯内在金属芯支架上固定的蜡烛燃烧时产生的冷暖气流带动丝绢的转动而呈现出不同的人物故事、山水景色等画面内容，既生动有趣、又照明实用。宋元以来，民间活字雕版印刷的类似于"天工开物"的工具书中，也有对竹木灯具、灯彩等工艺制作方法的图文描写。

明朝于永乐年间（1403—1424）迁都北京，倾全国之人力、物力、财力，经过耗时多日的动工修建和历年的逐步完善，成就了规模宏大，雄伟壮

曾为宫廷增光辉　今向民间播文化

丽，"里九外七皇城寺，后门外面钟鼓楼"的皇家气派的北京城，并征调了全国各地的技艺精湛的能工巧匠齐聚北京，为宫廷制造灯具。当时各宫殿馆舍、楼台亭宇，尤其是皇室居用的紫禁城故宫，大量使用了品种繁多，造型各异的木制宫灯和彩灯，使得宫灯这一古老的传统工艺大放异彩，并得到了物尽其用的发展空间，宫灯设计制作、观赏效果与应用照明作用都达到了很高的水平。现在故宫的养心殿、坤宁宫、长春宫等殿堂陈列的灯具还保留有明代制作的宫灯，其中有些已经列入文物级。明崇祯元年（1628）宫廷灯匠包壮行用矾绢装配各种形状的御用装饰灯，题材内容多为殿宇车马人物，包氏师徒可称为近代北京宫灯的老一辈创始人了。

到了清代，宫廷内务府专设造办处，其中有专为宫廷制造和修理宫灯花灯的灯库。清嘉庆四年（1799）苏杭民间艺人用红木制作雕刻灯架，结构分上、下两层，四周糊绢，制成精美的宫灯，造型基本上已类似于现代宫灯。

清朝末年民间已有了宫灯的仿制品，在现代电力照明尚未发明的年代里，既有使用价值，又有装饰美化作用的宫灯越来越受到广大中外宾客的青睐和喜爱。

久负盛名，人才辈出的老字号——北京美术红灯厂

北京市美术红灯厂有限责任公司，其前身是文盛斋灯画扇庄，系1806年浙江人娄逸亭、俞莲峰创建，位于前门外廊房头条，旧门牌79号。现在已迁往琉璃厂东街92号，仍沿袭使用"文盛斋"老字号。

当年文盛斋灯画扇庄经营传统宫灯、灯笼、灯罩、字画，生意红火。经

常承造御用宫灯和灯彩，其仿制、改制和创制的木制宫灯工艺品长年行销于市。1915年文盛斋灯画扇庄曾以宫灯、灯彩、团扇等工艺品参加了在美国举办的巴拿马万国博览会，由于产品独特，做工精美，得到了与会国际人士的一致好评，获得金牌两枚，奖状两张，自此"文盛斋"蜚声海外，名声大振。当时文盛斋前店后厂，集聚了众多技艺高超的手艺人，可谓人才辈出，各有专长。宫灯、灯笼等制作工艺的学徒们，大多从这里艺满出师，本行业老艺人韩子兴（1887—1975）人称"球灯韩"，新中国成立后于1957年被国务院授予"老艺人"称号。韩子兴擅长制作球灯、宫灯、壁灯、桌灯及各种花灯，他文化水平很低，但对灯形结构娴熟于心，技艺纯熟。徒弟们看他操作工具之速，灯形完成之快，无不叹为观止。他曾于清末光绪年间应征，每天进紫禁城当差，为慈禧太后制造、修理宫灯及玉件木座。当时的北京前门外廊房头条，坐落着几十家工艺品店，分别经营宫灯、彩灯、画扇、字画等。这条胡同被誉为"灯笼大街"，驰名中外，尤其以文盛斋最为著名，从业的艺人和徒弟人数也多。其他经营灯画扇等工艺品的商店还有"美珍隆"以及"华美斋"等。

　　1954年，原崇文区个体手工艺者石万全在卧佛寺组织成立北京市文仪生产合作社，前门地区个体手工艺者在西打磨厂筹备成立了北京市第一宫灯生产合作社。1956年，"文盛斋"、"华美斋"文华阁支店等店铺合并，同年七月经北京市文化用品工业公司批准，成立了北京市宫灯壁画厂，八月接纳了冯金贵小器作、韩子兴小器作加入。1958年7月北京第一宫灯生产合作社、北京文仪生产合作社合并，成立北京市工艺木刻社。1959年，根据北京市工业规划，工艺木刻社与宫灯壁画厂合并成为北京市宫灯木刻厂，1966年5月又划分为宫灯厂和木刻厂，1972年4月宫灯厂改为现名"北京市美术红灯

— 曾为宫廷增光辉　今向民间播文化 —

文盛斋牌匾和红灯厂销售门店

厂"。2000年企业股份制改造，定名为"北京市美术红灯厂有限责任公司"。

北京市美术红灯厂的发展历史，也就是宫灯、灯笼、灯彩的发展史。自1956年成立合作社至今，已逾50年，其间该厂的宫灯等车间，集中了本行业众多手艺独特、技艺高超的老艺人。无论是内销产品，还是出口订货，生产量逐年增加，其中木制宫灯，包括后来增加的塑料宫灯品种，在20世纪七八十年代曾经达到年产量万支左右。

宫灯车间的职工，人才济济，既有业内的父子传承，如范再杰、范广俊、徐全、徐文启、郭永茂、郭燕青、赵国鳌、赵树昌、崇普善、崇得旺等父子；也有兄弟同行，如胡守身、胡守洪、董琪、董珍、孙守先、孙守亮等。至于师徒两代，甚或三代亦有人在。还有雕刻老艺人张希瑞、马金池、袁振经等师傅。袁师傅还擅长制作各种宫灯，技术全面，手法细致。徐全、范广俊、董淇等老师傅，当年均为本行业中技术上乘的人才。老徐师傅不仅技术熟练，且能设计画图；范广俊技术全面，大号的子母灯、小号的玩具灯制作都得心应手；董琪师傅擅长批量的部件活，先分别做出宫灯各部件的一定数量，最后再轻巧自如地组合攒灯，瞬间各自成型。看几位老师傅干活真是一种艺术享受，堪称"养眼"。

如今的北京美术红灯厂，是老北京人耳熟能详的有名制灯厂家，也是北京宫灯成为第一批北京市级非物质文化遗产项目的申报单位，主要生产与北京宫灯相关的工艺装饰品，且个个独具浓厚古朴的民族特色，是宫灯技艺成长并得以发展的重要摇篮之一。于树良、翟玉良、郭燕青、崇得旺等人为宫灯车间的技术骨干，本行业的中坚，是他们的辛勤付出使得宫灯工艺在现今市场经济大潮中，在工艺美术行业竞争中仍占有一席之地。

新时代、新风貌——北京宫灯的当代演化

当代宫灯艺术，在充分保留中国古老传统技艺的基础上结合当前各种工艺制作推陈出新，其观赏和使用价值更高。现在北京的一些重要场合如北京饭店、四川饭店、北海仿膳饭庄、颐和园、烤鸭店、贵宾楼、首都机场、钓鱼台国宾馆和天安门都结合自身的建筑风格配套安装了各式宫灯，为建筑增添了高贵气质。内地和港澳的大量影视剧作、文艺演出也经常使用宫灯作为

曾为宫廷增光辉　今向民间播文化

装饰。

美术红灯厂辉煌的标志之一是天安门城楼挂着的大红灯笼。"你知道开国大典上天安门城楼挂的灯笼有多大吗？直径两米七！是我们厂现场制作的。"当然，这也是翟师傅听厂里的老师傅们讲的。当时像那么大的灯笼，无法做成收缩的，因为收缩后再伸展开会变形，无法保持原样。而在厂子里制作的话，直径两米七的灯笼又不好运输。"后来，厂里就在天安门下边就地制作，再抬上去挂起来。以后每年都要修一次，修不好就换。改革开放后，天安门城楼拍卖开国大典的灯笼，有人花 1360 万给买走了。实际上从艺术价值看，那种大红灯笼是无法和宫灯相比的，但是它的历史价值大些。"

"我们厂做过的最大的宫灯直径达 4 米，是给西客站那边一个酒店做的，那个酒店的装饰就是中式复古的，我们到现场查看后，设计出子母灯，10 多个工人干了 3 个月。"翟师傅说，宫灯的市场虽然在萎缩，但宫灯永远不过时，怎么看怎么有味。老物件为什么能保存下来？就是因为百看不厌。

红灯笼是风行全国的节日喜庆用灯，天安门城楼、各大宾馆及重要场所在重大节日之时都悬挂大红灯笼，显得巍峨庄严，气派壮观，意寓红红火火、团团圆圆。

中华人民共和国成立 35 周年庆典时，北京美术红灯厂承接装饰城楼贵宾厅的任务，设计"金龙合玺吊

红灯厂的师傅在天安门城楼挂灯笼

灯"为主灯（直径2.8米，高2.6米），两侧配饰子母灯、壁灯，尤其是地灯座呈瓶状象征"平平安安"，壁灯是三条龙向外延伸，形成群组，待灯亮时"金龙腾跃、群星璀璨"，配饰天安门大殿古建筑，相得益彰，浑然一体。

当代宫灯不仅在国内发挥重要作用，也走向了国外。日本天花园古建筑、俄罗斯莫斯科的北京饭店、刚果（金）的扎伊尔议会大厦等建筑中的大型工程装饰用灯都是北京老字号"文盛斋"即北京市美术红灯厂承接设计制作的。这些造型各异、华美绚丽的系列宫灯向全世界展示了中国的古老技艺，弘扬了中华五千年灿烂文化。

北京市美术红灯厂生产制作的木制宫灯，造型结构绝大部分承继了明清两代的传统风格，并加以创新改进，最典型、最具代表性的宫灯莫过于双层六方宫灯，它把中国古老的建筑艺术和宫灯制作技艺巧妙结合起来，与周围的建筑环境、室内陈设密不可分，相得益彰，达到了庄重与和谐的完美统一。很多造型雅致、色彩纷呈的宫灯品种样式都由双层六方宫灯改良而成。现在的双层六方宫灯的实际规格比例基本为正方形，可是给人的视觉效果却是瘦长的。原因是灯的上端探出去的龙头和上扇有画的部分所占体积比下面小得多，再加上灯中间顶端安装的木葫芦以及挂在龙头、龙脚上下垂的真丝彩穗，视觉上给人以细长之感。统观前后、上下镂空雕刻的花牙图案，上面部分探出来，下面部分缩进去，整体造型极像古代建筑中的垂花门，上扇和下扇分别配以顶花，下面的花牙图案优美多姿。六根灯柱和龙头下面的小柱子上的花牙图案玲珑剔透，匠心独具的镂空雕刻有着立体、厚重的美感。分为上下两部分的横扇和立扇画面，分别绘制于玻璃和丝绢之上，手法多样、内容丰富，与稳重的灯架、镂空雕刻的花牙、拂动的灯穗相映成趣，如花似锦。灯体造型上、下层的比例是倒置的 $1:1.618$，基本上符合国际公认的黄

曾为宫廷增光辉　今向民间播文化

金比，上层探出来、下层缩进去的结构安排巧妙地融入了宫廷建筑艺术的内涵。六只精雕细刻的龙头，威严雄奇、栩栩如生；十二根灯柱顶天立地，庄重大气；镂空雕刻的花纹图案优雅多姿，或是花草的舒展变形，或是吉祥题材的设计编排，独具匠心。

翟玉良大师的宫灯和彩灯作品

木制宫灯以其特有的艺术形式流传发展至今，经久不衰，足见其引人入胜的艺术魅力。传统的六方宫灯整体造型与现在的六方宫灯比例不同，传统的造型是明显的瘦长形，因其悬挂在高高的宫殿殿堂中，空间大。当代的六方宫灯置于建筑厅堂中，比例适中，高、宽实际比例以方形为宜，欣赏六方宫灯上面起伏的弯梁变化实在是美妙的艺术感受，仔细去品味灯体造型才能体会其中之奥妙，才会感觉出中国古建艺术和奇绝的特种工艺美术的完美结合；龙头造型探出来，给人以明显的动感，其口衔的大红丝线流苏上端配有宫壁和手工编织的图形，盘肠和各式蝴蝶结，再配以秀巧的耳穗，自然是丰富多彩了。传统六方宫灯的骨架从力学角度上观察与中国古建的基本结构四梁八柱十分相似，宫灯上面最长的一根梁和其余几根短梁都是弯的，奇妙之处就在这富有活力的弯势之中，它弯出了动势，也弯出了美感，从"飞角"，到"亮角",再到"大脑"(都是宫灯结构中的行话名词,即大柱、小柱、上下扇、上部和下部的花牙图案),整体结构从上扇到下扇,从中间最上端的木葫芦到最下端的独穗,无一不是在对称中找平衡。彩线编织的大红、金黄等颜色的丝穗,点缀在庄重平稳的灯体上,微风轻拂时,仿佛龙头在摇动,更增加了宫灯的美感。

镂空花牙,流光溢彩——宫灯的制作工艺

宫灯从设计图形、选料、开料到制作成型,包括上百道工序,蕴含了艺人们多年的丰富经验和智慧。制作过程中锯、刨、镂、凿等不同技艺的操作配合,各种雕刻工具的娴熟使用(很多特殊工具都是艺人们自己制作),随之用各种型号的砂纸和植物锉草细致打磨,并补好腻子的灯架,为各部件刷色、喷漆工序打好了基础。各种宫灯配穗以真丝线为主,现在也结合使用人造丝线,从染色到编织,各道工序都出自于艺人之手。在真丝绢纱或磨砂玻璃上(现在也少量使用透明塑料板)绘制各种体裁内容的灯片,或花草虫禽,或青绿山水,或人物走兽,皆丰富多彩、生动传神,恰如其分的装配点缀着庄重的灯体,再加上绚丽耀眼的灯穗流苏,可谓流光溢彩,锦上添花。

北京宫灯艺人有几句顺口溜:"大靠架子、小靠扇,钉灯当然是关键,龙头龙脚要活现,镂空花牙牢固有神态,灯画雅气远近都能看得见。"艺人们通过长期的劳动实践,也不断总结经验心得,比如他们对龙的形象的概括是"鹿角牛头眼似虾,鹰爪鱼鳞蛇尾巴,有人要写真龙像,三弯九曲就是它"。

曾为宫廷增光辉　今向民间播文化

宫灯的木材选料是很严格的，它关系到灯体是否牢固耐用，美观且久不变形。高档产品一般选用紫檀、乌木、鸡翅木、红木、花梨木、酸枝木等，中低档产品选用杜木、楸木、色木、桦木等。造型各异，品种繁多，形式多样的宫灯根据用途需求，分为吊灯、挂灯、壁灯、吸顶灯、桌灯、戳灯等几大类，据资料统计，木制宫灯的类型不下千种。

北京宫灯的工艺包括锼、雕、刻、镂、烫等。从木工备料、开料，到雕刻、拼接、黏合，还要抛光、打蜡、上漆，再贴绢或上玻璃，最后插上龙头、挂上流苏……制作过程比较复杂，主要因为其对每个细节的要求都很严格，所以要求宫灯艺人们具备全面、精致的制作技能，有时甚至要耗时数月才能制作一个宫灯。宫灯制作的所有工序都是手工完成的。首先，选料之后，就要把木头制作成"交撑"，也就是宫灯的一个基本小支架，并在上面打眼、拉锁，以便后面拼接。然后，按照原来的设计模型，在其上拓样并照样锯木，用专用工具雕刻龙头、凤头、花纹，才能制作出"交撑"成品。接着，根据所做宫灯的种类需要，将交撑和灯面拼接起来，并打蜡上漆，再用圆形"舌头"连接每扇灯面，至此，一个完整的立体宫灯雏形框架就完成了。

但是，光框架完成，还不能全面彰显宫灯工艺的繁复、精湛，之后要加在架子上的灯片的制作也一样耗费心血。有的直接在其上手绘各种图案，有的则更需要先画后成型，有时光这一道工序就要花费一天的时间。灯片上完之后，就剩下加穗这最后一步了。据师傅介绍，这也同样

翟玉良大师在做宫灯

不能马虎，不同规格的宫灯都有其配套的灯穗，且为了美观，灯穗长度也一定要超过灯体。另外，其他小细节，如画屏的插入角度、材料的打磨时间也都有着严格的制作要求，而灯扇之间的榫卯连接更是北京宫灯独具特色的制作工序，也是宫灯所蕴含的中国民族独一无二的手工艺价值所在。

精心打磨，耐心传承——翟玉良师傅的从艺和传艺

作为北京宫灯传承人的翟玉良师傅是一位与北京宫灯打了大半辈子交道的制灯艺人。他是地道的老北京人，高中毕业就进入北京美术红灯厂跟随师傅学习制灯技艺。现在是国家级非物质文化遗产项目"北京宫灯"的传承人，四十多年间，他见证了北京美术红灯厂的变迁。

当年翟师傅还是北大附中的学生，美术红灯厂到学校里招人，翟师傅就被分到了红灯厂。"那时候包分配，是学校把我分到厂子里的，没想到能干一辈子。"老翟感慨地说。回想初进厂时，有300多名工人，做宫灯也像现在的流水线作业，机器组负责下料开料，成活组负责做成产品，壁画组负责画片，流苏组做灯穗，喷漆组负责刷漆，大家各自负责其中的一部分。而老翟主要学的木工活，从那时开始，他就学会了使用镂弓子、手工刨这些工具。

翟玉良大师在做宫灯

"厂里那时候的业务范围还挺广的，除了宫灯外，还做灯罩、喇叭盒、电话机等。领导说'东

曾为宫廷增光辉 今向民间播文化

方不亮西方亮',品种多点,形成互补,总有一种产品的销路好。"翟玉良师傅进厂的年代,正是"文革"后期,百废待兴,他和师兄弟们跟随郭汉、徐文起、孙守亮、刘洪福、袁振经、李春等身怀绝技的老师傅们,如饥似渴地学习宫灯技艺,师傅们也毫无保留地把自己的手艺倾力相传。

翟玉良师傅把毕生的精力都放在了制灯工艺上。翟师傅说,做宫灯最早是宫廷里边的手艺,宫廷需要制作宫灯,就到民间招一些能工巧匠进宫做灯。起初民间没有宫灯,后来皇上把宫灯赏给大臣们,之后这门手艺才流传到民间,所以这门手艺活儿讲究的就是精细,从最初的木工活儿到完成组装成灯,每个步骤都容不得半点马虎。

翟师傅说,北京美术红灯厂现在主要为政府机构的一些活动供货,当然也面向个人供货。美术红灯厂不与任何家居装饰城合作,来红灯厂订货的顾客都偏好古典装饰艺术,他们会按照顾客的需求尽力制作出满意的宫灯。此外,还有一些剧组也经常光顾红灯厂,在销售部门口有一盏落地灯,翟师傅说,这盏龙头竿宫灯就是1987年播出的电视剧《红楼梦》的道具灯,因为造型别致,所以一直保留至今。而大多数剧组常常都是急活儿,往往都是今天来提要求,明天就要货,尽管如此,翟师傅也总能想出办法让剧组满意。

曾经盛极一时的宫灯制作工艺近年来却处在后继乏人的尴尬境地,掌握宫灯技艺的师傅们年龄也普遍偏大,且因为宫灯涉及多种工艺技艺,整个美术红灯厂掌握宫灯制作全部技艺并还能亲力亲为进行制作的,只有翟玉良师傅了。北京美术红灯厂也已经多年未进新人,厂里最年轻的师傅也即将达到退休年龄,失传的危险很大。翟师傅说,工艺美术这个行当也有兴盛和衰退的时候,当初兴盛的时候,北京美术红灯厂有几百名员工,但现在就几十名员工,而且都是像他一样干了几十年的,几乎没有年轻人,因为这门手艺要耐得住性子，很少有年轻人坚持长久。

值得庆幸的是，随着北京宫灯成为 2008 年国家级"非遗"项目，越来越多的人开始主动关注和参与到传承保护宫灯技艺的行列中。各级政府部门在多方设法扶持像北京宫灯这样的优秀传统文化项目。一些大中小学、企事业单位也开始以各种方式参与到传承保护活动中来。北京市西城区委和西城"非遗"保护中心已经多年通过各种方式支持翟玉良师傅和他的团队的工艺制作和传承活动。2017 年，北京联合大学在北京艺术基金支持下，组织了"濒危工艺美术传承人才培养"活动，为宫灯项目找到了十多位真正从心底喜爱这门技艺的年轻人。北京日坛中学、北京农业大学附属小学等学校也纷纷将翟玉良师傅请进校园，为孩子们讲述北京宫灯的故事，手把手教孩子们宫灯技艺。

年逾花甲的翟玉良师傅这几年在国内外到处参加传承活动，不辞辛劳，从不计较个人得失。"这宫灯如果要真是从我们这一代失传了，我还真是不甘心，从个人来说就多尽一点力量吧，能发多大光发多大光，只要是跟传承有关系的，那我责无旁贷，尽我的最大努力把宫灯技艺传下去。现在不是讲

翟玉良师傅代表北京美术红灯厂在台湾进行作品展示并与民众进行交流

曾为宫廷增光辉　今向民间播文化

'非遗'进课堂吗，有时候到学校给他们讲课去，学生问什么我就告诉他们什么，而且手把手教他们，让他们知道这宫灯怎么做。"他常说的一句话是"趁我还能动，谁愿意学我就教"。他心里有一个执着的愿望，就是希望这样富有文化底蕴和古老传承的工艺能够在年轻人心中逐渐开花，在未来能继续发扬光大。

翟玉良大师在中小学校介绍宫灯技艺

与北京宫灯相处了将近半个世纪的翟师傅说起宫灯总是有点云淡风轻，重复了无数次的制灯步骤、动作，在他看来可能都只是传统手艺人的分内之事，但正是无数次的重复、打磨、调整，才有了一盏盏精致的北京宫灯，而这有着悠久历史的非物质文化遗产，也将继续在这一系列重复的动作中得以传承。

（北京美术红灯厂有限责任公司）

昔日皇家案上瓷　飞入寻常百姓家
——记北京仿古瓷百年沉浮

历史溯源与发展

20世纪初，随着清朝统治的终结，明清两代制瓷御窑厂在历经500多年旺烧的窑火后，终于火熄烟灭，官窑良工四散。这一时期，被皇家禁锢垄断了5个多世纪的制瓷戒律被冲破，大批原先在御窑厂的瓷业艺人回归民间，为生计仍从事瓷业生产。

光绪二十六年，在北京琉璃厂，一些未上彩的官窑瓷胎的发现和一个名叫詹远广的制瓷高手的到来，真正开启了北京仿古瓷的制作历史。

据《陈重元鉴宝掌故》记载，清末民初，制瓷高手詹远广手艺好、"全活儿"，绘画、填彩、上釉、焙烧全能拿得起来，而且绘画水平很高，有"院画派"纸绢画的品味，专为内务府做后挂彩手艺，其烧制出来的精品瓷器与御窑器如出一辙。

他曾在北京给一些有钱的收藏家做过珐琅彩或雍正粉彩瓷器，但工价极高，件数极少。《百年琉璃厂》中记载："当时居住在北京的詹远广曾受郭葆昌（御窑厂史上最后一任督陶官）委托，秘密绘制'洪宪'瓷器，詹与其徒

昔日皇家案上瓷　飞入寻常百姓家

郑乃衡联手制作。"郑乃衡少时师从詹远广学习传统制瓷绘瓷艺术，继承并发展了詹远广的技艺。詹远广的彩瓷艺术品，传留下来的有一对《乾隆御窑珐琅彩碗》，是"文革"时原东四牌楼荣兴祥经理贾腾云的后人上交的。经贾腾云的徒弟司仁甫鉴别是詹远广的手艺，是当年贾腾云花四百银元请詹远广做的。这对碗彩质细腻如涂脂，彩色鲜艳，画工极端工整。传说这对碗曾存放在当时的北京首饰业公司，后流落何处，则不得而知。

这一时期烧制出的瓷器胎质、釉色、画面精细，可与官窑媲美，受到市场的追捧，由此开创了北京民间仿古瓷的纪元。此后，再加上以前门德泰瓷庄为首的各大瓷器行大量定烧、批发各代仿瓷，北京仿古瓷工艺逐渐丰富，制作群体进一步扩大，认知度也不断提高。

20 世纪前半叶，社会动荡，瓷器制造业也发生了许多变化。新中国成立之初，中央人民政府对民族文化遗产十分重视，进行了一系列挖掘、恢复和发展工作。

1949 年后，郑乃衡应徐悲鸿、叶麟趾之聘，从事陶瓷美术教育工作，参与主持国家用瓷和出国展览美术陶瓷的设计与监制。《装饰》杂志有文章描述，郑乃衡在琉璃厂绘制故宫明清皇家陶瓷，瓷坯在景德镇制好后，运到北京进行彩绘和烧制。他把绘制皇家陶瓷的工作放置一旁，担负起"建国瓷"项目的主要责任。

1952 年底，委员会分派高庄带领由祝大年、梅健鹰、郑乃衡等人组成的中央美术学院实习组，考察陶业的现状和历史情况，为下一步的烧造工作夯实基础，并与三十多位在彩绘、成型及颜色釉配制方面卓有影响的老艺人如魏庸生、潘庸秉、吴德祖等，以及王锡良、张松茂等有培养前途的青年共同组织学习和培训。关于建国瓷的设计制作，1953 年 10 月 1 日的《人民中国》

中说:"专家们与工匠们一起讨论如何在质量上和图案上对瓷器进行改进,以及如何吸收中国传统陶瓷艺术的精髓。"

值得一提的是,新中国成立以前,仿古瓷制作艺人均为个体手工业者,作品品种、数量都不多,但能满足客户对历代名窑产品的喜爱,并且仍以珍品居于市场。

1953年,北京仿古瓷手工业者组织起来,成立了北京市手工业联社。1954年,成立了北京工艺美术服务部(即现在的工美集团前身),并建立了制瓷画室。同年,吴德祖掌管了北京工艺美术服务部制瓷画室的绘画、烧制业务,培养了众多陶瓷技术专业人才,使个体的北京仿古瓷制作走上了一条规范的、科学管理的道路。姜弘老先生在自传书《广告人生》中描述,绘瓷老艺人吴德祖和他的夫人在108号门市部的二楼开办了一个绘瓷工作室,在购进的白胎瓷瓶、瓷罐、瓷盘上画上各种山水、花鸟、人物,经过自建的小瓷窑烧制后,就拿到门市部去卖,形成了一个自我循环的前店后厂。

1963年,制瓷工作室并入北京市工艺美术研究所,更名为"制瓷实验研究车间"。1965年,制瓷实验研究车间并入北京料器制品厂,以生产绘制明清两代瓷器为主。

在吴德祖之后,北京仿古瓷的发展开始了现代化的转型。1962年余观

余观保工作照

昔日皇家案上瓷　飞入寻常百姓家

保到北京工艺美术服务部工作。他把毕生精力献给了北京仿古瓷，为北京仿古瓷的发展做出了贡献。他开创了北京仿古瓷艺人个人写生稿设计作品的新局面，是仿古瓷企业走入北京工艺美术大师行列的第一人。余观保师从吴德祖，1965年研究试制了清慎德堂墨彩山水和料胎古月轩产品。

北京市工艺品厂

1973年初，在广安门外南滨河路25号，筹建以生产仿古瓷为主业的北京市工艺品厂。1975年，以生产仿古瓷为主业的北京市工艺品厂正式投产。同年2月，北京料器制品厂彩绘车间并入北京市工艺品厂。从此，北京仿古瓷在原来小规模制作的基础上，成立了较大规模生产仿古瓷的专业厂家，此厂隶属于北京市第二轻工业局。

1979年冬，北京市工艺品厂在中山公园举办"北京仿古瓷绘画展览"，展出100多个品种、共计1000多件展品，其中大部分作品为余观保设计制作。如《雪景》赏器、《红料山水盘》等。

余观保于1994年设计绘制的《金红料山水薄胎大碗》，直径73厘米，碗壁厚0.2厘米，薄胎，全部手工制作。余观保凭借丰富经验，娴熟技巧，始获成功。作品得到当年87岁高龄的著名书画家何海霞题字，并配以金石印章，使该作品成为一件集诗、书、金石、绘画、瓷艺于一体的作品。

仿古瓷第四代传承人——北京市陶瓷工艺美术大师白莉，从十几岁就

图为白莉工作照

进厂学习仿古瓷技艺，并成为首批被派驻景德镇艺术瓷厂陶研室学习陶瓷彩绘技艺的学员。师从翎毛大师黄金山，深得其真传，作品以清雍正、乾隆翎毛、花卉见长，独具特色。回厂后，师从工美大师余观保，从事仿古瓷的制作和车间样品的设计工作。全面掌握了北京仿古瓷的设计、制作、绘画、设色等各项技艺，粉彩、古彩功底深厚。1980年调入厂壁画研究室，从事大型壁画的设计和制作。其间绘制大型壁画《秋》，获北京首届青工新产品开发大赛银奖。多年来，她坚持不懈地从事仿古瓷的创新和设计，作品远销海内外多个国家。20世纪90年代开始，她研究设计的墨彩、瓷板画，已形成自己独特的华丽、细腻的风格。

白莉从业四十余年，见证了北京仿古瓷三起三落的发展历程。据她介绍，1975年工厂发展规模非常大，分几个车间，仅画瓷人员就有好几百人。20世纪80年代，作品产销非常红火，基本上走外贸，一个品种走货就要上百件。后来由于市场疲软，80年代末，产销量随之下滑。到了90年代，由于经营活跃，仿古瓷产销量又有所回升，陶瓷、彩绘、仿古画等品种也日趋丰富，工作人员也有几百名，规模大，技术力量强。而到90年代中后期，由于当时市场整体状况不好，而人们对仿古瓷产品的认知度也有限，使其产销量再度下滑，车间进行合并，几百人的规模就缩减为二三十人，而且仅保留

昔日皇家案上瓷　飞入寻常百姓家

了仿古瓷的项目。

　　进入21世纪，工厂进行了重组，领导班子下大力气发展仿古瓷项目，其产销再度红火起来。几年以后，由于各种各样的原因，市场又逐渐面临收缩态势，当时车间仅剩下六位老师傅和一些学员，设计、生产人员总共不到20人。

　　北京仿古瓷人流技失的发展困境引起了社会各界的广泛关注。政府、企业及工艺大师、专家学者、艺术界知名人士等各方力量共同助力，为其发展出谋划策。在大家的共同努力下，2008年、2009年，北京仿古瓷接连申报区级、市级非物质文化遗产项目成功。政府也对这个项目给予了重视和扶持。例如在各种重要的展览、展示中，都力推仿古瓷，其中部分精品，已被获准作为北京市的代表产品赠予国外友人。

　　2008年，在北京市工艺品厂基础上成立了鼎盛陶琦（北京）艺术品有限公司。企业重新整合了自身资源，请来原厂退休老师傅，招募专业院校新学员，并以"传、帮、带"的方式培养北京仿古瓷技艺接班人。2010年6月，徐立宾、曹丽丽、于雷等六位科班毕业的青年技师拜在白莉大师门下，成为仿古瓷的第五代传承人，为仿古瓷的发展与传承再添力量。其中徐立宾更是

北京仿古瓷创作传承车间　　　　　　车间人员在进行技艺交流

成为北京仿古瓷第五代传承人中的佼佼者。

　　徐立宾从陶瓷艺术设计专业毕业，在校期间系统地学习了陶瓷工艺学，包括釉下青花绘画工艺、釉上粉彩、古彩、新彩绘画工艺、陶瓷综合装饰、半刀泥等，以及陶瓷色釉配制等陶瓷制作全过程。得到中国工艺美术大师余少石、程云、张苏波、徐国基的指导，尤擅陶瓷粉彩、新彩、古彩的花鸟、人物、山水绘画，能独立操作陶瓷制作的各个流程。毕业设计《粉彩国色天香瓶》被评为优秀作品，并留校任教。2007年进入中国工艺美术大师张松茂工作室，参与《中华春晖》《畅想北京》等珍藏纪念瓷的制作。

　　2009年进入北京仿古瓷工作。2010年，徐立宾于宣武文化馆拜师于白莉学习北京仿古瓷制作技艺，另拜康毅为师学习色釉配制。2010年开始独立从事设计工作。2011年发表论文《彩瓷中的水墨画》。其作品多次参加国内省市展览，并屡获大奖，作品及论文入选《中国陶瓷画刊》《景德镇陶瓷》《北京工艺美术家》等杂志。

　　2012年，北京仿古瓷艺术馆成立，成为古瓷技艺对外宣传和推广的有力窗口。2014年企业成功申请了"居仁堂"老字号的身份，后企业名称正式更名为居仁堂京瓷（北京）文化有限公司。2015年，艺术

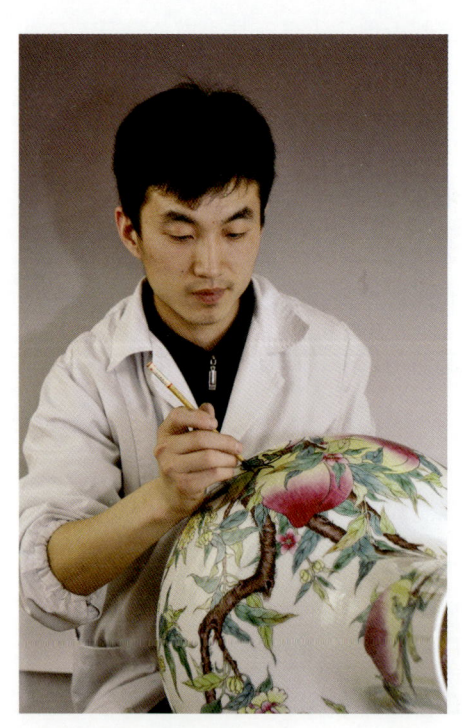

徐立宾工作照

昔日皇家案上瓷　飞入寻常百姓家

京彩瓷博物馆

馆又扩建升级为京彩瓷博物馆,成立了集展览、展示、教育、学习、培训、体验于一体的陶艺制作基地,形成了前店后厂的经营格局。技艺人员也从08年仅有的六位老师傅,发展到现在拥有数名工艺美术大师和20余人的青年创作团队。

自2015年以来,北京仿古瓷数十件艺术精品更是走出了国门,飞向了世界。如作品《国色天香美人瓶》,被作为国礼赠送给阿根廷领导人;《粉彩八宝葫芦瓶》被作为指定国礼赠予"亚信

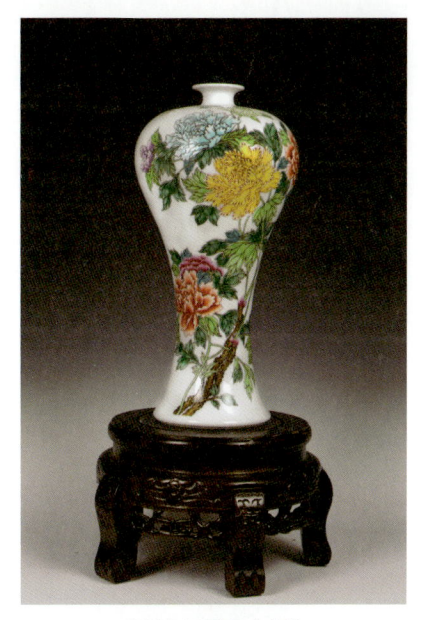

《国色天香美人瓶》

学生体验北京仿古瓷泥塑项目　　　　　　　国外友人参观北京仿古瓷

非政府论坛会议"25个参会国首脑；2015年8月为北京世界田径锦标赛特制《筑梦》、《逐梦》北京仿古瓷赏盘，敬赠国际田联主席。《丝路蕴和平赏器》《粉彩和合赏瓶》《敦煌飞天赏盘》等艺术精品也相继作为国礼，赠予多国政要与文化名人。

与此同时，北京仿古瓷为沉淀文化和塑造品牌的需要，依借自身努力和借助外部力量的情况下，开展了一系列对内、对外的宣传活动，并成功举办了近万场陶艺文化体验活动，大到国际交流，小到社会、团体以及个人活动，让更多的市民亲身感受着北京仿古瓷这项百年传统纯手工技艺的不朽与传奇。

在传递技艺、发扬文化的同时，北京仿古瓷也为精湛的绘瓷技艺寻觅知音。为了让更多的人加入到传承队伍中来，仿古瓷与多所高等院校携手，开展"'非遗'进校园"活动，制作符合学生爱好的陶瓷文化课程。将"非遗"文化和实践相结合，让孩子们享受"学中体验乐趣，玩中提升能力"的快乐旅程，培养孩子们对中国文化的喜欢与热爱，从而培育仿古瓷终生的"粉丝"。

传承谱系

北京仿古瓷的问世始于 20 世纪初，具体传承谱系如下：

第一代传承人：詹远广（生卒年不详）

第二代传承人：吴德祖（生卒年不详）

第三代传承人：余观保（1939—1999）

第四代传承人：白莉（1955— ）

第五代传承人：徐立宾（1987— ）

詹远广，掌握绘画、填彩、上釉、焙烧"全活儿"手艺。1916 年，詹远广和他的徒弟郑乃衡被清末最后一个督陶官郭葆昌延请到设在白塔寺附近的瓷店制作仿古瓷，画工更趋精细，彩头可达到当年官窑的水准。

吴德祖，自幼跟从陶瓷著名画家潘陶宇学习。他能画山水、花鸟，擅长肖像，对彩绘色釉的配制、烧制颇具心得。1954 年，吴德祖掌管了北京工艺美术服务部制瓷画室的绘画、烧制业务，培养了众多陶瓷技术专业人才，使个体北京仿古瓷制作走向了一条规范的、科学管理的道路。

余观保，北京市一级工艺美术大师。毕业于陶瓷学院艺术系陶瓷彩绘专业。1962 年师从吴德祖，并为北京仿古瓷引进现代绘瓷理念，开创了个人写生稿设计作品的新局面，是北京仿古瓷走入北京工艺美术大师行列的第一人。

白莉，北京人，北京市一级工艺美术大师、中国工艺美术学会会员。1974 年正式拜余观保为师，至今已从事传统古瓷制作工作 40 余年。她在不断培养传承人的基础上还肩负了生产管理、质量评定、样品设计、国礼承制等工作，所带徒弟已成为北京仿古瓷行业主力。

徐立宾，北京市三级工艺美术大师。2010年师从白莉，系统地学习了陶瓷工艺学，以及陶瓷色釉配制等制作全过程。作品多次参加国家和省市陶瓷大展，并在《中国陶瓷画刊》《北京工艺美术家》等专业刊物上发表。2014年进修于清华大学全国陶瓷艺术设计与创作高研班。2015年至今，多次参与全国人大、中联部、国台办等政府外事交流礼品定制工作。

北京仿古瓷制作技艺特点

北京仿古瓷（亦称"京彩瓷"）是在仿古的基础上，吸收借鉴了清康、雍、乾三朝宫廷御品的制作工艺，具有深厚的文化底蕴和高超的技艺水平。从第一代传承人詹远广至现在，北京仿古瓷已历经了四代名家传承，并正在培育第五代。如今，新一代工艺美术大师们继承前人传统，逼真再现古瓷雅意，并博采众长、不断创新，使北京仿古瓷具有了前所未有的时代特色和迷人魅力。其作品以其华美典雅、清新亮丽、恢弘大气的皇家艺术风范，成为中国瓷文化艺术宝库中不可多得的艺术珍品。

目前，北京仿古瓷制品主要仿制明代及清代康熙、雍正、乾隆三朝名品，以粉彩、古彩、墨彩、新彩、珐琅彩等彩别为主，风格独特、品类繁多，器型涵盖了瓶、罐、盒、碗、盘、花盆、鱼缸、箭筒、凉墩、瓷珠、文房四宝、人物、鸟兽，以及各种小摆件等，还有大至几十平方米，小至几平方厘米的精美瓷板壁画，从而满足了社会各界人上的不同需求。

精选瓷胎

选用赋有历史年代特点的优质白胎,并严格挑选。

用料考究

北京仿古瓷所用釉料皆为经过提纯、高纯度的金属氧化物以及矿物质原料。原料需在球磨机上研磨(部分原料要煅烧后再研磨)10天左右,充分研细过筛,严格控制色剂的粒度,并与熔剂调配以使烧成时化学性稳定。

绘工精细

北京仿古瓷多为工笔绘画,画法独具匠心。动物的茸毛多采用"抽丝"工艺,细腻而丝毫毕露;植物的细部描画,叶片花瓣有翻转,显示投影和动感。多薄彩,也有重施。整体画面色彩虽浓艳,但不失淡雅;颜色虽丰富,但不显繁缛,而且技法娴熟。

釉面平整

填彩匀而平,没有高低不平的叶片、花瓣,没有缩釉及疙瘩釉,中心处有堆料款印章。

程序严谨

制作规矩颇多,新人须经多方训练和考核方能实际操作。

烧制严格

产品入窑以低温先行烘烧,在升温过程中,随时通过观火口查看产品变化：粉彩以观察洋红的红度为参照，古彩一般以古大绿颜色为参照依据。烧制温度一般在 730℃—800℃。烧彩要求温度适合，升温曲线合理，不可欠火，也不可过火。

北京仿古瓷代表作品

《粉彩百鹿尊》

粉彩百鹿尊，为北京仿古瓷拳头产品之一。它曾被寓为"千古第一瓷"，据说当年乾隆皇帝为牢固皇权伟业，连下十道秘旨，请了三千多名瓷工，将皇家经典纹饰纯手工绘制于瓷尊上，粉彩百鹿尊的烧制成功将瓷器推到巅峰至极的尊贵地位，皇帝御旨，百鹿尊作为皇家经典器型，只许在重大时刻三品以上的官员才能拜请。

京彩瓷技艺大师通过精湛的绘瓷技艺让深藏故宫博物院的珍贵瓷器复制再现于大众眼前。国宝重器百鹿尊器型硕大，气势磅礴，尊面在白地上绘青山、绿水、草木，丛林间绘有百鹿，姿态各异，自然逼真，俗话有"一鹿三千笔"之说，说的是画一只神鹿从构图、绘制、上色需三千多笔才能完成，尤其是撕鹿毛的技艺，实在是精妙之极、完美之至。百鹿又称"百禄"，是财富和身份的象征，具有皇家霸

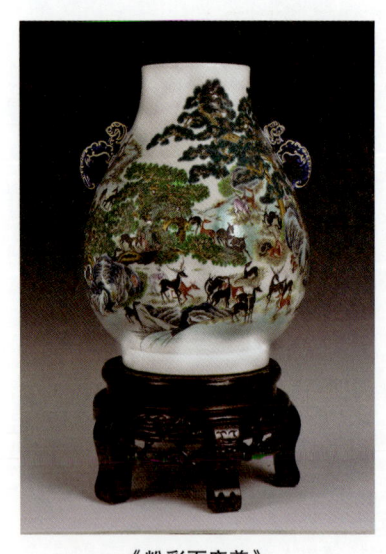

《粉彩百鹿尊》

气的百鹿尊彰显着康乾盛世的荣耀。

《墨彩描金点翠盛世风华人物瓶》

主题人物为唐代仕女造像，运用散点构图的方法，充分展示每个仕女的特点与丰姿，华美与尊荣。运用粗细、柔刚不同的线条，来表达"迎风似逐歌声起"的意境。同时充分发挥了"墨彩"的墨分五色、红有九重的工艺特点，设色手法轻重舒缓，表现了"宿雨那经舞袖垂"的美景，以此展现出作者的中心思想：盛世风华在人间。

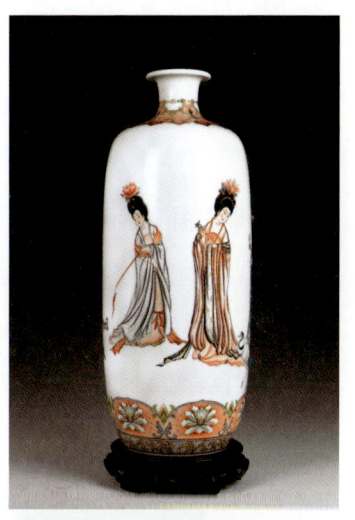

整器的上、下图案，采用了作者首创的描金点翠工艺技艺，本金画线（纹样）施以洗染、填彩等手段，突出了纹饰的浮雕感和立体效果，使之区分于主体画面的沉稳华美，从而更加亮丽、富贵。以图案的二方连续展示了金丝美锦，寓意和谐美满，繁荣幸福。

《墨彩描金点翠盛世风华人物瓶》

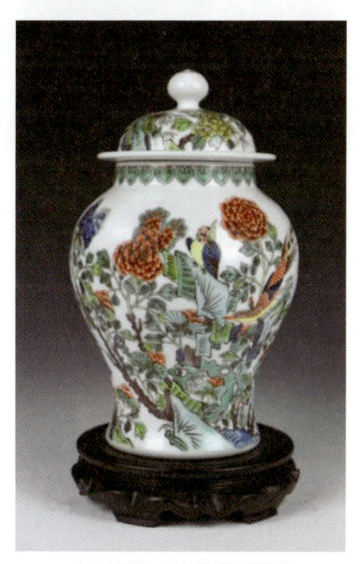

《古彩锦上添花将军罐》

此艺术品采用康熙古彩装饰技法绘制，描绘牡丹盛开的春日景色。作品造型端庄秀丽，大气稳重，装饰中上动下静的构图，布局主次分明，因而显得生动自然。作品以点

《古彩锦上添花将军罐》

线构成的锦鸡，以单线平涂方式构成大的色块，在此装饰衬托下更加对比强烈，两只锦鸡顾盼有情，花枝穿插繁而不乱。作品线条刚劲有力，笔画简练生动，色彩对比强烈，形象概括夸张，民间风格浓厚，具有康熙古彩的典型特征。作品以传统民间锦上添花为题材，表达富贵、吉祥的美好寓意。

《珐琅彩福寿紫砂壶》

此款紫砂壶是对壶，全壶样式为南瓜式筋纹器型，颜色细腻圆润。整对壶身加画珐琅彩桃、月季、菊花、葵花四种纹饰。壶盖有"福"与"寿"字纹。全壶色彩曼妙，艳而不俗。釉色均匀、玲珑有致，尽显皇家气象，寓意福寿无疆，福满乾坤。

《珐琅彩福寿紫砂壶》

《新彩西城胜境瓷板画》

画作展现的是北京市行政区调整后新西城的历史风貌、人文景观等。作品将新西城由南到北详细刻画，包括陶然亭、天桥、琉璃厂、大栅栏、景山、故宫、北海、白塔寺等著名标识性景物，用以体现新西城的古朴与厚重，繁荣与和谐。

《新彩西城胜境瓷板画》

仿古瓷的重要价值

北京仿古瓷以洁白细腻的胎质，莹润如玉的釉面，明快艳丽的色调，以及精湛绝伦的技巧备受青睐，循着继承、创新、再继承、再创新的轨迹发展变化着。它集文化价值、历史价值、欣赏价值和收藏价值于一体，具有鲜明的民族风格和深刻的文化内涵，是最具北京特色的传统手工艺品之一。

一是北京仿古瓷对于彩瓷，乃至中国瓷器，都具有深远的意义。

仿古瓷的每一件作品都被赋予了历史的厚重和时代的内涵，制作工艺中蕴含着独特的文化艺术，传承着皇城皇家文化的优良"血脉"，打造着北京传统瓷文化的精彩华章，同时，也为中国陶瓷文化的源远流长，再续辉煌。

二是在北京历史文化中占据重要的地位。

仿古瓷以其特有的方式向人们传递着自身所承载的文化信息，向人们阐述着北京历史文化的变迁，倾诉着当时社会的审美情趣和文化特征。

三是人们精神需求的产物。

中华民族是一个有文化底蕴的民族，随着国力的强盛，人们对艺术的追求将不断地提升。北京仿古瓷，其年代特色的瓷胎制作、文人气息浓郁的画面设计、精湛绝伦的绘画技艺满足了人们收藏、把玩、陈设观赏等喜好。

四是沿袭皇家文化的发展脉络。

仿古瓷诞生在这个被赋予了皇室血脉的地方，与北京区域文化一脉相连，是古都北京对外文化交流交往的重要名片，也是文化文明传播的符号。它适用于不同国度、不同民族、不同文化阶层，以最能留存、最可发展、最善利用的优势快速走向世界各处。

（居仁堂京瓷［北京］文化有限公司）